本书为国家开发银行、华东师范大学共建开行—华东师大国际关系与

地区发展研究院第3期科研委托项目《"中国走出去"战略的国际政治经济研究》成果

丛 书 主 编：
　　　　吴征宇

编委会成员：
　　　　徐弃郁　李　晨　马　骏　邱立波

战后日本的海权

帝国遗产、战时经验与海军发展

[英] 帕·塔拉诺　著

刘旭东　译

人 民 出 版 社

C 目 录

第一章　海军强国日本：从"海军"到"海上自卫队"

如果我们承认历史学是一种研究而非一段传奇，那么不管对它冠以何种名称，其义不容辞的责任既包括让人们懂得过去的荣耀和不幸，又要阐明导致这一切的根源，以及在未来如何对其加以效仿或避免。[1]

——约翰·K.劳顿
（《海军史的科学研究》，1874）

海洋战略的定义是：主宰以海洋为重要元素的战争的所有原则。[2] 海军战略并非一门独立学科，而只是兵法这门学科中的一部分。[3]

——朱利安·K.科贝特
（《"绿色小册子"》，1909）

一支舰队恰似扑克或桥牌游戏里的一手牌，你不会将其视为一张张孤立的艾斯、大小王和两点，而是将其视为一个整体。同理，你将一支舰队视为一个整体，而不是一艘艘孤立的航空母舰、战列舰和驱逐舰，你不会一张张出牌，

---

① John K.Laughton, 'The Scientific Study of Naval History', RUSI Journal, Vol.18, 1875, 509.

② Julian S.Corbett, Some Principles of Maritime Strategy (London: Longmans, Green & Co., 1911), 15.

③ Corbett, 'The Green Pamphlet. War Course. Strategical Terms and Definitions Used in Lectures on Naval History', in Corbett(ed.), Some Principles of Maritime Strategy, 307.

而是将整手牌视为一个整体。①

——威廉·F.哈尔西
（美国海军舰长）

重现历史

苍白的阳光照耀在江田岛上。② 即将从干部后补生学校——日本海军兵学校——毕业的海军学员正在为毕业典礼做准备。眼前的景色和所有建筑都让这次典礼显得既特殊又"传统"。由于江田岛位于内海，海军兵学校离附近的吴市乘轮渡只有 20 分钟的距离。吴市以造船业著称，曾制造过帝国海军大型战列舰大和号。通往大礼堂的林荫大道两旁的樱花树和松树使校园内的"红砖"③建筑更加熠熠生辉。1893 年，为仿照位于英国朴次茅斯的皇家海军学院，这些"红砖"被用于建造后补军官的宿舍。④ 在这样一个地震频发、人们不得不经常调整使用空间的地区，海军兵学校一直屹立在此，仿佛不断提醒人们明治日本在建立现代海军方面所取得的巨大成功。⑤

在大礼堂内举行的典礼仪式主要承袭了战前时代的传统，但其中也出现了一些明显变化。过去，王储乃至天皇本人偶尔也会亲临学位授予仪式，毕业生双膝跪地，慢慢将头磕向地板，以此来表达对皇室的效忠。优秀毕业生在接过军仪短剑后，都会再次深鞠躬，以颂扬海军与帝国领袖之间恰似"肢体"与"头

---

① Roger W.Barnett, Navy Strategic Culture: Why the Navy Thinks Differently(Annapolis, MD: Naval Institute Press, 2009), 79.

② 2005 年 12 月 25 日作者出访江田岛，参加日本海兵军学校毕业典礼。

③ 学员宿舍大楼叫做"红砖学生楼"。

④ 建造"红砖"大楼的红色砖块由英国制造并运到日本，用来建造新的日本海军学校。但是最近一项资料表明，其实这些砖块是按照英国标准在日本制造的。Peter C.Smith, Fist from the Sky.The Biography of Captain Takashige Egusa, IJN(Manchester: Crecy Publishing, 2006), 244, ft 27。

⑤ 关于明治时代日本建筑风格的转变，参见布鲁顿的《日本建筑: 1868—1876》。现今该学校属于当地旅游业的重要景点之一。'Etajima de Umi no Otoko wo Tazuneru', Yomiuri Shimbun, 23 March 2008。

颅"之间的不可分割的关系。① 现在，典礼仪式不再如昔日寂静肃穆，取而代之的是高唱日本国歌，海军兵学校校长、吴镇守府司令官和代表日本水交会的退役高级军官分别以教育者、指挥官及"军队的鲜活记忆"的角色在仪式上致辞，这些惯例传承于帝国海军，旨在向年轻后补军官灌输官方所推崇的价值观。② 从二战前开始，典礼已不再完全拘泥于以往的形式，但其目的却依旧没有改变。

　　这一观点在三位海军高级人物描述日本海军兵学校作用后变得不言自明。自从甲午中日战争（1894—1895）和日俄战争（1904—1905）以来，该校就开始担负起培养各种肩负国家安全重任、具备娴熟技能的专业人员。他们都特别强调学校在追求这一重大目标的过程中所面对的巨大挑战：需要不断适应社会及政治变迁，满足国家日益增长的国际责任及合理的地区战略关切。他们指出，参与印度洋联合军演、为阻吓对日本领海的军事侵入而进行的日常巡航以及应对朝鲜的核武器和导弹威胁都是日本海上自卫队必须完成的使命。与世界上其他海军领袖一样，他们在致辞中也同样清楚地表达了日本军官们的要求：严守纪律、服从指挥、尽职尽责、忠于国家、追求卓越。③

　　片刻之后，毕业生们从飘扬在校内旗杆上并印有"Bravo-Zulu"（意思是

---

　　① Ralph J.Dean, Lieutenant USN, 'Etajima: Hallowed Halls', US Naval Institute Proceedings, Vol.109, 1983:3, 116; Cecil Bullock, Etajima: The Dartmouth of Japan(London: Sampson Low, Marston & Co., 1942), 42-46.在 1882 年的天皇诏书中，日本天皇用比喻的手法描绘了国家与武装力量之间的关系：战士们，我们是军队的总司令，国家将你们视作四肢，也希望你们将国家看做大脑。引自 Yasuo Ōhara, Teikoku Riku Kaigun no Hikari to Kage(帝国陆海军の光と影-'Lights' and 'Shadows' of the Imperial Japanese Army and Navy, Tokyo: Tentensha, 2005.First Edition: 1982), 22.天皇诏书的英文译本以附录的形式收录于 Hillis Lory, Japan's MilitaryMasters.The Army in Japanese Life (Westport, CO: Greenwood Press, 1943), 239-245, and Bullock, Etajima, 128-134。

　　② Arthur J. Marder, Old Friends, New Enemies: The Royal Navy and the Imperial Japanese Navy, Strategic Illusions, 1936-1941(Oxford: Oxford University Press, 1981), 276-277.

　　③ U.S.Naval Academy, Reef Points 2004-5-The Annual Handbook of the Brigade of Midshipmen, 29.Arleigh A.Burke, Admiral USN(Ret.), 'The Art of Command', Naval War College Review, Vol.23, 1972:10, 24-28.

"真棒")字样的旗帜下列队走过,离开了大礼堂,到达了码头。在那里,他们乘小艇登上了三艘初雪级驱逐舰中的一艘,不久就将开启长达三个月的海外训练之旅。督察毕业典礼的高级军官在岸上高声发出命令:"脱帽",其他官员随即与他一起行"脱帽礼",这是为毕业生们送行的传统方式。对于日本海军军官来说,这一刻具有非凡意义,因为离岸远行的船只象征着后补军官已决定与过去的生活说再见,并开启更严格、更艰难的服务祖国之旅。① 那些刚升格的后补军官随即最后一次深鞠躬。至此,这一源自帝国海军成立早期、自 1888 年以来见证了数代日本海军军官成长的典礼仪式宣告结束。②

海军与日本:解释核心观点

本书是一本历史书,研究战后日本海军即日本海上自卫队的历史,探讨如何通过铭记、纪念和展现历史来实现国家防卫目标。本书的研究发端于一个简单的问题:尽管日本海上自卫队没能沿用帝国海军这一名称,但为什么在它的毕业典礼仪式上帝国海军具有如此重大的意义? 本书将回答以上问题。但是,在提供一个有说服力的答案之前,需要简要地解释一下海军与国家整体防卫之间密不可分的关系,以及海军对于东亚特别是日本的重要性。阿尔弗雷德·马汉是第一批研究该关系的学者之一。他认为,如果一个国家拥有一支强大的海军,它就能主宰海洋,进而使该国政府在选择如何最有效地应对潜在威胁时拥有战略灵活性。他对英国历史的研究证明了这一观点。③ 英国当代的朱利安·科贝特认同马汉的观点,但他强调,海军只有国家"海洋战略"中的一部分时才会最高效地服务于国家,而"海洋战略"则寻求地理位置、军事

① 大塚舰长,"大塚舰长与本书作者的谈话",2005 年 2 月 24 日。

② 有关毕业典礼总结,看看 the documentary video:Kanbu Kōhosei:Etajima no Seishun。

③ Ian Speller, Understanding Naval Warfare, 43.马汉的核心思想表述于他的著作 The Influence of Sea Power upon History,1660–1783。想要详细了解这本书可以参阅 Sumida, Inventing Grand Strategy and Teaching Command:The Classic Works of Alfred Thayer Mahan。

实力及经济资源三者间的融合。对于英国这样的岛国来说,理想的海洋战略是:最大限度减少来自海上攻击的可能性,最大程度增加威慑以避免对于经济发展至关重要的贸易和商业遭到破坏。① 拥有一支强大海军能实现以上目标,但科贝特还有一个未言明的观念,即拥有一支支配性的海军部队并非一个"不得不执行的"战略。正如另一位英国战略家后来指出,在英国现代史中,寻求组建强大的海军联盟以阻止侵略、保护商贸,特别是维持一支强大的海上舰队,只是伦敦拥有的所有四个选项中的两项而已。② 关键是,舰队对于政府来说就像"操作扑克牌的手",政府利用它来"驾驭海上及陆上发生的一切事件"以便加强国家防卫。③

以上见解同样适用于东亚。在该地区,海军扮演着同样重要的角色,因为海洋是这一地区相互联系的主要纽带,这无疑使海洋在影响地区安全及权力结构上起到了举足轻重的作用。大量证据表明,该地区不同政府行为体广泛使用其海上能力来增强国家安全。在刚刚过去的十年里,东海和南海上发生的诸多事件,包括使用海上实力(如海军和海岸警卫队)进行巡航、威慑或强制对手等,都显示了海洋对地区安全越来越重要的地位。④ 在上述背景下,分析人士将人们的很多注意力吸引到了中国海军现代化和不断增强的海军实力上,以评判北京是否有能力取代美国成为地区主宰者。⑤ 但是,人们在进行上

① Speller, Understanding Naval Warfare, 45; also, Andrew Lambert, ' Sea Power ', in G. Kassimeris and J. Buckley (eds), The Ashgate Research Companion to Modern Warfare (Surrey: Ashgate, 2010), 73–87.

② Colin Gray, Strategy and History: Essays on Theory and Practice, 138.

③ Geoffrey Till, ' Introduction: Sea power and the Rise and Fall of Empires ', in Till and Bratton (eds), Sea Power and the Asia-Pacific: The Triumph of Neptune?, 2.

④ Allesio Patalano and James Manicom, ' Rising Tides: Seapower and Regional Security in Northeast Asia ', Journal of Strategic Studies, Vol. 37, 2014: 3, 335 – 344; Till, Asia's Naval Expansionism: An Arms Race in the making? (London: Routledge for the International Institute for Strategic Studies, 2012), 特别是第一章; Cole, Asian Maritime Strategies: Navigating Troubled Waters, 1–37。

⑤ 例如 Holmes and Yoshihara, Red Star Over the Pacific: China's Rise and the Challenge to U. S. Maritime Strategy; Andrew S. Erickson, ' Rising Tide, Dispersing Waves: Opportunities and Challenges for Chinese Seapower Development ', Journal of Strategic Studies, Vol. 37, 2014: 3, 372–402。

述审视时忽略了一个重要因素：日本海上自卫队。

这一忽略让人倍感诧异，因为在日本崛起为现代强国的过程中海军起到了关键作用。快速回顾一下帝国海军的历史，将会证明以上观点的正确性。在明治时代的初期，日本领导人就以下理念达成了共识：拥有一定程度的海军实力是战略的需要。此后，他们就开始不遗余力地打造一支强大的海军。在不到100年的时间里，海军成为了"国家进步和实力的象征，它让人充满自豪感，并预示着日本的'现代崛起'"①。1905年，日本海军在对马岛与俄国波罗的海舰队的战斗中获得了令人难以置信的胜利，这不仅有力地证明了日本海军所取得的成就和优势，也证明了日本现代化进程所付出的代价和牺牲都是值得的。② 在那之后的四十年间，帝国海军努力完成"马汉式"使命，即将帝国领土扩张到太平洋最遥远的角落，尽管它最后还是难逃突然消亡的厄运。在日语里，"kaigun"（用来翻译"海军"的）这个词能唤起人们对海军史上最优秀舰队的想象，这一事实充分体现了海军非凡的经历。正如资深海军史学家马克·皮蒂和大卫·埃文斯所言，随着日本登上世界舞台，其海军就是它的矛和盾，海军是"将日本实力投送至海外的工具"③。由此，帝国海军昭示了日本追求在日本海和中国海海域支配性地位的企图。

有些人可能会认为，日本海军的实力从未完全从帝国海军的消亡中恢复元气。日本地位的相对下降可以从它在战后不得不按照规定缩小海军规模中得以证实。在战后，日本不再使用"海军"来命名自己的海军力量，而是使用"海自"，即"海上自卫队"的缩写形式。与"海军"相比，"海自"这一名称几乎

---

① Charles J. Schencking, Making Waves. Politics, Propaganda, and the Emergence of the Imperial Japanese Navy, 1868-1922 (Stanford, CA: Stanford University Press, 2005), 107; Schencking, 'The Politics of Pragmatism and Pageantry: Selling a National Navy at the Elite and Local Level in Japan, 1890-1913', in Sandra Wilson (ed.), Nation and Nationalism in Japan (London: Routledge/Curzon, 2002), 21-22.

② Masayuki Tadokoro, 'Why Did Japan Fail to Become the "Britain" of Asia?', in David Wolff, Steven G. Marks, David Schimmelpenninck ven der Oye, John W. Steinberg, and Shinji Yokote (eds), The Russo-Japanese War in Global Perspective-World War Zero, Volume II (Leiden: Brill, 2007), 295.

③ David C. Evans and Mark R. Peattie, Kaigun. Strategy, Tactics and Technology in the Imperial Japanese Navy, 1887-1941 (Annapolis, MD: Naval Institute Press, 1997), xx.

不能唤起人们任何想象。关于此话题，皮蒂和埃文斯也曾说过，与战前帝国海军相比，海上自卫队在与美国海军一起保卫日本领海安全的过程中所起到的作用不再那么重要，他们的结论是，"日本海军实力永远不可能再那么显赫了。"① 使用海上自卫队这一不同的名称表明，必须按照规定限制日本战后的军事机构规模，这是造成二战前后日本海军实力差异的根本因素。这一观点非常重要，它似乎还包含了另一个未加言明的思想：日本再无可选战略追求海上霸权，无法胸怀"马汉式"抱负的海军必然无法实现所有类似于海上霸权这样的目标。但是，即使海军的名称和规模发生了改变，其在日本安全中的核心地位却没有丝毫改变。当今的日本海上自卫队依然堪称世界最强大国防体系之一的核心。日本防卫厅官员② 强调，海军组成了日本的第一防线，因为日本列岛的核心战略安全关切是由其孤立的地理位置和对海外原材料的依赖所决定的。③ 海军实力折射了日本安全的核心特征，因为避免海上通道遭到破坏是重中之重，它承载了该国大部分贸易以及 80% 以上的能源运输——在 2011 年该国核电厂被关闭之后，这一依赖在近来不降反增。④

在当代日本，海军在保护国家海上经济命脉上的重要性具有最高的政治认可度。2012 年 12 月，日本首相安倍晋三在就职几天之后就明确指出，日本作为亚洲拥有最长航海历史的民主国家之一，应该在保护印度—太平洋区域公共福祉方面发挥更重要的作用。⑤ 几个月后，他就这一思想表达了进一步的看法，"作为海洋国家的日本的和平和繁荣根植于自由、开放及和平的海洋。日本的思维需要从'一个受海洋保护的国家'转变成'一个保护海洋的国家'，基于此，日本不仅要维护基于法治原则的海洋自由和开

---

① Evans and Peattie, Kaigun, xix.

② 2007 年 1 月，日本国防机构（或称防卫厅）正式改名为日本国防部或防卫省。

③ JDA, Defence of Japan 2005, 186.

④ Euan Graham, Japan's Sea Lane Security, 1940－2004. A Matter of Life and Death？（Nissan Institute/Routledge Japanese Studies Series, London and New York：Routledge, 2006），8－33. Danielle Demetriou, 'Energy Imports Push japan Trade Deficit to Record High', The Telegraph, 27 January 2014.

⑤ Shinzo Abe, 'Asia's Democratic Security Diamond', Project Syndicate, 27 December 2012.

放,反对使用武力改变现状,也要坚决维护海上通道的稳定,保护我们领海及专属经济区内的海上利益。"①安倍首相将国家安全需要与海洋地理联系起来,再次强调日本战后经济发展依赖海洋这一战后共识,这一思想的源头还要追溯到吉田茂首相首次制定的相关政策。② 正如一位最近退役的日本将级军官所说,日本在战后寻求拥有适度的海上实力"关乎危机时期或战时国家的存亡"③。

日本海军对于国家安全的重要性也在于它对国防所发挥的其他关键作用,其中最重要的莫过于它的威慑作用。海军舰队在防止对日本领海空的军事侵入和导弹威胁中所发挥的核心作用进一步印证了这一点。④ 海军还为日本能在多大程度上履行与美国的联盟义务和国际安全职责定下了基调。从几十年来与美国海军一起巡航日本海和东海,到1991年首次在波斯湾部署扫雷艇,再到21世纪在印度洋提供海上加油服务和在亚丁湾进行反海盗行动,海

① Shinzo Abe,'Message from Prime Minister Shinzo Abe on the Occasion of "Marine Day"',13 July 2013.

② Shinichi Kitaoka,'The Strategy of the Maritime Nation Japan:From Yukichi Fukuzawa to Shigeru Yoshida',in Williamson Murray and Tomoyuki Ishizu(eds),Conflicting Currents.Japan and the United States in the Pacific(Santa Barbara,CA:Praeger Security International,2010),46-49;Patalano,'Japan's Maritime Strategy:The Island Nation Model',RUSI Journal,Vol.156,2011:2,82-89;also,Patalano,'Introduction:Maritime Strategy and national Security in Japan and Britain',in Patalano,Maritime Strategy and National Security in Japan and Britain:From the First Alliance to Post-9/11,4-8;Peter J.Woolley,Geography & Japan's Strategic Choice(Washington,DC:Potomac Books,2005);Toshi Yoshihara and James R.Holmes,'Japanese Maritime Thought:If not Mahan,Who?',Naval War College Review,Vol.59,2006:3,24-26.On the Yoshida Doctrine,Christopher W.Hughes,Japan's Re-emergence as a'Normal'Military Power(Adelphi Paper No.368-369,Oxford for IISS,2004),21-31;Richard J.Samuels,Securing Japan:Tokyo's Grand Strategy and the Future of East Asia(Ithaca,NY:Cornell University Press,2007),29-37,43-48,57-59.

③ Koda,'Naval Development in Japan',Terjesen and Tunsjo,The Rise of Naval Powers in Asia and Europe's Decline,54.

④ Hideaki Kaneda,Vice Admiral JMSDF(Ret.),Ballistic Missile Defence for Japan(Tokyo:The Okazaki Institute/The Ballistic Missile Defence Group,2003),73-83;Kaneda,'Japan's national Maritime Doctrines and Capabilities',in Prabhakar,Ho,and Bateman(eds),The Evolving Maritime Balance of Power in the Asia-Pacific.Maritime Doctrines and Nuclear Weapons at Sea,119-122.

军实力决定了日本帮助维护地区和世界稳定的程度和限度。同样，为了促进不同国家海军间关系发展和增进互信，日本海军采取了一系列措施：与其他地区行为体之间进行互访、联合军事演习和海上合作，结果明显提高了日本政府开展合作性外交的能力。① 实际上，在最近15年里，人们已经注意到，一些专业的学术文献已经开始探讨日本海军在作为一种治国利器以及对于实现变化中的东亚海上均势等方面正在发挥越来越重要的作用。②

　　本书的核心观点是，日本海上自卫队之所以能成功成为国家海洋战略中的一个重要棋子，主要得益于它重新审视帝国成功经验及战时失败教训的能力。实际上，本书认为，不能脱离与帝国过去不断互动这一背景去理解战后日本海军。这种过去与现在间的互动影响了社会思潮和组织文化的形成和发展；塑造了制定军队战略和国家政策的方式；提供了使舰船设计最大化的相关理念和原则；指引了公共关系和职业教育的发展；赋予了日本海军领袖探索如何与美国海军建立有效伙伴关系的视角。本书阐述了战后日本海军在过去60年间为了建立一支现代化的海军部队如何应对重整装备和现代化建设的挑战，今天这支部队已经成为国家安全政策的支柱之一。本书无意挑战以下根深蒂固的思想：与美国之间的伙伴关系对于日本海军的装备发展至关重要。相反，通过帮助读者洞悉日本海上自卫队内部机构运转机制以及日本人如何

---

　　① 最有趣的例子是2007年11月的第一次中日互访，中国导弹驱逐舰“神舟号”开到了日本横须贺，这件事还有后续发展，在2008年5月，中国四川发生了大地震，6月日本驱逐舰“连波号”开到中国南海湛江，运送了300个毯子和2600样紧急救灾食物给当地灾民。'Japanese Ship's arrival Marks Significant Event'，China Daily，24 June 2008。

　　② William T.Tow，'Regional Constraints on the Role of Navies'，in Smith and Bergin（eds），Naval Power in the Pacific.Toward the Year 2000，43；J.Reeve，'The Development of Naval Strategy in the Asia-Pacific Region，1500-2000'，in Till（ed.），Seapower at the Millennium（Stroud/Portsmouth，2001），141；Duk-Ki Kim，Naval Strategy in Northeast Asia.Geostrategic Goals，Policies and Prospects（London：Frank Cass，2000），186-188；193-202；Wimbush S.Enders，'Maritime Security in a Future Asia-Pacific'，Headmark.Journal of the Australian Naval Institute，2006：119，7-12；Eric Grove，'Sea Power in the Asia-Pacific Region'，in Prabhakar，Ho，and Bateman（eds），The Evolving Maritime Balance of Power in the Asia-Pacific，17-33；Yoshihara and Holmes，Asia Looks Seaward.Power and Maritime Strategy，1-16。

利用美国帮助,本书试图对上述观点加以进一步的阐发。在此过程中,本书指出,在战后日本海军这所"大厦"的建造过程中,美国经常为其提供"砖块",而日本帝国海军则提供"砂浆"和"蓝图"。

海军及其历史:揭秘新的历史材料

本书唯一的重大挑战是探索"砂浆"和"蓝图"到底意味着什么,只有在查阅新的历史档案材料之后才有可能战胜这一挑战,这些材料在之前和之后都不会向任何研究人员开放。在日本,没有任何公共地方能查阅到战后军事档案。位于东京的日本防卫研究所历史研究中心保存有从明治时代至太平洋战争结束这一近代时期的档案材料。过去,只有詹姆斯·E.奥尔——撰写有关日本海上自卫队著作的头号学者——通过美国与日本海军精英之间的直接接触获得特批后才查阅了自美国占领以来及 20 世纪 50 年代的日本海军文献。但是,奥尔的开创性工作并没有促成为方便查阅日本海军文献而建立一套完整的档案。通过几乎同样的途径,我获得了独家查阅日本海上自卫队海上幕僚监部人事教育处教育科保存的历史文献,该部是海军的统帅机关。

与统帅机关高级官员建立起来的私人关系使我能顺利查阅 1961 年至 2012 年间有关海军教育体系、征兵数据、图像资料以及数份参谋长们的内部资料《新要务令》。《新要务令》不是密件,但从未在日本海军自卫队外发行过。这些文献对于理解帝国海军的遗产在何种程度上影响了战后海军政策、策略和理论学说特别珍贵。特别是,它们在海军中相当于所谓的"高端学说"。它们在过去(现在仍然)不仅决定着海军在物资装备、人事及思想建设方面的优先任务,使全体官兵不仅拥有了一个共同的目标对海军在国防中的作用有了正确的理解,还能激发他们去勇敢战斗、战胜敌人。[1] 这套文献使本书不仅能对詹姆斯·奥尔在 20 世纪 70 年代所做的原创研究进行适当的更

---

[1] Till, Seapower, 46; NWDC, Naval Warfare, iv; DCDC, British Maritime Doctrine, v.

新,更重要的是,还能从一个前所未有的深度来揭示日本海上自卫队决策过程的内部机制。

促使作者准确理解部队人员——既从个体又从整体层面——如何看待他们的过去及其影响的第二个重要途径是,花费数百个小时与日本自卫队进行互动和访谈。在 2004 年 11 月至 2012 年 7 月间,海军最高指挥机构的一些高级官员(包括好几位海上幕僚监部参谋长)、江田岛海军兵学校及东京海上幕僚监部学院的很多水面部队的官兵都抽出宝贵时间回答了我的问题。特别是对四位前参谋长的正式访谈尤其重要,他们介绍了 20 世纪 80 年代末至 2005 年间进行的重大机构改革。在几次实地考察工作中所发生的一些事让我对他们给予我的支持心存感激。2010 年 4 月 9 日,我受邀登上了日本的佐世保号驱逐舰与舰上军官就日本海洋战略及日中关系进行了互动。之后不久,日本新闻报道说,4 月 8 日,一架中国海军直升机从离一艘部署在东海的日本驱逐舰仅 90 米处飞过。[①] 此事件发生在我访问前仅数小时,但是这些军官们对我们之间的交流仍表现出高度的重视。最后也是同样重要的是,对海事职工学院 2005 级指挥和人事课程班学员进行的调查和访谈也使我从与日本海上自卫队的这次互动中受益良多。

在公开出版的文献方面,尽管日本防卫研究所的主图书馆不向公众开放,但它的馆藏包括了由海上自卫队出版的所有官方历史文献,该图书馆坐落于研究所所在军事重地的另一区域。特别是在庆祝建立五十周年之际,日本海上自卫队出版了一系列最新的关于其各个关键部门官方历史的文献,包括类似于海事职工学院等关键机构。另外,该图书馆还拥有一些未公开出版、由学院教职人员撰写的研究报告,有关军事事务的官方和半官方英语和日语出版物,一系列多卷本的、来自美国不同行政机构的文件集,这些文件涉及 1955 年至 1971 年间的美日军事关系。本书的内容、研究深度及质量都依仗于上述所有文献。本书在分析这些文献的过程中使用的海军研究方法是由诸如约翰·

---

① Kyle Mizokami, 'PLAN Helicopter "Ignored Orders"? Behold, "face" in action', Japan Security Watch, 27 April 2010.

劳顿和朱利安·科贝特这样的作者所开创，并由艾瑞克·葛罗夫和约翰·哈登道夫率先运用到当代的案例研究中。①

这些新的原始材料使本书与之前研究相同主题的著作明显不同。詹姆斯·奥尔的《战后日本海上力量重新武装之路》、彼得·伍利的《日本海军：政治与悖论，1971 — 2000》以及尤安·葛兰姆的《日本海上通道安全，1940 — 2004：一个生死攸关的问题？》探讨了日本战后不同层面的海军问题以激起人们对东亚安全的辩论。在奥尔和伍利的著作里，日本海上自卫队代表了一种案例，这些案例研究旨在探索美日联盟在日本战后早期重整装备的过程中所起的作用（奥尔），以及日本通过该联盟为地区安全所做的贡献（伍利）。这两本著作都强调在日本海军重整装备的过程中美国高级海军将领所起的作用以及在安全伙伴关系中两国海军间关系的核心地位。这些著作——与其他日语二手材料一起——为理解美日海军关系的形成机理提供了宝贵的信息。② 最近，伊丽莎白·居朗的博士论文《日美海军关系的形成机理及制度化（1976 — 2001）》对理解两国海军间合作提供了一个新的视角。尤其是，这篇论文审视了重要人物对防卫合作制度化过程的影响，其观点是：双边关系的加深要更多归因于对共同威胁的理解以及有关应对这些威胁的方法所达成的共识。葛兰姆的著作探讨了在更广泛的有关安全的全国大辩论中海上通道防卫这一核心概念的作用，它是对上述其他研究成果的一种补充。

已经有足够多的文献分析了美日海军联盟以及美国海军对日本海上自卫队发展的影响，这些文献为本书的研究打开了新的通道，即重点研究日本

---

① Laughton, RUSI Journal, 508-27; Corbett, 'The teaching of Naval and Military History', History, 12-24; Lambert, Naval History for Strategists: Sir Julian Corbett and the Development of Strategic Education in the Royal Navy, 1900-1914', Osservatorio dell' Istituto di Studi Marittimi Militari, 35-43; Grove, Vanguard to trident: British Naval Policy since the Second World War; Hattendorf(ed.), Ubi Sumus? The State of Naval and Maritime History; Hattendorf(ed.), Doing Naval History: Essays toward Improvement.

② Agawa, Umi no Yūjō; NHK Special Selection, Kaijojieitai wa Kōshite Umareta; Masuda, Jieitai no Tanjō. 英文版参见 Tetsuo Maeda, The Hidden Army: The Untold Story of Japan's Military Forces (Chicago: Edition Q, 1995)。

海上自卫队的机构特征。本书与现有的研究之间的差别是,它对日本海军的理解不仅仅局限在探讨与美国海军之间的关系层面。本书对现有的研究重点进行了改变,即从海军内部来对它进行审视,从而对日本的这一核心国家机构如何盘算充分利用日美关系有一个正确的理解。本书还进一步探讨了日本海上自卫队如何权衡这一关系的重要性与自卫队总体目标之间的关系。

在这种背景下,本书审视了帝国海军经验如何影响了海上自卫队对自己角色及使命的理解,以及在此前提下与美国海军间的关系。这种研究视角的优点是,它能将海上自卫队的发展历程置于战争如何影响军队变革这样一个更大的背景之下,从而为深入理解以下重大问题提供了一个崭新的视角:作为美国在东亚最亲密的军事盟友之一的日本如何审视其战略选择并提高自身实力。

由于本书重点研究海军,所以日本海岸警卫队并不在其研究之列。最近,日本海岸警卫队在确保日本广阔的专属经济区的安全和自由出入方面起到了越来越重要的作用,这使研究日本及国际安全的政治学家将其研究重点转到该组织对日本整体军事实力的影响上。发表于《国际安全》2007 年冬季刊的理查德·萨缪尔斯的论文《"新的作战力量!"日本不断增长的海上实力与东亚安全》、克里斯·休斯的《日本的重新军事化》以及最近林塞·布莱克的《日本海上安全战略:日本海岸警卫队与海上不法分子》是三个能证明学术界对日本保安力量感兴趣的典型例证。这些著作值得赞赏,因为它们让人们注意到了海岸警卫队所承担的重要治安和更广泛的保安工作,这是对海军军事潜能的有效补充。但是,本书对海上自卫队注重战斗行动的理念及其团队精神的分析充分证明了它与海岸警卫队是在本质上完全不同的两个组织。这些差异不仅直接影响了海军建立理论学说、自身实力及其结构的方法,也是在将海岸警卫队视为"第二海军"时需要相当谨慎的原因。

在研究日本海上自卫队所有文献之外,有一本书研究了本书旨在解决的一个核心问题,即日本战后的军事认同。尽管在过去有些书籍的部分章节或短篇文章曾探讨过同样主题,但萨比娜·弗略施度克的《心神不宁的武士:日本军中的性别，记忆及通俗文化》是迄今为止研究该问题的专著。[1] 弗略施度克的研究吸收了战后早期出现的一些观点：不能继续将帝国军事及海军的过去视为现代武装力量可以效仿的典范；任何对过去的留恋都会引起对各种形式军国主义复活的恐惧。[2] 实际上，日本自卫队为自己制定的目标是：成为拥有与他们帝国先辈不同专业特质的"正常军队"。[3] 这一点在下列场合展现得尤其淋漓尽致：公开展示场所、仪式上、语言词汇里以及行为纪律中。在这些场合下，自卫队使用各种方式来"与过去划清界限"，"清除日本帝国军队的遗产"。[4] 在审视战后军事机构的过程中，弗略施度克的研究提出了一种创新的方式来研究这些机构的专业特质，它借助一种人种志方法论来理解个体士兵的道德思想。但是，该方法却低估了军事机构在发展过程中等级制及结构所起到的关键作用。结果，在研究日本军事的过程中，她对教育体系和专业社会化这样的核心问题从未涉及。

　　更重要的是，由于未涉及机构问题，她的书将日本帝国军事及海军诸多经历的特异性排除在外。她本人也曾坦承，她的重要研究材料都几乎毫无例外地基于与日本陆上自卫队的互动，因为陆上自卫队才是日本自卫队的最大组

---

[1]　Ivan I. Morris, 'Signifi cance of the Military in Post－war Japan', Pacific Affairs, Vol. 31, 1958：1,3－21；James H. Buck, 'The Japanese Self－Defence Forces', Asian Survey, Vol. 7, 1967：9, 597－613；Leonard A. Humphreys, 'The Japanese Military Tradition', in Buck H. Buck (ed.), The Modern Japanese Military System (London, 1975), 21－40；Maeda, The Hidden Army, 53－62；Yamaguchi, 'Japan：Completing Military Professionalism' in Alagappa, Military Professionalism in Asia：Conceptual and Empirical Perspectives, 35－46；Aminta Arrington, 'Cautious Reconciliation：The Change in Societal－Military Relations in Germany and Japan since the End of the Cold War', Armed Forces and Society, Vol. 28, 2002：4,531－554；Sabine Fruhstuck and Eyal Ben－Ari, '"Now We Show It All！"Normalisation and the Management of Violence in Japan's Armed Forces', Journal of Japanese Studies, Vol. 28, 2002：1,1－39.

[2]　Hanji Kinoshita, 'Echoes of Militarism in Japan', Pacific Affairs, Vol. 26, 1953：3,244－251；Samuel P. Huntington, The Soldier and the State (Cambridge, MA：Belknap Press of Harvard University Press, 1954), 125－126.

[3]　Fruhstuck and Ben－Ari, Journal of Japanese Studies, 6.

[4]　Fruhstu ck and Ben－Ari, Journal of Japanese Studies, 15－18,27－30；Fruhstuck, Uneasy Warriors, 152.

成部分且享有最大份额的防卫预算拨款。① 事实上，尽管战后陆军公开寻求与帝国先辈划清界限（如她的研究表明），但海军却反其道而行之，即寻求接受帝国的历史。由于她的研究缺乏日本军事史及史学方面的一般意识，所以不可能对历史与现实间的联系以及与众不同的军队亚文化如何塑造日本现代武装力量做出充分的评判。在本书中，我重点研究海军经历，试图诠释对帝国历史的不同理解是如何形成的，以及这些理解如何影响了海军的组织观。

与本书撰写时所查阅的有关整个战后时期的官方文件记录及其他重要资料相比，上述所有著作都无法企及。更重要的是，这些著作设计的研究问题要么不加鉴别地全盘否定过去（弗略施度克），要么没有探讨其对组织机构的影响程度（奥尔、伍利、葛兰姆）。结果，这些文献中出现的日本战后武装力量就成为一个没有历史的组织机构，它的工作重心非常狭隘地集中在诸如装备和平台这样的技术问题上。这种研究视角自然会在以下几个层面降低军队的重要性：军队如何看待自己的职业，如何通过阐明军队对日本安保的重要性来影响防卫决策过程。本书采用了不同的路径，审视海军如何正视它的帝国历史以塑造自己的职业观念。在此过程中，本书对探讨帝国军事传统这一关键问题毫不回避。相反，这些传统在本书对以下问题的探讨过程中被赋予核心地位：一个举足轻重的国家机构如何利用历史来解决对现实的关切，该历史又曾经如何影响并继续影响军事变革的过程。

历史的价值：本书的三个主题

历史学家约翰·道尔在其里程碑式的论文《历史的价值》中指出，战后一些重大经济改革的成功源自昭和时代的那些黑暗岁月，因为战后时代的日本人"本可以将一切推倒重来，但他们却选择在手头所拥有材料的基础上进行

---

① Fruhstuck, and Ben-Ari, Journal of Japanese Studies, 9.

重建,这样做是有必要的。"①在日本的政治经济史中,1945 年并不是一个"关键时刻",与过去发生断裂仍然不能荡尽一些重要的连续性,不弄清历史的作用就无法理解战后日本的发展历程。实际上,正如另一位日本重要历史学家所言,一个国家的民族史恰似一幅既已创作完毕又不断演变的图画,其中不同群体,从政治家到知识分子再到媒体和私人公司,都要努力地为了不同目的而重构历史。② 令人吃惊的是,在历史学里,帝国遗产对日本战后军事机构的影响这个问题很少得到探索。历史学家探讨的问题涉及士兵和老兵协会如何在战后时代让人们不要忘记历史。但是,军队作为一个组织机构这个问题怎么办呢? 军队是如何重构历史的呢? 其目的何在呢?

军事机构并不抛弃"手头业已拥有的材料",因为不抛弃过去有两大核心功能:其一与战略及政策领域相关。在缺乏实战经验的情况下,研究过去的经验——不管是自己的还是其他人的——为人们获得专业的理解提供了珍贵的资源;"上次战争中发生的事"有助于"准备下一场战争"以及应对国家防卫方面面临的挑战。对于海军来说,这一观点尤其正确,因为有些作者认为,"学习,理解和体验"是海军战略文化的核心特征,所谓的战略文化指的是海军所形成的关于使用武力的共同信念、价值观和习惯。③ 据说拿破仑对此观点进行过精辟的总结,"统帅舰队的司令官与指挥陆军部队的将军需要具备完全不同的素质。后者的素质可以说是与生俱来的,但前者的素质只有通过亲身体验才能获得。"④

日本海上自卫队的领导也不例外。他们在建立新海军并为海军在国家防卫中的作用而进行论争时,可供他们探索的历史经验足够丰富:既有数不胜数的胜利经验,也有至关重要的上一次战争中惨败的教训。准确理解过去所发生的一切并将之与现实联系起来对于海军这个新机构取得在政策及战略领域

① John W.Dower,'The Useful War',Dedalus,50.
② Gluck Carol,'The Past in the Present',in Andrew Gordon(ed.),Postwar Japan as History (Berkeley,Los Angeles,Oxford:University of California Press,1993),65.
③ Barnett,Navy Strategic Culture,9.
④ Barnett,Navy Strategic Culture,15.

的成功至关重要。这就是本书研究的第一个主题。在完败之后的惊诧中,日本海军当局需要面对下列根本问题:失败的原因有哪些? 哪些环节导致了失败? 如何应对这次失败及其原因? 从该组织机构的不同层面来回答这些问题,会得出不同的答案。在战略层面,日本海上自卫队的第一代领导人最终坚信,失败的原因与战前对海上战争将如何破坏日本国的经济基础缺乏了解紧密相关。对帝国海军参与的这种战争缺乏预知和调整进而被看作一种政策失败,正是与陆军争夺预算资源导致了这种失败。实际上,在亚洲大陆军事扩张的背景下,战前海军的政策没有展现出一种超越保存海军舰队这一狭隘部门利益的战略视野。

日本海上自卫队的领导试图努力改变这种境况。日本限制使用武力作为解决国际争端的合法手段是海军审视这一境况的大背景。海上自卫队在进行战略谋划时不得不考虑的关键因素是,必须将海军政策及战略与保护以出口为导向的国家经济基础、保卫海运通道的安全以及最近出现的国家海外利益相挂钩。因此,对该机构在战前及战时战略及政策上失败的审视,决定了日本海上自卫队将以何种方式努力向外界清楚地表达出其在防卫政策和舰队及其战力发展方面应发挥的作用。

但是,正确理解失败以解决政策及战略问题并不是日本海上自卫队不得不面临的唯一问题。本书探讨的第二个主题是军事机构为什么不抛弃"手头业已拥有的材料"。在建立新海军的过程中,海军领导层不得不培养出其专业认同。海上自卫队诞生于一个军事机构很少得到认可——实际上宪法不允许使用武力发动战争——的社会政治背景下,因此海军需要强大的"传统"来界定它的军事血统。"传统"一般被定义为"一整套仪式性或象征性的、与过去有着天然联系的惯常做法,通常受制于显性或隐性的规则,其目的是反复灌输某些价值观和行为规范。"①对于海军来说,传统"是英雄事业、坚强意志、军人自豪感及优雅风范的精髓"②。海军是一个技术密集型的组织机构,长期处

① Eric Hobsbawm and Terence Ranger(eds) ,The Invention of Tradition(Cambridge :Cambridge University Press ,1983) ,1.

② Connell and Mack ,Naval Ceremonies ,Customs ,and Traditions ,7.

于一种具有高度挑战性的地缘环境中。① 海军人员的高效性取决于他们的精湛技术和倾情投入。能凸显"英勇行为"的传统对于激励海军机构人员积极"效仿"以及在本职岗位上竭尽所能都是至关重要的。② 在实践中,铭记机构传统不仅能提高应对压力和紧张局势的能力,还能保持高的职业标准。传统赋予海军机构人员一种道德风尚或集体荣誉感,并且提升了他们完成保卫国家这一终极使命的能力。③

对于日本海上自卫队来说,帝国海军为它提供了博大精深的历史传统。帝国海军在上次战争中的失败并不意味着它没有任何具有道德价值的遗产传承给新海军。海上自卫队不只简单地将帝国传统加以引入,而是精心选择了领导层认为导致帝国海军成为世界顶级海军之一的那些特定的思想、仪式和惯例。在传统方面,海上自卫队更多继承了明治和大正时期的帝国海军的机构基因,而非上一次战争期间的基因。在日常行为方面,具有帝国血统的一些惯例被再次引入舰船上,包括语言词汇、指称、演练以及每个正常工作日的组织安排。教育和训练沿袭了战前做法,即将密集的身体训练与精神教育相结合。根据海军领导所说,理论思想追随帝国海军曾使用过的"作战理念",炮床设计深受以下帝国理念的影响:火力配置最大化及速度的一致性。同样重要的是,日本海上自卫队沿用了战前帝国海军的下列做法:引进国外先进技术、教育及理论思想——特别是从英国皇家海军以及与它有合作关系的美国海军进行引进。海上自卫队努力确保每一位成员知晓:注重打造其专业特质的这些决策是如何与战前海军密不可分的。

从一个机构的视角来看,为了赋予自身一个值得信赖、内涵丰富的身份认同,日本海上自卫队希望诉诸它的帝国历史,但仅凭此并不能解释它是如何获准这样做的。毕竟,日本军队从成立初期开始就被大部分人视为不是一个值得信赖的专业典范。因此,这一切又如何得以实现? 本书的第三个主题涉及

---

① Connell and Mack, Naval Ceremonies, Customs, and Traditions, 22-42; Speller, Understanding Naval Warfare, 16-18, 23-28.

② Connell and Mack, Naval Ceremonies, Customs, and Traditions, 4.

③ Connell and Mack, Naval Ceremonies, Customs, and Traditions, 4.

以上问题的答案,即无论是主宰战后有关帝国海军的公开叙事还是决定日本海上自卫队在统筹这些叙事中的主导地位,海上自卫队的先辈们都做出了重大贡献。至 20 世纪 50 年代初期,不管是作为个人还是通过组织机构,军人已经开始与更多的公众分享个人经历,有些还开始为支持退役老兵及其家人而进行游说。这些人利用各种不同的伪装作为掩饰,将诸如过去战争经验之类的话题带入了日本人的政治及社会大辩论中。① 各种文献里既有誓言与帝国军事历史进行决裂这样的情感表达——主要是由日本知识分子及那些在服役过程中有过悲伤经历的士兵表述的——也有重新将日本之前的政治人物与自卫队联系起来的成功范例。② 一些有关过去帝国陆军士兵(特别是陆军里"掉队者")往事的出版物引起了公众对陆军内部领导不善问题的关注,而关于帝国海军的叙事则提供了一幅完全不同的图画。③

日本海上自卫队的先辈及后来的领导与具有影响力的记者和知识分子建立了密切的联系,这些记者和知识分子要么曾在海军服过役,要么整个职业生涯都与自卫队里的大佬们走得很近,一起共同进行过公关活动。这导致了人们在记忆里一起将帝国海军视为日本"传统及进步"的象征,此结果正好迎合了日本海上自卫队的需要。海上自卫队在公共关系中重新采用了帝国海军的宣传及盛典策略,向外界传达了一个与帝国密不可分的自我形象。通过维持"传统"价值观来促进对高科技的掌握成为日本海上自卫队向公众展现自己的主要内容。与退役帝国海军军官一起,海上自卫队将诸如三笠号战列舰作为帝国海军传统的象征,并将它们展示给公众以证明自己与这一传统的密不可分。官方博物馆与类似于舰队阅兵这样的重大事件展现了帝国海军与日本

---

① Robert Guillain, 'The Resurgence of Military Elements in Japan', Pacific Affairs, Vol.25, 1952:3,211-225;Kinoshita,Pacific Affairs,244-251;Ivan I.Morris,Nationalism and the Right Wing in Japan:A Study of Post-War Trends(Oxford:Oxford University Press,1960),206-265;Searaphim,War Memory and Social Politics Post-war Japan as a Sea Power.in Japan,60-85,Wilson,'War,Soldier and Nation in 1950s Japan',International Journal of Asian Studies,187-218.

② Wilson,International Journal of Asian Studies,194-196.

③ 例如 Saburō Takahashi 的著作 'Senkimono' wo Yomu。想要全面了解军队"掉队者"记忆有关他们经历的出版物,参见 Trefalt,Japanese Army Stragglers,特别是第四章。

海上自卫队之间的不可分割性。这些方案的设计旨在获取海军在其机构内外的合法地位,强化海上自卫队自身的团队精神以及公众对海军的认可和支持,提高海上自卫队在国家防卫中所发挥的作用。日本海上自卫队对于如何缅怀帝国海军以及如何进行自我评述都能亲力亲为,这对于加强海上自卫队内部凝聚力以及自身的做大做强都发挥了重要作用,①这种做法与阿伦·奥·康奈尔描述的美国海军陆战队的做法并无二致。

以上三大主题有助于大家理解日本海上自卫队为什么及如何既实现了对过去的独特理解又是对过去的一种切实反映。在此过程中,至关重要的是,不管他们是积极地(主动寻求对过去的理解)还是被动地(某种程度上否定过去)参与其中,其背后的选择及动机都表明,它是一种很细致的反应。帝国元素弥补了失去社会地位所带来的否定影响,减少了军事作用,有助于解决机构内派系林立和战略僵化这些曾一度盛行的问题。尽管帝国海军遗产对于理解日本海上自卫队极其重要,但正是上述原因导致了海上自卫队逐渐发展成与帝国海军完全不同的一支部队。这种转变具有特别重要的意义。虽然起步不高,但今天的日本海上自卫队拥有一支水面兵力超过皇家海军两倍、水下兵力是法国海军两倍的强大舰队。自然,包括地区安全形势不断演变及与美国的双边关系在内的结构性因素非常重要。但是,本书要阐明的是海军过去的经验如何指引海军机构应对国家及地区环境,并帮助其提升能力以便在国家防卫事业中赢得显赫的地位。

蛋糕的分层:本书的结构

如果将一国的历史比作一块大蛋糕,它就可以分为政治、社会、文化以及经济五层,海军史只是其中的一小块而已。为了把握海军内部运转机制,海军研究需要涵盖对上述各层面的探索。本书也不例外,下文的结构也照此进行设计。本书不同章节引用的证据表明,对帝国经验的反思受到具体历史情境

---

① O'Connell, Underdogs: The Making of the Modern Marine Corps, 2.

的限制,具有高度选择性,它甚至早在 1952 年之前就进入了日本专业界的辩论中。尽管如此,就时间轴而言,本书里的叙述主要集中于自 1952 年海上安全部队的建立至 2004 年。也就是说,还是有些章节在叙述中加入了早期的一些争论。从一定程度来说,本书旨在展现一个分析过程的存在而不是为该分析确定界限。

下一章通过探索帝国海军传统的实质及目标为本书提供一个更宽泛的背景。对帝国海军如何塑造其传统的研究发现,它与不到一百年后日本海上自卫队所面对的挑战具有很大的相似性。该章重点论述了在其整个历史时期,帝国海军如何不断需要解决结构性缺陷及资源有限与雄心勃勃的战略目标之间的矛盾。在海军追求战力提升的过程中,最重要的两个因素是人员的作战技能和装备的质量。该章表明了到底是那些因素铸造了道德粘合力,进而增强了海军的团队精神,极大地激励了其成员追求卓越并"在非常不利的条件下"数次取得了军事行动的成功。日本所拥有的一些地区航海传统的标志性象征、武士的尚武传统、帝国意识形态以及英国航海实践和航海技术训练方法都对打造一支现代专业部队发挥了重要作用。在遭遇相似困境时,稍作调整,日本海上自卫队就能依照其强大的传统经验努力摆脱这些困境。

但是,在探讨日本海上自卫队如何重拾起历史传统之前,第三章将首先对公众记忆进行叙述。公众中存在有关帝国海军经验的正面描述,它是使海上自卫队的遴选并保持历史传统这一过程变得更容易的一个重要因素。在整个军队失去所有信誉这样一个战后大背景下,那些强调帝国海军作为军事机构具有不同优点的叙述使人们对陆军与海军的记忆产生了差异。该章对这些叙述进行了审视,它们主要出现在由以下三位作家主宰的新闻报道、文学作品及非虚构小说里:阿川弘之、伊藤正德及阿川直之。该章阐述了他们的个人及专业背景如何有助于他们获得有关帝国海军及海上自卫队的资料和知识。该章还表明,通过与学术上备受尊重、人品上值得信赖的作家们进行合作,帝国海军及海上自卫队的高级军官从这些作家对海军的描述中受益良多。

在第三章研究的基础上,第四章审视了帝国传统在日本海上自卫队的教育体系中所发挥的作用。它指出,在机构内部,帝国传统为海上自卫队的下列行为提供了重要的基础:确定海军作为军事机构的价值观及信念,对海军在国家防卫中作用的设定,以及为其自身的专业标准制定标杆。尤其重要的是,正如帝国军队中的其他军种一样,日本海上自卫队的高层人员也利用战前日本海军经验来保持机构人员在遵循美国惯例及使用美国技术过程中的凝聚力。帝国传统使海上自卫队在精神上永葆"日本海军"的本色。同样,在战后军事体系进行重大机构改革,特别是在建立"联合"学校培训来自各不同兵种的后补军官的背景下,帝国海军使海上自卫队能够赋予军官群体一个明确的自我认同感。

日本海军鲜明的特质在海上自卫队留给外界的印象中得到进一步审视。第五章重点研究帝国传统与海上自卫队公共形象之间的关系。在战后日本,大部分人很少关注军队。为了打造其专业形象,海上自卫队在公共关系活动中积极沿用了帝国海军的各种仪式及惯例。正如前几章所述,它努力将海军历史记忆作为一种战略资源,以便将其专业素质和团队精神介绍给更多的日本人。起先,海上自卫队将重点放在能够凸显其先进技术及传统价值观等专业和道德层面的仪式上。这种选择使海军能回避帝国传统中能引起争议的内容,以给外界留下正面印象。舰队阅兵或短期海上巡航逐渐成为海军的主要公关手段。冷战后,公众关注的增加要求海军必须进一步拓展它的公共关系。该章审视了日本海上自卫队的三个海军博物馆对其专业身份的诠释。

帝国经验中需要审视的最关键的领域就是政策和战略问题。第六章重新评估影响日本海上自卫队对战时经验分析的具体因素,起先的重要因素是两大军种领导层之间的直接联系。影响战后海军的既有国内也有国际体系因素。该章详细论述了战前海军战略重心如何限制了其对海军政策与国家战略之间关系的更宏观的理解。海上自卫队痛苦地意识到了这一问题。这种意识产生的部分原因是防卫政策制定过程受到法律及政治上的严格限制。对于海军来说,需要提出一个令人信服的理由以满足这些新形势所提出的新要求,这一点至关重要,因为它关涉海上自卫队是否能不囿于迫在眉睫的关切,如能力及理论建设等。最终,海军从帝国历史中汲取了教训,采用了不同的方法来论证为什么海军能在尽可能广泛的意义上为日本的战后安全做出自己的贡献。

　　第七章从更宽泛的视角来审视前一章研究的政治与战略,将它们置于发展海军舰队所涉及的各种艰难困苦这样的框架内。该章研究了战后时期理论学说、能力建设及军力结构的各种演变。它表明,日本海上自卫队起先沿用曾促使帝国海军发展成一支独特武装力量的那些理论学说,以重建其基本职业标准。在海员技能及舰队操控方面,帝国海军树立了一个雄心勃勃的标杆。这一路径同样影响了装备采购政策及设计。尽管根本的帝国准则仍得以保持,为了应对不断变化的任务要求,海上自卫队领导层逐渐对理论学说的内容进行了调整以促进已有传统的变化。该章对采用上述路径会在何种程度上导致能力建设方面的妥协进行了分析,但是,帝国海军设计过程中固有的优先考虑火力配置的策略在战后时代得以保留。

　　本书的结论部分对前面各章的内容进行了总结,对过去十年的形势发展进行了简要的回顾。日本防卫政策在 2004 年至 2014 年间发生了一些改变。对于日本海上自卫队来说,上述时期与冷战时期比较起来军事行动的节奏大大加快。从东海巡航及侦察到执行国际任务及外交行动,日本海军已经成为一个比之前重要得多的治国工具。适应新形势及维护安全的能力与过去 60 年的经验密不可分。日本海军充满帝国传统的民族精神赋予了其所有人员强大的使命感。对战时失败的重新审视使海军对其与追求国家利益之间的共生关系产生了更好的理解。因此,最后要提出的问题是:今天的日本海上自卫队成功发扬了帝国海军的传统吗?

第二章　道德观与传统：日本帝国海军

首先，我们必须拥有下列决心：不管形势多么严峻永远都不准放弃；其次，必须与自己的军官同胞建立休戚与共的情谊。日复一日，帝国海军传统在江田岛一直得以保持，其目的并不是为了这些传统本身，而是要培养这些品质。①

——日本海上自卫队田村丰海将补

（候补干部学校校长）

努力打造"一个牢不可破的友谊纽带"

丰海将补的一番话准确地表明，日本海上自卫队的先辈在着手建立新海军时需要完成的核心任务，与他们的明治先辈所面临的任务非常相似。在这两个不同的历史时期，都有一小群人志在建立一个现代的军事机构，他们都坚信一个高效的职业海军需要的不仅仅只是强大的"有形资产"，还需要一个灵魂，即一个团队精神。这两群人当时所从事的事业并未出乎人们的意料。海军的核心任务就是在政治当局规定的已有法律及军事行动范围内使用军事力量。被委以国防重任的海军必须为其舰队配备在身体和心理方面都做好充分准备的所有人员，以随时投入战斗。如果有必要，这些人员必须随时为完成任务而甘愿冒着负伤甚至更严重的风险。其中的军官必须肩负起在战争及和平时期的领导重任。因此，对于上述两个机构的领导来说，培养团队精神及优秀

---

① 引自 Dean，'Etajima：Hallowed Halls'，112。

传统是建立、维持和提升一支现代海军部队的重中之重。

　　本章探讨了帝国海军如何培育了该国第一代海军团队精神及传统,它们是在 1868 年明治维新运动①之后在"和魂洋才"这一口号的支持下得以铸成的。这一口号并不是为海军提出的,但它最适用于海军机构,因为它将掌握19 世纪中叶的日本仍然没有掌握的那些科技视为该职业的中心任务。② 对于明治时期日本的武士精英阶层来说,这是个不小的挑战。但是,正如其他致力于现代国家机构建设的明治寡头一样,第一代海军领袖展现了"非凡的自立,坚强的、保持独立的决心,以及近乎宗教狂热般地坚信必须拥有鲜明个性特征"③。对于他们来说,建立一支战后新海军部队需要铸造能发挥两大关键作用的团队精神和传统。一方面,为了使本国具备足够的防卫手段,铸造上述团队精神和传统旨在证明该国在过去崇尚军事的重要价值并将其与引入西方技术相融合。其隐含的逻辑是,如果西方的技术及实践能使日本的尚武军事显得更高尚化,那么它们就能产生最佳结果。另一方面,团队精神和传统能提供一种强人的凝聚力,以激励日本海军人员努力追求卓越以及"在不利条件下"④仍能取得军事行动的成功。对于日本海军而言,后者表述得特别恰当,因为在其整个历史过程中,作为一个组织机构的日本海军最显著的特征是:需要不断在结

---

　　① 1869 年 7 月 8 日,海军第一核心组织建立,并于 1871 年升级并进一步制度化,随后于 1872 年 2 月正式建立海军省。日本学术界普遍认为 1871 年是皇家海军制度化的开始,然而在这一问题上,标准的英文参看资料采用了 1887 年,这一年海军开始将自己定为舰队。Kaigun Rekishi Hozonkai(ed.) ,Nihon Kaigunshi(日本海軍史–A History of the Japanese Navy,10 Vols. ,Tokyo:Hatsubai Dai Ichi Hōki Shuppan Kabushiki Kaisha, 1996) ,Vol. 1, 59 - 60;Schencking,Making Waves,12 - 15;Evans and Peattie,Kaigun. Strategy,Tactics and Technology in the Imperial Japanese Navy,1887 - 1941,xxi-xxii.

　　② For an overview of the wakon,yōsai dichotomy,cf.Shūichi Katō,'Japanese Writers and Modernisation',in Marius Jansen(ed.) ,Changing Japanese Attitudes Toward Modernisation(Princeton:Princeton University Press,1965) ,425 - 445.

　　③ Kenneth B.Pyle,Rising Japan:The Resurgence of Japan's Power and Purpose(Century Foundation Book,New York:Public affairs,2007) ,37.

　　④ Rear Admiral Yōichi Hirama,JMSDF(Ret.) ,'Japanese Naval Preparations for World War Ⅱ ',Naval War College Review,Vol.94,1991:2,71.

构性缺陷及资源有限与雄心勃勃的战略目标之间实现平衡。[①]

重塑地区海上传统

在其 1945 年有关现代日本海上军力研究的开篇中，阿瑟·J.马德尔注意到，一个古老的民间信仰使用神化语言表述了日本海军传统的起源，诠释了为什么"日本的生命线是海洋之水"[②]。实际上，在 19 世纪 80 年代的后五年里，这种日本命定海洋的观念开始得以普及，它主要归因于帝国海军在成立初期所付出的全方位的努力，包括培养国人航海意识、动员新闻出版界帮助打造海军内部凝聚力及其良好公众形象以及继续享有政治和预算支持。[③] 正如一项权威研究最近指出的，"通过壮丽展示、典礼仪式、宣传及纪念仪式，海军不仅培养了基层民众对海军的兴趣，也博取了他们对海军的支持"[④]。在日俄战争

---

① 对帝国海军的学术研究表明海军在整个历史上对财政预算问题、国际海军局势（20 世纪 20 年代和 30 年代初）以及具有优势的潜在对手（如苏联、美国）的忧虑，体现在政治、技术和战略等多个方面。Schencking, Making Waves, 特别是第 6 章的第 6—8 页；Sadao Asada, Culture Shock and Japanese - American Relations. Historical Essays (Columbia, MO: University of Missouri Press, 2007), 137 - 173; Asada, From Mahan to Pearl Harbor. The Imperial Japanese Navy and the United States(Annapolis, MD: Naval Institute Press, 2006); Asada, 'From Washington to London: The Imperial Japanese Navy and the Politics of Naval Limitations, 1921-1930', Diplomacy and Statecraft, Vol.4, 1993: 3, 147-191。

Technological and strategic aspects are fully explored in Evans and Peattie, Kaigun, chapters 7-9; David C. Evans, 'Japanese Naval Construction, 1878-1918', in Phillips Payson O' Brien(ed.), Technology and Naval Combat in the Twentieth Century and Beyond(London: Frank Cass, 2001), 22-35; Mark R. Peattie, 'Japanese Naval Construction, 1919-1941', in O' Brien(ed.), Technology and Naval Combat, 93-108.

② Marder, 'From Jimmu Tennō to Perry: Sea Power in Early Japanese History', The American Historical Review, Vol.51, 1945: 1, 1.

③ Evans and Peattie, Kaigun, 19; Schencking, Making Waves, 107-136; Naoko Shimazu, 'The Making of a Heroic War Myth in the Russo-Japanese War', Waseda Journal of Asian Studies, Vol.25, 2004, 83-96; Shimazu, Japanese Society at War: Death, Memory and the Russo-Japanese War (Cambridge: Cambridge University Press, 2009), 197-229.

④ Schencking, Making Waves, 135.

中海军取得辉煌胜利后，宣传活动一浪高过一浪，这种理念在 20 世纪 30 年代初期仍然十分盛行。马德尔认为下列有关当时海军史的表述颇为盛行：

> 在太平洋中南北各延伸一千日本里①的翠绿色列岛是我们的祖国，蔚蓝色浩瀚的海洋是我们民族永久的摇篮。我们在海洋上生生死死。自从建国，不，自从我们民族诞生以来，我们的国家和人民就深信，我们与海洋不可分割。一个海洋国家！一个海洋民族！②

即使拥有上述源自神话的表述及大张旗鼓的宣传，崛起于 19 世纪后五十年的现代日本海军与基于悠久航海民族传统的“天然职业”了无关系。反而，与之相反的观点才是正确的。在现代日本史早期，海洋是有效抵制外来侵略的屏障，而不是供国家海军施展其才能的平台。日本岛与亚洲大陆事务相对隔绝，更关键的是，它的统治者几乎没有必要建立一支常规海军部队。③ 整个日本岛每个地区都拥有自给自足的经济模式，进一步减少了建立这样一支部队的动力。④ 最能凸显日本在海上与外界隔绝这一特征的事件分别是 1274 年及 1281 年由忽必烈可汗发动的两次未遂的侵略。1281 年 8 月 15、16 日，一场后来被人们奉为“伊势的神风”⑤的巨大台风从天而降，证明了海洋强大的“阻挡力”以及对任何一支旨在抵达日本以发动侵略的无敌舰队所形成的巨大挑战。海洋造成的与世隔绝使日本统治者认为，神风足以保卫日本岛，同一观点也能解释 1588 年西班牙的菲利普二世侵略英国时所遭遇的失败。“上帝

---

①　日本里是一个在日本现代化之前用于衡量距离的单位，相当于约 4000 米。

②　Marder,'From Jimmu Tennō to Perry', 1.

③　George A.Ballard, The Influence of the Sea on the Political History of Japan (London: John Murray), 1921, 6; Woolley, Geography & Japan's Strategic Choice, 16 - 17; Kitaoka, Conflicting Currents, 39-41.

④　Marder,'From Jimmu Tennō to Perry', 3.

⑤　伊势，位于三重县，是供奉女神 Amaterasu Ōmikami 的伊势神社所在的地方，她是日本原始宗教神道教中最重要的神。据说日本皇室是她的后代。根据传统，神社的高级神职人员或女神职人员必须来自皇室。根据神话，Amaterasu 刮来台风保卫日本的岛屿。

来神风,他们都被刮得七零八落。"①

作为对外政策工具的海洋还有完全不同的另一面:由于日本封建统治者逐渐体会到,日本受四周海洋的限制,向外展现其国家实力非常困难。在1636年一系列锁国政策实施之前,势力最强大的军阀或幕府将军丰臣秀吉组织了1592年及1597年两次不幸的朝鲜远征,它们代表了那个时期仅有的两次海军战役。② 在大约300年的时间里,海外航行被人遗忘。除了在几个地方领地的版图上之外,没有真正的海军部队。③ 实际上,在日本内海、九州岛的肥前(西北)及萨摩(西南)诸藩,海军传统在地区家族及海洋领主的培育下曾得到蓬勃发展,但到那时却逐渐衰败(见表2.1)。④ 在日本的闭关锁国时期,只有萨摩藩(今天的鹿儿岛)的岛津家由于海外贸易需要仍保持着些许海军传统及技能,尤其是通过琉球群岛与中国之间的贸易。⑤

鉴于此,下列局面的形成不应该让我们感到吃惊:在明治维新整个时期实施的军事现代化过程中,日本航海业蓬勃发展的地区在构建"日本国家海军视野"这项事业中处于领头羊地位。直截了当地说,在所拥有的海军势力方面,九州岛一些地区的地位遥遥领先,特别是萨摩、福冈和佐贺。因此,它们贡

---

① Woolley, Geography & Japan's Strategic Choice, 2−4; Ballard, The Influence of the Sea on the Political History of Japan, 13−41; Marder, 'From Jimmu Tennō to Perry', 12−19; Alexander Kiralfy, 'Why Japan's Fleet Avoids Actions', Foreign Affairs, Vol.22, 1943−44:1/4, 47.

② Ballard, The Influence of the Sea on the Political History of Japan, 42−72; Marder, 'From Jimmu Tennō to Perry', 19−31; Woolley, Geography & Japan's Strategic Choice, 27−41.德川家族的将军从1600年至1868年统治日本;1853年至1867年的时期通常称为幕末。锁国政策是在16世纪30年代颁布的,禁止远洋船舶的建设,同时严格限制对外贸易。Andrew Gordon, A Modern History of Japan.From Tokugawa to the Present Times(Oxford:Oxford University Press, 2003), 17。

③ Gordon, A Modern History of Japan, 61−62.

④ Stephen Turnbull, Pirate of the Far East, 811−1639(Oxford:Osprey, 2007).也可参看Marder, 'From Jimmu Tennō to Perry', 19−20.Also, Captain W.R.Wilson, USN(Ret.), 'The Sea Battle of Dannoura', American Neptune, Vol.28, 1968, 206−222。

⑤ Robert K.Sakai, 'The Satsuma−Ryukyu Trade and the Tokugawa Seclusion Policy', The Journal of Asian Studies, Vol.23, 1964:3, 391−403;Robert I.Hellyer, 'The Missing Pirate and the Pervasive Smuggler:Regional Agency in Coastal Defence, Trade, and Foreign Relations in Nineteenth−Century Japan', The International History Review, Vol.XXVLL, 2005:1, 1−24.

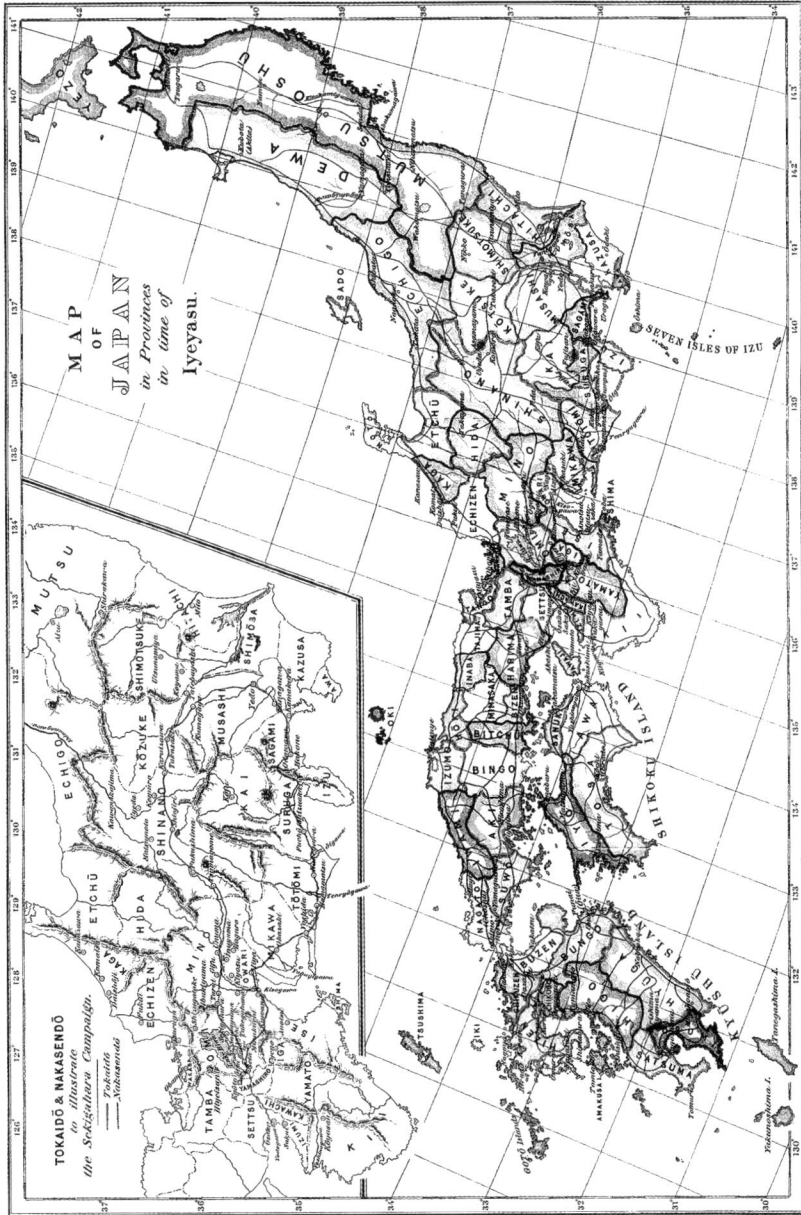

地图 1　德川幕府统治时期的日本

来源：http://www.fas.harvard.edu/~chgis/japan/images/japan_1573_1583.gif。

献了总计八十三艘战舰中的绝大多数，这些战舰组成了日本的新海军。① 更重要的是，一些来自代表日本最先进航海地区的萨摩武士寡头首先意识到日本需要打造一定的海军实力，以此来作为保卫主权免遭西方列强侵犯的一种手段。这些寡头是改革派的领袖，他们为结束德川幕府的统治做出了重要贡献。② 随后，为了能推动新建立的政治当局进一步发展海军，他们进行了成功的运作。③

实用主义理念造就了他们解决日本军事问题的路径。在效仿外国机构组建模式的过程中，他们看出，这是取得与西方军事强国"平起平坐"地位的关键一步。④ 这种路径源自当时所发生的一系列事件。在德川幕府统治的最后几年里，这些事件严重暴露了该国在海上的致命弱点，萨摩改革派利用这一天赐良机开始评估一支现代海军部队的重要性。它们包括 1853 年美国一个小型"黑船"舰队在马修·C.佩里的率领下到达日本，更关键的是，1861 年俄国海军试图控制对马岛但却被两艘英国军舰挫败，以及 1863 年英国轰炸和火烧鹿儿岛，上述事件再次凸显可能会有来自海上的外国威胁。⑤ 年轻的东乡平八郎是那些在遭受炮击的过程中意识到西方海军技术能力的人之一。根据他自传中的描述，正是在那个特定的时刻，这位未来的大将得出了明确的结论：

---

① Michio Asakawa, 'Anglo-Japanese Military Relations, 1800-1900', in Ian Gow, Yōichi Hirama, and John Chapman(eds), The History of Anglo-Japanese Relations, 1600-2000. Volume III: The Military Dimension(Basingstoke, Hampshire: Palgrave Macmillan, 2003), 22.

② Ballard, The Influence of the Sea on the Political History of Japan, 104.

③ Schencking, Making Waves, 10-16.

④ Eleanor D.Westney, Imitation and Innovation.The Transfer of Western Organisational Patterns to Meiji Japan(Cambridge, MA: Harvard University Press, 1987), 18.Also, Jerry K.Matsumura, 'Takaki Kanehiro, 1849-1920: Britishtrained Medical Pioneer who Became Surgeon General to the Imperial Japanese Navy', in Hugh Cortazzi(ed.), Britain and Japan: Biographical Portraits, Volume V(Folkestone, Kent: Global Oriental, 2005), 209-222.

⑤ Evans and Peattie, Kaigun, 4-5; Vice Admiral Yoji Koda, JMSDF, 'The Russo-Japanese war. Primary Causes of Japanese Success', Naval War College Review, Vol.58, 2005: 2, 12-14; Ballard, The Influence of the Sea on the Political History of Japan, 102-103; Ion Hamish, 'Towards a Naval Alliance.Some naval Antecedents to the Anglo-Japanese Alliance, 1854-1902', in Phillips Payson O' Brien(ed.), The Anglo-Japanese Alliance, 1902-1922(London: Routledge, 2004), 29.

"保卫海岸线的任务始于大海"①。

在随后的几十年间,来自之前萨摩地区的显赫人物,包括川村住吉、西乡从道和山本权兵卫(与山本五十六没有丝毫关系),开始主导国家的海军事务。② 尽管一开始主管海军的官员明显都是没有或几乎没有任何海军专业背景的武士,但他们都决心要将日本成功打造成能保卫国家独立及利益的海军强国。③ 从"妊娠阶段"开始,川村大将就在后勤设施及能力建设上为新海军打下了良好基础,成为了一名高效及活力四射的管理者。在他及其派系其他成员的领导下,到 20 世纪初为止,萨摩人在帝国海军里一直霸占着军事行动及行政管理的关键岗位。从 1881 年至 1906 年,"萨摩派系"成员一直掌管着海军省,马不停蹄地打造着日本在海军战力上的优势。④

只要海军能够齐心协力地为其发展进行游说,主管海军发展的这群看起来志趣相投、作风务实的人证明自己还是比较给力的。他们以差不多一样的方式优先考虑并有效实施了对海军的投资和改革,这对于在海军技术突飞猛进的时代建立一支高效的现代武装部队发挥了重要作用。⑤ 考虑到在当时的

---

① Georges Blond, Admiral Togo(London:Jarrolds,1961),46.

② 海军大将川村十多年来在日本海军政治中发挥了非常重要的作用,他首先担任海军次官(1873—1877),随后担任海军卿(1877—1880,1881—1885)。西乡从道是一位同样受人尊敬的政治人物,被海军大将川村带入海军执政。他没有海军背景,但在他的职业生涯中,他鼓励了山本权兵卫等年轻军官,并致力于海军的现代化建设。他曾三次担任海军大臣(1885—1886,1887—1890,1893—1898)。海军大将山本职业生涯卓绝,学者 Evans 和 Peattie 把他作为创新改革者的行动与皇家海军海军大将 John'Jackie'Fisher 的行动相提并论。海军大将山本对当时日本的政治和海军概况的影响进一步体现在他不仅曾担任海军军务局长(1891—1896)和海军大臣(1898—1906),而且还曾担任首相(1913—1914,1923—1924)。David C.Evans,The Satsuma Faction and Professionalism in the Japanese Naval Officer Corps of the Meiji Period,1868-1912(Unpublished PhD Dissertation,Stanford University,1978),114-151;also,Schencking,Making Waves,3,14-16,32;Evans and Peattie,Kaigun,20-22.

③ Schencking,Making Waves,10-25.

④ Schencking,Making Waves,33.

⑤ 这显然是日本军事长期观察家、英国陆军上尉 Malcolm D.Kennedy 的观点,这一观点表述于他的富有洞察力的研究成果:The Military Side of Japanese Life(London:Constable & Co.,1924),316-317.关于 19 世纪末的海军创新,可参见 Holger H.Herwig,'The Battlefleet Revolution,1885-1914',in Macgregor Knox and Williamson Murray(eds),The Dynamics of Military Revolution,1300-2050(Cambridge:Cambridge University Press,2001),114-131。

日本军事体系中，海军在资历上无法与陆军相比，上述事实则更为重要。① 在明治初期，海军的附属地位在两个方面被固定下来。首先，在战时的军事行动中，海军接受陆军参谋本部的指挥。其次，在任务分配上，陆军负责整体国家防卫而海军只负责其中的海上安全。随着海军逐步发展壮大，萨摩领导人打造的强大内部凝聚力为海军在与陆军的竞争中不断提升地位做出了重大贡献，并于 1893 年最终建立了独立的海军军令部。②

在建构海军战斗史的过程中不难发现，来自九州岛的，尤其是鹿儿岛的，海军领导人的声望为海军传统及身份认同注入了鲜明的"萨摩特质"。该地区悠久的海上军事传统与它在明治维新军事行动中所发挥的积极作用形成了一个完美的结合。这种结合一开始源自海军赞助制度，该制度使来自萨摩派系的海军人士受益匪浅，导致萨摩人遍布整个海军机构的各个角落。③ 在 20 世纪头十年，萨摩原有的强大势力开始失去其在海军内部政治中的影响力，但海军在日本特定区域渴望军旅生涯的年青一代中仍然保持强大的吸引力。在 20 世纪 20 年代末，海军仍然由来自北海道或九州岛等沿海地区的志愿兵组成，其主要原因可能是因为这些人更适应海上生活的苛刻要求。④ 以鹿儿岛、佐贺及大分县为主的九州岛地区为海军军官及其他人员的补充一直发挥着重要的作用。一直到 1936 年，九州岛为海军兵学校提供了总计达 30% 的生源，这个比例高于日本其他任何地区。虽然每年的数据不同，但对海军兵学校的申请者及实际招生数的分析显示，九州岛地区的年轻人一直保持着高涨的热情，经常提供多达三分之一海军军官队的新生（见表 2.1）。

---

① Evans and Peattie,Kaigun,8.

② Evans and Peattie,Kaigun,23-24.Also Asada,From Mahan to Pearl Harbor,293-295;Marder,Old Friends,New Enemies,289-292.

③ Evans and Peattie,Kaigun,23-24.Also Asada,From Mahan to Pearl Harbor,293-295;Marder,Old Friends,New Enemies,289-292.

④ Hector C.Bywater,Navies and Nations:A Review of Naval Developments since the Great War(London:Constable and Co,1927),178-182.Also,Frederick T.Jane,The Imperial Japanese Navy(London:Conway Maritime Press,1984.First published 1904),303.

表 2.1　日本海军军官学校中来自九州的学生人数

	1910 年		1930 年		1936 年	
	申请人数	实际招生数	申请人数	实际招生数	申请人数	实际招生数
福冈	101	2	292	1	352	12
大分	64	6	111	9	148	6
佐贺	101	5	209	5	292	6
熊本	100	4	220	7	300	8
宫崎	31	——	66	3	99	7
长崎	*	*	123	3	181	1
鹿儿岛	112	3	304	9	461	32
全国总数	2,958	120	4,199	130	6,847	240
九州(%)	17.2%**	16.6%**	31.50%	28.40%	26.70%	30%

＊数据不详
＊＊不包括长崎地区的数据
来源:防卫研究所战史室[现在的防卫研究所战史部],(海军部门年鉴,多年,东京:防卫研究所,1983)。

　　从更宽泛的意义上来说,"萨摩精神"是国家统一之前众多重要海事传统中的一个典型范例。从该角度看,它是一个包容而非排他的因素。实际上,对统一前海事传统的自豪感也是其他沿海地区年轻人申请加入海军的主要原因。有一位大佐参加了太平洋战争所有的水面战役,他是 1918 年被海军兵学校录取的。20 世纪 60 年代,这位老兵回忆说,尽管他向军事学校和海军兵学校都提出了申请,但他内心明显倾向于海军,因为海军"精神正好契合于他家乡(即内海地区的高松)的传统"①。另一位军官因在袭击珍珠港、1941 年抗击英国东方舰队以及 1942 年中途岛战役中立下赫赫战功而出名。他在最近出版的自传中指出,广岛的内陆海岸与著名的海洋贵族村上家族密不可分的

---

　　①　Captain Tameichi Hara, Imperial Japanese Navy‐IJN‐(Ret.), Japanese Destroyer Captain. Pearl Harbor, Guadalcanal, Midway‐The Great Naval Battles as seen Through Japanese Eyes (Annapolis, MD:Naval Institute Press, 1967), 4.

关系使他更加坚定了成为一名海军军官的梦想。①

　　海军的这种"地区性"特征贯穿在它最基本的日常行为及官方词汇中。在日本军舰上,正式交流都是语速很快,用词简单明了、直截了当,这是鹿儿岛地区居民最典型的交谈方式。原则上,这好像是海军机构做出的一个明确选择,因为它赞成在功能及效率上要达到规定的水准。但是,在日本,这给予了海军一个非常鲜明的特征。萨摩是"一个傲慢、好战的县,以粗犷英俊著称——它与日本国的关系与爱尔兰同大不列颠的关系并无二致"。特别是,"由于该县居民没有类似于凯尔特人这样的异族,他们就非常自豪地坚持用当地方言,而其他地区的日本人却无法听懂"②。

　　因此,鉴于正式日本语的复杂性,海军随即决定引入一套词汇及使用方法,使其能折射出与海军缔造者出生地也是著名日本地区海事传统诞生地语言之间密不可分的关系。上述决定对于明确界定海军机构的遗产有很大帮助。重要的是,直到今天,日本海上自卫队的各个舰船上仍然在使用同样的语言。一位见多识广的特邀嘉宾可能会对下列现象产生深刻印象:基于清晰无误交流的最基本军事操作需要是如何与海军摇篮地区建立一种重要且牢固的联系。③ 借用小说家司马辽太郎的话说,在陆上,日本的民族特性主要与来自前长州地区的陆军主要领导人之间的个人关系密不可分。在海上,国家传统折射的是"海上萨摩"的形象。

铸造日本民族精神

　　萨摩特质对于构建日本现代海军的道德观也做出了重要贡献。它使海军深受来自该地区武士阶层领袖们的价值体系的影响,正是这些领袖主宰了明

---

① Smith, Fist From the Sky, 44.

② Ivan Morris, The Nobility of Failure. Tragic Heroes in the History of Japan (New York: Meridian Book, 1975), 226.

③ Author's cruises on JDS Kashima(TV-3508), 10 April 2005; JDS Kirisame(DD-104), 27 May 2005; JDS Chōkai(DD-176), 25 October 2006; JDS Sawayuki(DD-125), 29 July 2007.

治时代改革的进程。其中西乡隆盛显然是最具有标志性的人物之一,因为他无论是在外表还是精神上都完美地体现了日本武士的理想。① 西乡身高六英尺,膀阔腰圆,异常壮硕。他出身于一个中等社会阶层中的武士家庭,从小受到的教育要求他信守将尊严、节俭与武勇、独立等品质结合在一起的古代萨摩军事价值观。在萨摩人成功领导的反幕府军事行动中,西乡这位新星开始崭露头角。② 在 1872 年和 1873 年分别被提名和任命为武装部队司令官及陆军元帅。在随后的几个月里,他对新政府颁布的反武士道法及对朝政策非常不满。在流亡一段时间后,1877 年他发动了一次大规模起义,几乎将整个国家拖入内战边缘。③

西乡在新统治精英阶层里的崛起令人诧异,在与之抗争中的陨落充满戏剧性,最终在城山战役惨败之后命丧黄泉(1877 年 9 月 24 日)。他的生活风格折射了"敬天爱人"的人生哲学,其核心是以下儒家的思想原则:尊重(天皇的)权威,要求武士比社会弱势及不幸群体更具有正义感和怜悯感。④ 他算得上一名传统武士道人物,因为他生活的目的是通过张扬怜悯、节俭、独立以及面对死亡时也永不放弃、全力以赴的价值观来树立典范。他也是一名"务实的"爱国者,起先拒斥西方思想,但在 1863 年他的家乡鹿儿岛惨遭轰炸以后转而开始理解使用现代工业技术来抗击西方的重要性。⑤

在他去世之后,日本政府将其正式归入叛徒之列。但在 1889 年该决定被推翻,因为西乡的人格魅力及道德品行赋予了人们丰富的想象,使他最终成为日本最受爱戴的民族英雄之一。尽管西乡隆盛不无缺点或疑虑(他是一位强烈的仇外者和军事征服朝鲜的坚定支持者),但他精辟地总结了一个处于变

---

① 在最新的流行表现方式中,西乡的生活为 2003 年的电影 The Last Samurai 提供了历史依据,由日本演员 Watanabe Ken 演绎萨摩的传奇武士。

② Morris,The Nobility of Failure,227-228.

③ 萨摩叛乱,日本人称之为西南战争,1877 年 1 月至 9 月,在鹿儿岛和熊本之间的九州部分进行。Charles L. Yates,Restoration and Rebellion in Satsuma:The Life of Saigō Takamori,1827-1877(unpublished PhD dissertation,Princeton University:1987)。

④ Morris,The Nobility of Failure,244-245.

⑤ Morris,The Nobility of Failure,250.

革时期的国家所面临的困境,努力融合"新""旧"体系中合理的因素。更重要的是,他是公众的偶像。他的下列品行一举确立了他的声望:尊重天皇作为维持国家统一的关键人物应有的正当权力,效忠于整个日本民族。为此,虽然他最终戏剧性地遭遇滑铁卢,但仍然不乏英雄无畏及"高风亮节"的情操,这种情操一直激励全国军人尽心尽力地战斗到了 20 世纪。正如伊凡·莫里斯特别提到的,"在太平洋战争中,自杀的神风队飞行员都被称作'菊水'①,因为他们都将'视死如归的西乡'视为自己的精神鼻祖"。②

由于西乡是一名声名显赫的萨摩武士及明治早期的著名改革者,他不久即成为了正在快速发展的武装部队人员的精神助推器。虽然他从未直接加入海军,但海军第一代高级军官都与他有着相似的萨摩经历及武士背景。与他同生于鹿儿岛的川村大将与他私交深厚。实际上,1877 年初在动乱爆发前夕,川村还受政府所派前去劝降西乡。西乡之弟从道是一位很有影响力的海军大臣,在海军中叱咤风云多年。③ 与其兄一样,他不仅外表高大威武,而且具有"传统意义上英雄"般的人格。尽管像川村及从道这样的军中名人都认为,表达出对西乡行事风格的不苟同是非常重要的,但他们近乎相同的道德观给海军烙上了深深的印记。因此,尽管陆军里有一些萨摩中级军官主动提出去西乡部队服役,但 1877 年并没有一个海军军官离职去跟随他。④ 西乡留下的遗产主要是他身上体现出的武士道价值观以及人们对西乡的人格及理想的欣赏。正如日本自卫队在鹿儿岛县征兵中心的一名负责人——通常是一位海军军官——所言,今天这一切仍然渗透在海军与鹿儿岛人民之间的密切联系之中。⑤

对西乡的行事风格不太认可主要基于以下事实:虽然海军在组建之初具有很强的地方性,但它的目标是组建一个国家机构。过去强大武士阶层的价

---

① 西乡和他的追随者使用"菊水"(浮雕菊花)这个词作为密码,让人想起 14 世纪日本武士的巅峰,楠木正成为后醍醐天皇复位而斗争。

② Morris, The Nobility of Failure, 275.

③ Evans, The Satsuma Faction, 141.

④ Schencking, Making Waves, 31.

⑤ 日本海上自卫队 Fukumoto Izuru 舰长,"Fukumoto Izuru 舰长与本书作者的谈话",2005 年 8 月 28 日。

值观被推行到整个国家,以便增强战斗中的团队精神和团结而非颠覆该体系。① 借用爱德华·德瑞的话来说,宣扬神秘的武士道价值观是"政府及军队用来提振新兵部队士气的手段,因为文武官员对于这样一支部队皆不待见"。② 山县有朋是一位来自长州的陆军领袖及明治政府官员,他是日本现代军事道德观的主要打造者。在以效忠天皇为宗旨的军队里,他找到了完成上述打造任务的最关键方法。他认为,这种方法能避免国家政体"在内部分裂成各自为政的独立地区或者在应对外国列强时的分裂"③。1882 年,山县在一份文件里正式确立了这一思想,它包含用于管理日本帝国军队的五条基本原则,后来成为了广为人知的《军人敕谕》。④ 这些原则基于儒家学说中的忠节、礼仪、武勇、信义、质朴思想。这样,陆海军不仅成了基于古老的尚武传统的新"帝国"精神的守护者,也是保卫整个国家的天皇使者。⑤

《军人敕谕》规定,效忠国家最高权威天皇是帝国军队的首要使命。缺乏了效忠精神,拥有最现代化战舰的那些最训练有素的海军人员仍然"只不过是一群乌合之众"。忠节是军队人员的最高职责及最终的力量源泉,也是确保帝国军队能顺利完成所肩负的艰巨任务——"保卫国家"⑥——的关键因素。由忠节激发的强烈责任感之重于生死犹如"高山"之重于"羽毛"。正是对天皇永不放弃的忠节才激发出了帝国军队行动中必要的力量。⑦

---

① Friday,'Bushidō or Bull?',342. Also, Yves Lacoste,'Japon et Géopolitique',Hérodote,1995:78-9,9-10;Jean Esmein,Un Demi Plus(Paris:Fondation pour les Etudes de Defence Nationale,1983),197-200.

② Edward J. Drea, Japan's Imperial Army:Its Rise and Fall, 1853 - 1945 (Lawrence, KS:University Press of Kansas,2009),258.

③ Bullock,Etajima,39.

④ 《军人敕谕》由明治天皇于1882 年1 月4 日发行。

⑤ Saki Dockrill,'Hirohito, the Emperor's Army and Pearl Harbor',Review of International Studies,Vol.18,1992,319-333;Friday,'Bushid ō or Bull?',339-349.

⑥ Ōhara 强调,使用这种表达方式有助于界定日本军方的"现代"性质,其本质是作为国家的工具,反对强调忠于某个特定军阀的封建制度。Ōhara,Teikoku Riku Kaigun no Hikari to Kage,25。

⑦ Ōhara,Teikoku Riku Kaigun no Hikari to Kage, 22. Also,Bullock,Etajima,131;Lory,Japan's Military Masters,241-242.

在帝国海军里，西乡一直为之奋斗甚至不惜牺牲自己生命而追求的目标同样是效忠帝国，它成为海军统一的核心要素。舰队的每艘舰船都有天皇的画像。在国庆日，所有舰上人员都必须向它致敬。在不得不弃船的情况下，为了救天皇画像他们甚至不惜自己的生命。① 战列舰都是按照古代日本的县名进行系统命名的，它们要么与具有独特象征意义的地方名称，如伊势或日向（在那里有两个寺庙供奉天照女神——日本神道教中的一个关键人物），要么与自然界里万物有关，这两者都与神道教的泛灵论以及皇室密切相关（参见表2.2）。② 后者的象征意义是，日本人在天皇的庇佑下　帆风顺。日本海军军旗设计如出一辙，其中最富有特色的设计是，左边有一个冉冉升起的太阳，发出 16 道光芒，这个数字代表了象征天皇的菊花的 16 片叶子。日本的战舰是帝国权威的延伸。

表 2.2　帝国海军军舰名称分类

军舰级别	描述
航空母舰	以神秘飞行物体、动物或大型鸟类命名＊ 如：飞龙、翔鹤
战列舰	以古代县名命名＊＊ 如：大和、伊势
重型巡洋舰	以山命名 如：最上、妙高
轻型巡洋舰	以河名命名 如：阿贺野、五十铃

① 参见 Jonathan Parshall & Anthony Tully, Shattered Sword. The Untold Story of the Battle of Midway(Washington, DC: Potomac Books, 2005), 300; also, Mitsuru Yoshida, ' The Sinking of the Ya-mato', in David C. Evans(ed.), The Japanese Navy in World War II in the Words of Former Japanese Naval Officers(Annapolis, MD: Naval Institute Press, 1986), 493; M. Yoshida, Requiem for Battleship Yamato(Annapolis, MD: Naval Institute Press, 1999), 107.

② 帝国海军(正如现在的日本海上自卫队)是极少见的不以民族英雄命名船舰的海军之一。明治天皇决定反对这一做法，因为西乡这样的"英雄"曾反抗政府统治。日本海上自卫队Ōtsuka Umio 舰长，"Ōtsuka Umio 舰长接受本书作者的访谈"，2005 年 5 月 20 日。

续表

军舰级别	描述
驱逐舰(一级)	以气象现象命名 如:初雪、岛风
驱逐舰(二级)	以树名、花名、水果名命名 如:早苗、樱

* 加贺号和赤诚号是分别以一个县名和一座山名命名的,代表一个例外,原因是它们最初分别是由一艘战列舰和一艘巡洋舰改造而成的。

** 榛名号、金刚号、鹿岛号和比叡号战列舰以山为名,因为它们起初是被设计成战列巡洋舰的。

来源:保罗·道尔,《日本皇家海军战斗史》,1941—1945(安纳波利斯,马里兰州:海军学院出版社,1978),369;原纱,《日本驱逐舰舰长》,18-19。

赫克托·拜沃特是20世纪头十年里最重要的海军分析家之一。他曾说道,在日本海军里,爱国主义情愫及对天皇的忠节堪比"宗教信仰,他们尽职尽责的程度"显而易见。① 这些价值观在海军生涯的日常生活中表现得更加显著。例如,年轻干部候补生在江田岛学习的歌曲通常会在进行体育运动、夏令营及远足或各种仪式上演唱,这也激发了他们用下列歌词所描述的那种方式来表达自己的忠诚:

> 作为神圣国度的子孙,
>
> 我们热血沸腾、心潮激荡。
>
> 为了保家卫国,

我们会永远不惜生命。②

海军军歌的歌词有着同样的基调,表达了每一位海军人员对于自己职业操守的正确态度:

> 在海的那一边,尸体遍布水中;

---

① Bywater, Navies and Nations, 184.

② Etajima Kenji no Uta, quoted in Bullock, Etajima, 127。

在山的那一边,尸首遍地;

我只为天皇而死,

我永远义无反顾。①

在机构层面,忠节是海军(也是陆军)战斗精神的关键要素,因为它是军事权威的源头活水。在德意志帝国的启发下,1889 年日本宪法也一举确立了天皇在国家军事机器中最高指挥官的地位。通过天皇的授意,陆海军的参谋部长在部队日常工作中拥有"最高指挥权",他们的行动以天皇的名义得以执行。忠节是天皇与军事机构之间关系的黏合剂,实际上,作为国家机构的帝国军队并不依赖于政府当局。② 除了预算问题外,他们只对天皇负责,天皇直接提名军队高级代表(参见表 2.3)。③ 在新武装部队成立后,对上述机制的选择反映出该机构需要借助皇权(这一唯一途径)为自己找到最高的合法性。④

忠节理念是促成现代日本军事团结的终极原因,其他四条基本原则强调了帝国军人为了实现职业上的成功必须培养的个人品质。礼仪是日本文化的主要特征,涵盖上下及平行级别之间的关系,特别是在军队这样等级森严的环境里。⑤ 虽然对日本军事机构有一种泛神论的描述,⑥但海军必须是一个"和谐的整体",其中"下级及新兵必须尊重他们的上峰及老兵,即使他们并不是前者的顶头上司"。与上述原则相一致的是,上峰必须"尽可能善待他们

---

① Gunkan,quoted in Marder,Old Friends,New Enemies,272。

② Hayashi Yoshinaga,'Nihon no Shokugy ō Gunjin Ishiki‐1500 Nen no Gunjishi wo Furi-kaette',Senshibu Nenpō 战史部年俸,2005:8,127‐151。

③ Evans,Peattie,Kaigun,25‐27.

④ Carol Gluck,Japan's Modern Myths. Ideology in the Late Meiji Period(Princeton:Princeton University Press,1985),53‐55,78‐79.

⑤ 上下级形式的互动倾向是通过一个名为先辈‐后辈的资历系统表述的。Roger J.Davies & Osamu Ikeno,The Japanese Mind.Understanding Contemporary Japanese Culture(North Clarendon, VT:Tuttle Publishing,2002),187‐192。

⑥ 明治维新之后,神道教成为国教,其影响力扩展到《军人敕谕》采用的文体形式。

表2.3 指挥结构（1889年日本宪法）

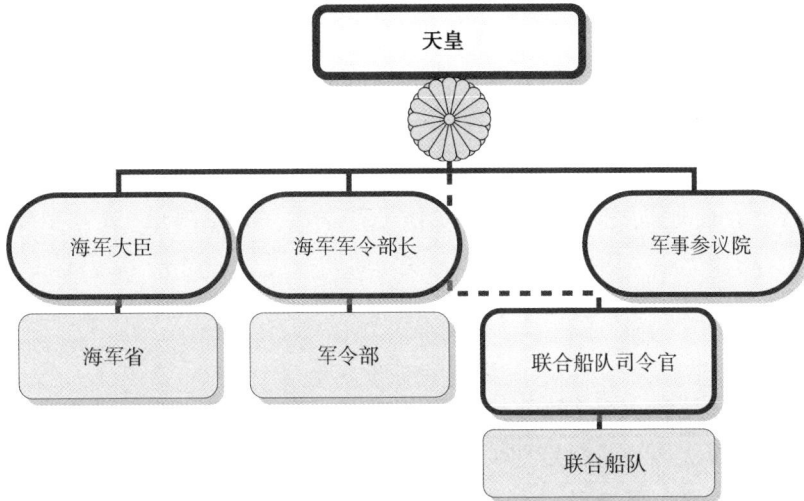

来源．改编自埃文斯和皮蒂，日本海军，27。

的下级"①。作为《军人敕谕》中列出的第三条基本原则，"武勇"有自己存在的理由，它强调在履行职责的时候，切莫"因敌人人少而轻视，也不因其人多而惧怕"。这种勇气摒弃了"只因一时冲动而发起军事行动"的做法，因为该行为只会激起更广泛的社会不满。"信义"原则要求军队所有人员必须诚实，或"言而有信"，以及踏实，即"认真履行自己职责"。最后，"质朴"指的是在役人员能够长期坚持斯巴达式的生活方式，即始终做到勤俭节约。这有利于杜绝对"浪费奢华"生活方式的偏爱，这种生活方式会滋长自私，最终妨碍人们对忠节及武勇原则的追求。

在海军中，严明的纪律、严格的训练和精神教育成为实现上述崇高目标的主要手段。自 1940 年至 1943 年，定俊富冈海将补在海军参谋本部

---

① Ōhara, Teikoku Riku Kaigun no Hikari to Kage, 22; Bullock, Etajima, 131－132; Lory, Japan's Military Masters, 242.特别是，Lory 使用了"propriety"而非"courtesy"。

作战处任处长。他曾回忆道，在海军兵学校，干部候补生"在生活上必须服从铁一般的纪律，没有任何借口可言"①。在学校一年中的大部分时间里，后补军官都是早晨5点半起床，晚上9点半睡觉。漫长白天"极其残酷的"训练，包括清晨6点斯巴达式的划艇、武术、游泳、炮台工作、信号操作等等，以及"排得满满的"课程表。② 这些都有助于帮助干部候补生们"磨炼自己的意志"，达到海军所规定的训练和纪律要求，这是军人基本的职业特征。在海军舰队里，上述传统使一些术语在日本海员中（甚至今天）耳熟能详，如周一—周一—周二—周三—周四—周五—周五，意思是海军的一周中是没有周末的，因为七天分别是周一、周一、周二、周三、周四、周五、周五。③

在海军兵学校及整个海军舰队，诸如剑道（日式剑术）、柔道、铳剑术以及弓道一类的武艺需要进行定期训练。以上练习注重采用武士道训练方法以及自我约束和自我牺牲精神，这对于铸造他们的品格起到了关键作用。④ 学校培养其学员耐力及勇气的另一个独特做法是要求他们在仲夏进行从宫岛至江田岛长达10公里的游泳练习，全体干部候补生进行近12小时的分组游泳练习。⑤ 苛刻的练习及全力投入打造了军队人员钢铁般的"战斗意志"，它根植于西乡隆盛这些人以自己的实际行动建立和推广的传统，这种传统鼓励不惧任何风险勇敢采取行动以给予敌人致命一击。使用"提前五分钟警示"⑥及"舰船随时起锚"这样的流行语进一步凸显了上述观点，提醒海军官兵他们必须在心理上做好准备随时"投入战斗"，要求停泊的船只永远将船头朝向大海。正如一位见多识广的观察家总结的那样，日本年轻人愿意选择"这种斯

① Quoted in Asada, From Mahan to Pearl Harbor, 163.
② Bullock, Etajima, 14-15.
③ Hirama, 'Japanese Naval Preparations for World War II', 66.
④ Marder, Old Friends, New Enemies, 268-270; Bullock, Etajima, 22-23, 25.
⑤ Bullock, Etajima, 28-29.
⑥ 在日本军舰上，很多日常活动的传达（例如早晨升旗）也常常"提前五分钟做好准备"。这种做法在如今的日本海上自卫队仍在使用。Author's cruise, JDS Sawayuki (DD-125), 29 July 2007.

巴达式的生活,因为它有着严肃崇高的目标,有了此目标可以教育后补军官如何看待自己的职业"①。

这种方法使海军界人士产生了强烈的"同志加兄弟"的情谊感。根据1931届59班一位海军兵的回忆,"互信宣誓"强化了每班学员间的纽带,使班级联谊会活动生机盎然。每一个联谊会都是一个颇具凝聚力的群体活动,它不只为学员提供一个彼此交流关于军事或专业方面问题的氛围,更重要的是,它如家一般的环境能使将自己生命托付给海军的后补军官获得心灵上的慰藉。实际上,以下常识或期望(negaimasu)使后补军官感到安心:在任何场合下,哪怕需要他们为国捐躯,他的同学都会处理好他的个人事务,永远照顾好他的家人和亲属。②

在帝国海军战争史中能找到很多事例来证明,海军官兵都是遵循这样的道德原则来尽职尽责的。在该原则中,天皇是实现合法性的终极因素,而极富侵略性、不惧牺牲的战斗精神则是由像西乡这样的武士培育的。战斗意志起源于业已建立的传统,直到最后一刻,海军一直在努力发扬该传统。在由大和号战列舰所率领的舰队完成其惨烈的自杀性一战任务之际,联合舰队总司令丰田副武大将发来了下列电报信息:

> 此次行动极大地提升了帝国海军的传统及水面部队的荣誉。许多人,舰队总司令首当其冲,为保卫帝国这一崇高事业英勇地献出了自己的生命。他们誓死服务祖国的赤诚之心触动了我们的心灵深处,他们永不言弃的忠节精神将永存千古。③

在对马岛及珍珠港,东乡平八郎大将及山本五十六大将(后者以前者为榜样)皆亲自出战,他们在旗舰的桅杆上均升起 Z 字旗,这些行为都是上述精

---

① Bullock, Etajima, 53.

② Toshio Yoshida, Kaigun no Kokoro(日本海軍のこころ-The Heart of the Japanese Navy, Tokyo: Bungei Shunjū, 2000), 90。

③ Yoshida, Requiem for Battleship Yamato, 152.

神的有力体现。该旗帜表达了如下信条："皇国兴废,在此一战,我军将士务必全力奋战。"但是,构思此信条的萨摩人东平大将还从另一个层面光耀了日本海军传统。在风格及表达方式上,他所传达的信息酷似纳尔逊勋爵在特拉法尔加海战中的旗语："英国期待每个人都将尽心尽力。"这并非巧合,因为他并非只是寻求光耀日本固有的奉献精神及作战能力。通过传达该信息,东平大将旨在颂扬源自外国的上述海员品质,正是它促使帝国海军成功发展成一支专业性很强的队伍。他是在将日本海军的成功归于其效仿了另一支海军的发展模式,即英国皇家海军。

引入西方先进知识

在 19 世纪下半叶,日本缺乏建立一支现代海军机构所需的基本技术知识。因此,领导现代化进程的精英分子认为,有必要依赖外援来发展这支新武装部队。在德川政府末期,由东京中央政府及萨摩人管辖的地区已经在此方面进行了尝试。在海军科学的不同领域,他们从荷兰、法国及英国人的指导及教诲中受益匪浅。① 但是,在明治维新之后,皇家海军的威望以及英国在 19 世纪 60 年代与萨摩藩所建立的密切联系使英国成为日本年轻海军"导师"的最理所当然的选择。② 在随后的二十年里,英国人为建立一整套打造日本航海技术标准所必需的教育体系源源不断地提供了宝贵的知识及信息。到 19 世纪 90 年代初为止,日本一直都在定期聘用一些英国军官来日本任教,要么以一个个军官独立雇用的方式,要么作为大型援外项目的一部分(参

---

① John Curtis Perry, 'Great Britain and the Emergence of Japan as Naval Power, Monumenta Nipponica, Vol.21, 1966:3/4, 306-308.

② Perry, Monumenta Nipponica, 310. Also, Ian Gow, 'The Douglas Mission (1873-1879) and Meiji Naval Education', in J.E.Hoare(ed.), Britain and Japan.Biographical Portraits, Volume III(Richmond, Surrey:The Japan Library, 1999), 144-157.例如, 1865 年, 有 19 名学生被萨摩"非法地"送往英国学习。Andrew Cobbing, The Japanese Discovery of Victorian Britain.Early Travel Encounters in the Far East(Richmond, Surrey:The Japan Library, 1998), 22-24.

见表2.4）。

表2.4　1868年后在日本的主要英国海军教育活动

时期	名字	职能	人员数
1870—1873	海军上尉阿尔伯特·霍斯,皇家海军陆战队弗兰克·希林克利	-指导、学术（如：枪炮操作、数学、英语） -纪律/舰上秩序	2
1873—1879＊	英国海军代表团司令官阿奇布尔德·道格拉斯,皇家海军	-指导、学术（如：课程设置、常规组织）	34
1879—1885	海军上尉司令官威廉,皇家海军	-指导、学术（如：战术、枪炮操作）	1
1887—1893	舰长约翰·英格尔斯,皇家海军	-指导、高等教育（如：数学、战术）总顾问	1
1921　1924＊＊	英国航空代表团上校威廉·福布斯　森皮尔,皇家空军	-指导、海军防空兵（如：飞行、武器、摄影）	28

＊1875年7月,司令官道格拉斯返回英国,海军上尉约翰晋升并取代了他成为海军学院的负责人。

＊＊1922年10月,由于合同没有更新,上校森皮尔和一些代表团成员返回英国,同时留下的基本任务被并入日本海军组织。

来源:埃文斯和皮蒂,日本海军,11-13;肯尼迪,《日本的一些方面及其防御》,35;费里斯,《英国的一次"非正式"航空任务及日本海军发展》,416-439。

除了聘用外国专家外,还有出国进修及临时实习项目。日本海军选派了一些年轻军官去英国(少数去了美国),让这些未来领袖们更多接触海军事务的最新发展趋势及参加相关问题的讨论。[1] 至1923年英日同盟结束为止,日本海军"设计师"们一直定期去皇家海军学院进修学习;工程师们不定期在谢

---

[1]　Perry,'Great Britain and the Emergence of Japan as Naval Power',311-316;Evans and Peattie,Kaigun,11-13;Malcolm D.Kennedy,Some Aspects of Japan and Her Defences(London:Kegan Paul,Trench,Trubner & Co.,1928),34-42;Kiyoshi Ikeda,'The Silent Admiral:Tōgō Heihachirō (1848-1934) and Britain',in Ian Nish(ed.),Britain and Japan:Biographical Portraits(Folkestone, Kent:The Japan Library,1994),106-120.

菲尔德（那里生产用于制作装甲的高级钢材）、格拉斯哥以及拥有类似于巴罗因弗内斯及泰恩河畔纽卡斯尔船厂的港口城市进行学习和工作。[1] 例如，日本顶级的海军思想家及规划大师，佐藤铁太郎和秋山真之，就曾在不同时期分别在英国及美国做过研究。[2] 外国对海军的援助并非只局限于教育领域，它还涵盖了工业领域，英国的阿姆斯特朗及威格士两家制造商曾是日本主要的承包商。[3] 实际上，在对马岛战役，东乡的旗舰三笠号算得上那个时代海军真正最精锐的装备，它综合了英国的先进技术及日本的人力，实际上也体现了英日两国在该领域的友好关系。

随着日本海军的专业技能通过甲午中日战争的实战得到提升，它逐渐摆脱了对外援的依赖。但是，与皇家海军之间建立的专业联系及两国海军间独有的信息交流仍然持续了数年。[4] 1902 年英日联盟条约的签订以及 1905 和 1911 年的续订让两国海军间的伙伴关系持续到第一次世界大战结束。[5] 20 世纪 20 年代初，一方面海军航空领域不断创新；另一方面《华盛顿海军条约》（1921—1922）对海军军备进行了限制。在此背景下，日本海军最后一次向其

---

[1]　Asada, Culture Shock and Japanese-American Relations, 139; Olive Checkland, ' "Working at Their Profession"：Japanese Engineers in Britain Before 1914', in Nish（ed.）, Britain and Japan. Biographical Portraits, 45-53.

[2]　Evans and Peattie, Kaigun, 135-136; Mark R. Peattie, 'Akiyama Saneyuki and the Emergence of Modern Japanese Naval Doctrine', US Naval Institute Proceedings, Vol.103, 1977：1, 60-69.

[3]　Marie Conte-Helm, 'Armstrong's, Vickers and Japan', in Nish（ed.）, Britain and Japan. Biographical Portraits, 92-105.

[4]　在日俄战争期间，英国海军观察员获得特权，能够进入舰队。参看 Philip Towle, 'British Naval and Military Observers of the Russo-Japanese War', in Hoare（ed.）, Britain and Japan. Biographical Portraits, Volume Ⅲ, 158-169. Also, Corbett, Maritime Operations of the Russo-Japanese War, 1904-1905（Annapolis, MD：Naval Institute Press, 1994）, xii, xxv-xxvi.

[5]　有关政治—外交方面的概览，参见 Ian Nish, 'Britain and Japan：Long-Range Images, 1900-1952', Diplomacy and Statecraft, Vol. 15, 2004：1, 149-161; Ian Nish, 'The Historical Significance of the Anglo-Japanese Alliance', Studies in the Anglo-Japanese Alliance, 1902-1923（Discussion Paper No.IS/03/443, London：London School of Economics, 2003）, 40-47; Ian Nish and Yōichi Kibata（eds）, The History of Anglo-Japanese Relations, 1600-2000. Volume Ⅱ：The Political-Diplomatic Dimension, 1931-2000（Basingstoke, Hampshire：Palgrave Macmillan, 2000）。

"导师"求助,以获得对航空兵实力更具系统性的了解。① 至 20 年代末,日本海军界内部对美国、英国、中国及荷兰四国可能对日本形成战略包围的担忧、在国内与陆军之间的政治纷争、为了解决严重的重要资源短缺问题而对东南亚越来越大的经济野心与英国对日本日益增加的疑心叠加在一起,致使英日两国海军分道扬镳,他们从海上伙伴变成了地地道道的竞争对手。②

在明治日本,被称为"外国专家聘用"制度的国外军事援助项目司空见惯,但对于海军这样"技术密集型"的机构来说具有特别重要的意义,它是海军大量聘用外国人员及不断依赖某一个主要来源国的原因。在上述时期,海军共聘用了 182 名外国在役及非在役军官,陆军从不同外国陆军机构聘用了总计 166 名在役军人。海军聘用的外国专家绝大部分来自英国(共 130 人,占总人数的 71.4%),陆军得到的大部分援助来自法国(共 78 人,占总人数的46.9%)及德国(共 48 人,占总人数的 28.9%)。③ 但这并不意味着英国是海军唯一的外援国。在 19 世纪 80 年代后五年,帝国海军就曾与法国著名海军设计师艾米尔·贝尔丁签订过设计某种型号军舰的合同,表明法国海军新学

---

① John Ferris,' A British " Unofficial " Aviation Mission and Japanese Naval Developments, 1919-1929 ',The Journal of Strategic Studies,Vol.5,1982:3,416-439;Anthony Best,' Lord Sempill (1893 - 1965) and Japan, 1921 - 1941 ', in Hugh Cortazzi (ed.), Britain and Japan: Biographical Portraits,Volume IV(London:Tha Japan Library,2002),375-382;Colonel The Master of Sempill,' The British Aviation Mission in Japan ',Transactions and Proceedings of the Japan Society-London,Vol.22, 1925,3rd-4th Sessions,37-50.

② Asada,Culture Shock and Japanese-American Relations,137-173;Asada,From Mahan to Pearl Harbor,特别是第 7、9、10 章;Yoshio Aizawa,' The Path Towards an"Anti-British"Strategy by the Japanese Navy Between the Wars ', in Gow, Hirama, and Chapman(ed.),The History of Anglo-Japanese Relations,1600 - 2000, 139 - 150. Also, Christopher M. Bell, The Royal Navy, Seapower and Strategy Between the Wars(Basingstoke,Hampshire:Macmillan,2000),59-98;John Ferris,' Double-Edged Estimates:Japan in the Eyes of the British Army and the Royal Air Force,1900-1939 ', in Gow, Hirama, and Chapman(ed.),The History of Anglo-Japanese Relations,1600-2000,91-108。

③ Kiyoshi Ikeda,Kaigun to Nihon(海軍と日本-The Navy and Japan, Tokyo:Chūo Kōronsha, 1981),148.On the oyatoi system,cf.Hiroshi Shinohara,Nihon Kaigun Oyatoi Gaijin(日本海軍お雇い外人-The Navy's Foreign Employees,Tokyo:Chūo Kōronsha,1988);Teijirō Muramatsu,Westerners in the Modernization of Japan(Tokyo:Hitachi,1995)。

派的战略理念被引入日本海军。① 但是，英国人在此方面一直保持着主宰地位，在教育体系的不同层面影响了整个海军机构的建成。与此不同，日本陆军在普法战争（1870—1871）后逐渐转向德国以获取帮助，其结果是，它只是在军事科学的某些特定领域受到较大影响，最明显的当属陆军士官学校的课程设置。②

正如一位前海军军官在太平洋战争后所言，在日本海军里，军官"既是爱国者，也是海员及绅士"，而皇家海军对后两个素质的铸造起到了决定性作用。③ 在英国提供的所有旨在提高日本海军教育质量的项目中，"道格拉斯使命"被广泛认可为影响力最大，因为它将皇家海军传统中的核心原则及行为规范引进了海军兵学校（当时位于东京的筑地）。④ 这次任务领导人阿奇博尔德·道格拉斯中校的坚强品格使传播英国海军传统这一使命得以顺利完成。有些文献将他描述为一个能力极强的人，但如果按照不断变化的时代标准来看，他并不是"特别有想象力和远见"⑤。他特别强调按部就班、循规蹈矩地做事，"总是喜欢在同样的时间做同样的事情"⑥。他是一位爱国者，努力培养"每一位日本儿女对自己国家深深的爱及强烈的自豪感"；他还是一名优秀的

---

① "青年学校"属于19世纪70年代法国发展的运动，其中提出采购新型武器，如鱼雷、水雷和大量鱼雷艇和快速巡洋舰，以对抗英国占有优势的海军力量。这是一项针对较弱的海军力量的策略。Richard Hill, War at Sea in the Ironclad Age (London: Cassell, 2000), 94 - 95. On Emile Bertin's working experience with Japan, Takahashi Kunitarō, Oyatoi Gaikokujin 6.Gunji (お雇い外国人 6.军事−Foreign Employees 6.Military Affairs, Tokyo: Kajima Kenkyūjo Shuppankai, 1968), 231-235。

② Rikugun Daigaku (陸軍大学). Kiyoshi Ikeda, Kaigun to Nihon (海軍と日本−The Navy and Japan, Tokyo: Chūō Kōronsha, 1981), 149。

③ Marder, Old Friends, New Enemies, 272.

④ Marder, Old Friends, New Enemies, 148. Also, cf. Minoru Nomura, Nihon Kaigun no Rekishi (日本海軍の歴史−The History of the Japanese Navy, Tokyo: Yoshikawa Kōbunkan, 2002), 16-17; Gow, 'The Douglas Mission(1873-1879) and Meiji Naval Education', 149-156.船长 Ingles 作为干部学校 (Kaigun Daigaku-海军大学) 的顾问，在海军技术和战术专业性发展方面发挥了关键作用。Evans and Peattie, Kaigun, 12-13。

⑤ Perry, 'Great Britain and the Emergence of Japan as Naval Power', 312.

⑥ Archibald C.Douglas, Life of Admiral Sir Archibald Lucius Douglas (Totnes, Devon: Mortimer Bros., 1938), 41.

运动家,"在学校里鼓励学生们做各种游戏"①。不难想象,他所具有的以上品质说明了为什么日本人都喜欢他的教育方法,并赋予他"充分的自由去改革教育体系"②。

道格拉斯中校的目标是,将每一位干部候补生培养成为真正的"绅士":接受广泛的通识教育,对英国礼仪及社会风俗了如指掌,成为海军科学领域的专业人才,按照英国公学的标准打造成为精英阶层的一员。③ 在该使命时限结束后,以上理念的影响力仍得以持续,在日本海军史上,海军兵学校的课程设置一直体现了上述哲学理念,这使达特茅斯的不列颠皇家海军学院和江田岛海军兵学校提供的教育模式具有巨大的相似性。④

在江田岛,广泛的通识教育不久成为了一种工具,促成了海军军官身上的某种"贵族"精神。与他们英国同行不同,日本干部候补生来自不同的社会及经济背景。皇家海军军官"从未脱离国家",但江田岛培养出来的干部却被人们看成是一个独特的社会阶层。⑤ 干部候补生的不同背景并无妨碍,因为学校向学员开设了各种科目,包括数学、物理、外语(英语、法语及德语)、日本文学、中国经典文献、哲学、领导艺术,甚至还有"卫生学"。⑥ 不同的是,作为天皇意志直接执行者的海军军官在日本社会享有特权地位,这一地位要求他们要用实际行动赢得日本人民的尊重,并为全国树立一个正面的"标杆"。⑦ 实际上,干部候补生已理所当然地习惯于把自己看成一个具有特殊名望的群体成员,海军兵学校的招生过程进一步强化了这种意识。只有那些素质最优秀、身体最强健的申请者才可能被录取,平均录取率不到4%,因此,该校是很多日本年轻人梦寐以求的地方。第一次考试失败的日本年轻人通常会在来年再

---

① Douglas, Life of Admiral Sir Archibald Lucius Douglas, 57, 65.

② Gow, 'The Douglas Mission(1873−1879) and Meiji Naval Education', 151.

③ Ikeda, Kaigun to Nihon, 149−150.

④ Marder, Old Friends, New Enemies, 278−285.

⑤ Marder, Old Friends, New Enemies, 283.

⑥ Jane, The Imperial Japanese Navy, 257−258; Bullock, Etajima, 12.

⑦ 经济补偿与他们的地位相称。Auer, The Post−war Rearmament of Japanese Maritime Forces, 20. Also, Jane, The Imperial Japanese Navy, 267−72。

考一至两次,这取决于他们的经济条件。①

学校课程涵盖诸多不同学科,因为海军需要平衡未来军官对除海军专业技术之外的整个世界的理解力与国民对海军精英们的各种期望。对于日本海军军官的教育来说,这是一个重大的挑战。② 一方面,英国教官们强调,海军质量体现在其人员所掌握的各种海员技术能力,这只有通过全心全意地不断训练才能获得。在日本,此类重视显得更为重要,因为很多年轻后补军官所拥有的现代技术知识非常有限。甚至到了 1923 年,森皮尔上校仍指出,与早在孩提时代就在电动自行车及其他机械玩具中获得了宝贵的练习机会的普通英国男孩不同,日本领航员"在中学毕业甚至更晚时间之前从未接触过任何机械装置"③。

因此,可以理解的是,教学重点需要集中在一些核心科目上,如航海术、炮术、鱼雷课、兵法、航空学以及通讯,但其结果却削弱了年轻军官们更广泛的兴趣。特别是对于一些外国观察家来说,重视术科的倾向在日本海军军官中非常明显。在 20 世纪初,英国海军专家弗雷德里克·简就已经指出,日本军官与他们的英国同行一样"庸俗",并对当时的成见提出了质疑,即日本人具有"艺术本能"。④ 日本军官对自己的专业倾尽全力,到了"置其他任何事情于不顾"的程度。(他们在英国的时候)所谓享受"假日"仅仅意味着对朴茨茅斯造船厂的参观访问以及随后在简家玩一会儿海军战争游戏。⑤

在此背景下,干部候补生的教育目标是为了让他们保持一种特定的全球处事能力,即在全球范围内完成他们作为海员及日本帝国使者的双重使命。由此,海外航行训练就显得格外重要,海军的这种成长经历在日本其他军事及

---

① Hara,Japanese Destroyer Captain,4;Smith,Fist from the Sky,45-47.

② Hidenori Takahashi,'Kaigun Heigakkō no Kyōiku Kikan Enchō to Seishin Kagaku Dōnyū'(海軍兵学校の教育期間延長と精神科学の導入-The Introduction of Spiritual Education at the Japanese Naval Academy During the Interwar Period),Gunji Shigaku 軍事史学,Vol.34,1998:1,23-24。

③ Sempill,'The British Aviation Mission in Japan',43.

④ Jane,The Imperial Japanese Navy,279.

⑤ Jane,The Imperial Japanese Navy,284-285.

民间教育机构中是无人能及的。① 因此,英语不仅是所有干部候补生的必修课,而且受到高度重视。该课程需要每周进行三小时的学习,包括一个小时的会话、语法、社会礼仪及风俗习惯的学习。② 自 1888 年至 1938 年,该部分的教学由两位编入学校教师队伍的英国人负责。外语教学一直受到高度重视,从未间断,甚至一直持续到 1938 年后。在整个太平洋战争期间,江田岛海军兵学校是日本唯一没有停止英语教学的大学。③

总的说来,日本最终接纳了英国培养"绅士军官"的传统,并借用它来教育其一个精英机构的成员。该传统与其说是用来实现后补军官个人发展的手段,不如说是用来培养军人能力以提升国家形象及海军实力的方法。相比于领导力,忠节、爱国及团队精神受到了更多的重视。④ 海军两个不同派别的代表人物对这一体系所做的不同的诠释体现了这种两难,历史学家麻田贞雄将他们分别称为"舰队派"和"条约派"。⑤ 加藤宽治海将是造成20 世纪30 年代海军温和条约派分崩离析的关键人物,也是 1920 年至 1922 年间海军兵学校校长,他的观点充满精明的国家务实主义。他指出,一个覆盖面更广的教育能使海军洞悉敌人的所思所想,从而充分利用其缺点。⑥ 相反,曾于 1942 年至1944 年担任同样职务的著名海军条约派同僚井上成美却鼓励干部候补生们努力学习,充分利用学校开设的课程来提升自己的素质。学校所学仅仅只是漫漫人生第一步,只是学会了如何区分拥有"一把好剑"与懂得"如何使用它"。⑦ 正

---

① Marder,Old Friends, New Enemies, 266;Bullock, Etajima, 122.日本海上自卫队 Ōtsuka Umio 舰长,"Ōtsuka Umio 舰长接受本书作者的访谈",2005 年 2 月 25 日。

② Bullock,Etajima,126.

③ Auer,The Post-war Rearmament of Japanese Maritime Forces,20.

④ Marder,Old Friends,New Enemies,283-285.

⑤ "条约派"由后来的"三人政治"海军大将米内光政、海将补井上成美和海军大将山本五十六为首的军官组成。"舰队派"由海军大将加藤宽治、末次信正和大角岑生领导。Asada,From Mahan to Pearl Harbor, 164 - 166;Sadao Asada,'The Japanese Navy's Road to Pearl Harbour,1931-1941',in S.Asada(ed.),Culture Shock and Japanese-American Relations,137-173。

⑥ Takahashi,'Kaigun Heigakkō no Kyōiku Kikan Enchō to Seishin Kagaku Dōnyū',24.

⑦ Noboru Kageyama,Kaigun Heigakkō no Kyōiku(海軍兵学校の教育-Education at the Naval Academy,Tokyo,1978),226-227。

如他在一份发给学校教官的手册里所归纳的那样，①应该鼓励学生们掌握当代文化，并将世界最先进的文化视为不断追求进步的阶梯。②

这同样解释了为什么成为"日本绅士"与"精神教育"紧密相关。虽然精神教育没有像技术课程学习那样被视为最优先考虑的目标，特别是在刚开始的时候——那时海军不得不积累更多更广的技术知识——，但它却贯穿该过程。通过一系列活动的践行及内心的同化等手段，精神教育要求每位干部候补生遵从《天皇敕谕》中提倡的价值观。③ 在自我约束方面对武术的强调为干部候补生的"精神觉醒"发挥了重要作用，使他们对去寺庙沉思变得习以为常。另一位反对太平洋战争的及川古志郎海将在 1932 年至 1935 年间任海军兵学校校长。1935 年，他将整个学校里的人员（工作人员及干部候补生）带到了广岛附近地区的一所著名寺庙进行了整整一个周末的沉思。④

在经过多次战争的洗礼后，海军机构引入了其他一些惯常做法，包括要求干部候补生参观海军兵学校校园里那些用于纪念战争英雄及传统的区域。到1936 年，一个类似于陵墓的白色大理石教育展览厅竣工落成，用以容纳不断增加的展品。在这座建筑里，干部候补生能受到英雄事迹的巨大激励，这些事迹包括东乡平八郎辉煌的功勋以及类似于佐久间勉大尉这样年轻军官的牺牲精神，后者于 1910 年在六号潜水艇上的一次潜水训练中与十四位艇上的其他人员一起献出了宝贵生命。在潜水艇被打捞出水后，人们发现佐久及其水兵仍然坐在自己的战位上，这些展品被博物馆安排在最显眼的地方。馆方还展出了他留下的最后一张便条，它解释了事故发生的原因以及因辜负天皇而深深致歉，目的无疑是要向干部候补生展示什么才是真正具有日本特色的军官"楷模"。⑤ 同样，广濑武夫中佐展区凸显的是自我牺牲、忠于职守以及情同手

① Kaigun Heigakkō Kyōiku Hōshin(海军兵学校教育方针-Teaching Criteria of the Naval Academy)。

② Kageyama,Kaigun Heigakkō no Kyōiku,228.

③ Ōhara,Teikoku Riku Kaigun no Hikari to Kage,60,64-65.

④ Bullock,Etajima,58.

⑤ 本书作者到访江田岛,2005 年 2 月 24 日以及 2008 年 6 月 1 日。

足的战友情等军人品质。广濑在 1905 年 3 月 27 日试图第二次封锁旅顺港时指挥了一次极其危险的行动，他在搜救一名失踪的部下时阵亡，这种临死不惧的精神与西乡如出一辙。正如日本海上自卫队前幕僚长佐久间一所言，这些展厅旨在详细再现"先辈们"的英勇事迹，通过其中所凸显的海军武士精神的本质和意义来教育和指引干部候补生。[1]

1932 年，为了纪念《天皇敕谕》颁布五十周年，也可能因为在犬养毅首相被刺杀后年轻海军军官中出现的"极端民族主义"造成了巨大的恐慌，学校总监松下元海将补颁发了"五省"。"五省"是每个干部候补生在每天课程结束五分钟前必须背诵的五个问题以作为对自己行为进行自我评估的手段。[2] 它们是对身体及精神的训令，每条使用同样的语言表述方式以体现它们具有同等的重要性。这五个反省是：

> 至诚不悖否（有不可告人之事吗）？
>
> 言行不耻否（有不好的言行举止吗）？
>
> 气力无缺否（是否精力充沛吗）？
>
> 努力无憾否（是否已努力做到最好）？
>
> 亘勿懈怠否（是否没有变得懒惰）？

"五省"训令今天仍然在执行。正如两位前幕僚长所言，该训令内在的教育价值过去及今天都不仅仅停留在每位干部候补生在校学习时所提供的答案上。两位都回忆道，在海校时，他们都特别重视问题的背诵，每人都必须毫无出错地逐字背出。结果，他们都可以做到倒背如流。但是，年复一年，这种实践使他们养成了一种思维习惯，帮助他们不断评估和提升自己的品格。岁月流逝，"五省"在候补生中掀起了强劲的重道义和忠节的热潮，其间他们洞悉

---

① 2005 年 10 月 11 日 Admiral Sakuma Makoto, JMSF(Ret.)接受本书作者的采访。

② Ōhara, Teikoku Riku Kaigun no Hikari to Kage, 61-63.

了自己的不足，提升了个人的品格。①

因此，虽然海军将借鉴英国传统作为一种重要途径，使其不仅取得了合法性地位也成功打造了自己的专业素质(包括海员品质及技术知识)，但最终仍未培养出与英国同一"品种"的绅士。日本军官与英国同行大相径庭，因为前者接受的教育要求他将自己视为一个明确群体的一员，他的知识和技能赋予他成为该精英群体一分子的权利，但是个人的表现不一定能为他打开成功之门，却只能表明他在效忠海军、天皇及国家方面有过更多的精神付出。他仅仅只是一名日本的"绅士"而已，而不是普遍意义上的"绅士"。

小结：日本帝国的海军

正如关于中途岛战役的一项研究所表述的那样，帝国海军的核心是"由一群斗士组成的，相比于死，他们更害怕由丑陋的失败所带来的羞辱"②。整个明治时期建立的传统根植于海军的道德观，一开始这些道德观的设计只是为了解决关键的专业素质问题。在没有现成模式可供借鉴就开始大规模国家建设的背景下，这些道德观必须既能加强内部凝聚力又能提升人们的斗志。因此，帝国理念、武士道价值观以及精神灌输成为维系整个实践体系的基石，该体系肩负着将一名普通的年轻人打造成一名刚毅的海军军官或水兵的重任。"尽责"和"忠节"这两个全世界军事机构皆熟知的原则在日本海军道德观中占有至高无上的地位，"其标准之苛刻很少有其他海军能企及"③。在此问题上，学者们达成了以下广泛共识：上述特征在提高日本帝国军事机器的军事效力上发挥了重要作用，尤其提升了武装部队在日本社会的威望并增强了官兵们在战场上奋勇杀敌、勇于牺牲的动力。作为一个"技术密集型"部门，海军努力效仿一种外国模式来建立符合现代海军机构的职业及技术标准。皇

---

① 日本海上自卫队古庄幸一大将(已退休)，"古庄幸一大将接受本书作者的访谈"，2005年9月2日；佐久大将，"佐久大将接受本书作者的访谈"，2005年10月11日。
② Parshall and Tully, Shattered Sword, 76.
③ Parshall and Tully, Shattered Sword, 76.

家海军——特别是它历史上曾称霸世界海军达百年之久——正好提供了这样一种职业水准。①

在日本海军里，传统还有另一个功能。在涉入海战之初，日本人主要向英国寻求帮助，以便为发展一支现代化部队创造最基本的条件。通过设定发展界限，传统，尤其是关涉日本中世纪的海军遗产的那些传统，赋予了整个发展过程特定的含义。日本海军将参照最高标准打造战舰及配备人员。它的军官团队将展示出最符合时代要求的特征及行为方式。但是，这种绅士般的军官将仍然保持日本特色。正是基于地区习俗及帝国神话传说之上的海军传统使海军保持了这些鲜明的特色。

海军传统及军事道德观彰显了日本现代化进程的复杂性。为了保护日本的"民族精神"，需要追求国外技术及知识，它是赢得国际实力及地位的重要手段。传统包含着一个固有张力，带来的结果是，日本海军"既残暴又多情"，"极度忠诚和苛刻军规与对普通士兵的残忍行为和对他们生命的漠视并存"。② 正是20世纪30、40年代这种海军传统中两种元素间的脆弱平衡逐渐被打破并最终导致了在太平洋战争中遭遇"滑铁卢"。海军借鉴了日本过去的武士道精神以建立其帝国地位；但它同时也形成了以下观念：军事实力的强大必须基于苛刻的纪律、严格的训练以及战场上的精心准备和杀伤力。因此，正如理查德·萨缪尔斯所言，日本的失败体现了它在19世纪后半叶作为现代化进程中的后来者的焦躁不安，因为它一直梦想能"追赶甚至超过"西方国家

---

① Dan Reiter,'Nationalism and Military Effectiveness: Post - Meiji Japan', in Elizabeth A. Stanley-Mitchell and Risa Brooks(eds),Creating Military Power:The Sources of Military Effectiveness (Palo Alto,CA:Stanford University Press,2007),27-54;Ian Nish,'Japan,1914-1918', in Allan R. Millet and Williamson Murray(eds),Military Effectiveness,Volume I:The First World War(Boston, MA:Allen and Unwin, 1988), 229 - 248; Carl Boyd,'Japan Military Effectiveness:The Interwar Period', in Allan R. Millet and Williamson Murray(eds),Military Eff ectiveness,Volume II:The Interwar Period(Boston,MA:Allen and Unwin,1988),131-168;Alvin D.Coox,'The Effectiveness of the Japanese Military Establishment in the Second World War', in Allan R.Millet and Williamson Murray(eds),Military Effectiveness,Volume III:The Second World War(Boston,MA:Allen and Unwin, 1988),1-40.

② Parshall and Tully,Shattered Sword,77.

而成为"一流国家"。①

至太平洋战争结束时,借助东乡及山本大将这样的民族英雄,通过经历对马岛战役中那样决定性的胜利以及大和号被击沉那样惨痛的失败,日本海军传统给国家带来的不仅有荣耀也有灾难。因此,在战后早期着手重建新海军机构时,日本海军领袖们发现,他们所处的境况与 19 世纪中叶的明治寡头们所处的境况既相似又不同。与他们的先辈一样,战后领袖们也面临以下同样任务:为了激励那些投身于国防事业的人士勇敢地面对现实挑战并使其获得广泛认可,必须有选择地审视过去的历史。不同之处是,视帝国海军崛起为第一要务的海军传统给战后时代提供了一个现成的国家模式,而明治改革者们是没有任何现成模式可参照的。可以利用这些传统来激发战后官兵们的战斗意志从而逐渐重建他们的自豪感。同样,这些传统还有助于在保持鲜明的"日本"特色认同的同时引入国外的实践、战术及技术。因此,帝国传统及价值观能够为战后海军重整旗鼓铺平道路。但是,战后日本社会能接受这两者之间的相互关联吗? 公众对于帝国海军的理解是问题的关键。

---

① Richard J.Samuels,Machiavelli's Childern.Leaders & Their Legacy in Italy and Japan(Ithaca, NY,London:Cornell University Press,2003),12。

第三章 历史与记忆:战后时代的帝国海军

虽然我们只能做一些充满睿智的猜测,但随着民众对防卫态度的形成,某些关键因素渐渐浮出水面。其中居于首位的是日本备受尊崇的悠久海军传统及其对海洋的长久依赖。从长远来看,我们坚信,情感因素与务实风格的结合将会使海上自卫队在公众认可和最终的尊崇及名望获取上比其他军种有更明显的优势。①

——理查德·W.皮特里

(美国驻日大使馆)

日本备受尊崇的悠久海军传统

在日本被占领之初,"好海军"及"坏陆军"的概念首次出现。② 在远东国际军事法庭(也被称为东京法庭),即负责调查日本战时罪行的法律机构,结束了其所有审判程序后,该理念迅速传播开来。③ 用首席起诉人英国亚瑟·S.甘铭斯·卡尔爵士的话来说,直到冲突爆发前的最后几个月,日本海军一直

---

① 'Memorandum of 14 October 1964' in Ishii et al., Documents on United States Policy toward Japan, Documents Related to Diplomacy and Military Matters 1964, Volume 7, 56.

② Nisohachi, 'Riku Kaigun wo Meguru Ō kina Nazo', 38-39.

③ Dower, Embracing Defeat, 443-484. Also, Futamura, War Crimes Tribunals and Transitional Justice, and Futamura, 'Individual and Collective Guilt:Post-war Japan and the Tokyo War Crimes Tribunal', 471-483.

在"遏制陆军的冲动"①。这种评价并不稀罕，它受到了国内政治界的赞同。吉田茂首相（1946—1947，1948—1954）在回忆录中写道，海军从来都不赞成该战争，因为它"一直在效仿英国的方法，完全知道这样的战争将意味着什么"②。两个军种的不同态度好像也与他们的职业行为密切相关。随着陆军掉队者及老兵协会开始叙述自己的战争经历，陆军残酷野蛮的形象在公众中渐渐得以形成。在战后时代的开始阶段，有关战时军事方面的叙述都是经过精心准备的；陆军大将好像比海军大将更应该受到谴责，陆军士兵没有水兵们那样专业。③

本章将审视这些海军叙事的发展过程以及在公众记忆中它是如何逐渐与海上自卫队联系在一起的。"好海军"概念的出现不一定是对大战前军事形势的评判——实际上最近这个问题已经开始受到密切的关注。④ 但是，在新闻、文学及非虚构性小说领域，伊藤正德及阿川弘之两位作家对普及该观念发挥了重要作用。另一位作者，阿川的儿子尚之，将该概念与日本海上自卫队联系了起来。撰写帝国海军题材的并非仅有伊藤和阿川父子三人，但是他们这些作者首次解释了在两次战争之间及战争期间海军作为军事机构的功能。⑤

---

① Arthur S.Comyns Carr,'The Tokyo War Crimes Trial',Far Eastern Survey,Vol.18,1949:10,113.

② Yoshida,The Yoshida Memoirs,278.

③ 日本的案例与意大利的截然不同。在意大利所有海陆空三军的军事决定在备战和战争进行时都受到了激烈的批评。正如一份20世纪80年代的流行出版物所表明的那样，意大利本应该因为海军大将的失职而"处死他们"。Giorgio Rocca,Fucilate Gli Ammiragli:La Tragedia Della Marina Italiana nella Seconda Guerra Mondiale(Milano:Mondadori,1997,3rd edition)。

④ 在2006年，正值太平洋战争结束61周年之际，日本读卖新闻出版了一系列文章，这些文章强调了帝国军队应为这个国家的侵略战争负绝大部分责任；Auer,Who Was Responsible? 然而，在2007年这种观点在一份由某一受欢迎的月刊杂志发行的特殊发行物中被质疑，在这份发行物中批评家们反思了海军在防止战争发生上的失败，海军内部反战派受孤立的本质以及海军的战略失误.Kendō et al.,Shōwa no Kaigun Erī to Shūdan no Eikō to Shittsui,142-186。

⑤ 在20世纪60年代，获奖作家Shiba Ryōtarō在纪念明治时代的帝国海军方面有着实质性的影响。他的系列历史小说A Cloud at the Top of the Slope(Saka no Ueno Kumo-坂の上の雲)在这个过程中起到了重要作用。这部小说是关于Akiyama Yoshifuru和Saneyuki在日俄战争期间分别服役于骑兵部队和海军部队的冒险故事。Chiba,'Shifting Contours of Memory and History,

他们清楚地描述了海军传统及其在当时整个颇具争议时期的局限性,他们的叙述解释了失败的原因,恢复了海军的职业价值观。重要的是,他们观点的权威性在于他们不仅仅是学者,还与新旧海军内部人士保持着特殊的接触。实际上,阿川曾是一名战时海军军官,作为一名老兵,他与退役军官保持着密切的联系。他们的工作表明,在公众领域,关于日本海军传统的叙事不断得到加强,这使日本海上自卫队愿意将自己与该传统联系在一起并最终从中受益匪浅。

"伊藤先生",海军事务记者

在战后初期开始撰写海军史时,伊藤正德已经是当时日本最受尊敬的海军记者。[2] 他于 1887 年出生于水户(茨城县)——极具影响力的哲学及政治新儒学运动"尊王攘夷"的发源地。伊藤后来个性发展的过程表明,他全盘接纳了家乡的历史及传统。他寡言少语、精力充沛、十分爱国,这些是很多与他具有同样文化背景、受过良好教育人士所具有的共同特征。[3] 在他成长的十年里,日本的国际实力及地位在与中国及俄国对抗中分别得到了检验和肯定。政府报纸上的战争报道,以及有关日本军队在朝鲜、满洲战场及东海、日本海

1904-1980' in Wolff et al., The Russo-Japanese War in Global Perspective, 374-375; Nakao, 'The Legacy of Shiba Ryotaro', in Starrs (ed.), Japanese Cultural Nationalism at Home and in the Asia Pacific, 99-115; Keene, Five Modern Japanese Novelists, 85-100. 在 20 世纪 80 年代,日本漫画创作家 Kawaguchi Kaiji 利用大型丛书 The Silent Service (Chinmoku no Kantai-沈黙の艦隊) 和 Zipang (ジパング) 将形象化的日本海军形象,海军财产以及海军项目从帝国海军和日本海上自卫队身上引入到流行文化中。The Silent Service 以一艘无敌的日本核潜艇为特色,这艘核潜艇被具有象征意义地被叫做 Yamato。Zipang 则详述了一艘日本海上自卫队的宙斯盾级驱逐舰穿梭时光回到中途岛之战前的故事。在 2009 年,Zipang 成功动画化,与此同时 The Silent Service 也作为 Play Station 的一款游戏出现在电视上。而它们最初的图书版本也售出了 2500000 多份。'The Legacy of ShibaRyotaro', 110。

②　本章有关 Itō Masanori 的部分在 Patalano 中以不同的版本呈现。'"A Symbol of Tradition and Modernity": Itō Masanori and the Legacy of the Imperial Navy in the Early Post-war Rearmament Process', 1-22。

③　For biographical data on Itō Masanori, see Usui et al., Nihon kindai jinmei jiten, 95; 'Saigo no kaigun kisha Itō Masanori', 106。

海战中所取得的惊人胜利的宣传激发了伊藤的自豪感及爱国热情。① 后来的叙述表明，正是爱国主义情怀赋予他的责任感才使他在追求学术的道路上逐渐拥有了一副勤学好问的头脑及严于律己的习惯。② 他的童年经历影响深远，铸造了伊藤一生的职业风格。1913 年 12 月，他在《时事新报》觅得了一份职位。该社是日本当年最进步的报社，由颇具影响力的明治思想家福泽谕吉于 1882 年创办，以对时事评估不偏不倚以及既强调西方创新及技术在日本成功中所发挥的作用又不丢弃本国自身传统、价值观及特色文化而著称。③ 报社里的文化氛围非常契合伊藤的水户基因、明治经历及性格取向。在那里，他开始专攻军事及海军事务，逐渐对海军事务及技术发展如何改变海上战争问题情有独钟。根据伊藤的理解，实际上，在日本明治时期，做到品行端正及技术娴熟一直是海军的两大重要努力方向。由此，他完全支持将帝国海军的世界崛起视为现代日本成功的象征。④ 伊藤定期为报纸杂志专栏撰文，他对军事主题的精辟分析享誉世界，成为日本最杰出、最多产的海军记者之一。⑤

在日本，伊藤的"如椽之笔"⑥源自他通过妙笔如花的写作风格表达对海军古道热肠的能力。他使用的语言复杂多变，对细节的关注细致入微。他酷爱钻研技术，不断更新自己在海军技术及战法领域方面的知识。他还是一位传统主义者，从他经常在文章里使用的"古"汉语就可见一斑。例如，在表达"联合舰队"的意思时，他使用了一个高雅、古老的表意文字，甚至令当年伊藤的编辑们都颇感陌生。⑦ 只需寥寥数笔，伊藤就能赋予日本强大的现代海军

---

① FPC, Japan's Mass Media, 11–12.

② 'Gogatsu nijū nananichi no tama yo yomigaere'; 'Setsusetsu to kaigun o omou'.

③ FPC, Japan's Mass Media, 11.

④ 'Seishin de musubareta ai'; 'Gogatsu nijūnananichi no tama yo yomigaere'.

⑤ 在 Sankei 档案馆的卷宗对应着 1951 年到 1962 年这一时期，其中包含了大约 1121 篇文章，这些文章都摘自各种各样的日刊、周刊、国家出版物以及当地出版物。几乎在所有情况下，这些文章都提出了有关战争的问题，随后伊藤在他的书中进一步发展了这些问题。

⑥ Fude no chikara, 出自于他的 Kaigun to Itō Masanori。在档案馆中，此文为影印件，无页码索引，故此处无法提供页码。

⑦ 他使用(聯)字而非"ren"(連)字。'Saigo no kaigun kisha Itō Masanori', 105.

丰富的传统内涵。虽然他的写作风格守旧,但选题前卫,内容深奥,表述引人入胜。他是那个时代的典型产物,他的身上完美展现了一些西方专家称为日本"浪漫民族主义"。① 他是一个工作狂,大部分业余时间都花在有关历史及战略方面问题的阅读和写作上,对各种外国战舰等级及信号旗的诸多细节都能烂熟于心。② 他对相关技术知识的专注使编辑及同事倍感震惊,他们都劝他不要过于劳累。他却告诉他们,有关海军题材的写作对他来说是一种很好的放松。③ 到第一次世界大战爆发前,他已经在日本出版界树立了自己的专家地位,他对海军事务的理解和把握可以比及该领域的学者。这是他所拥有的特殊优势,因为通过利用自己的专业知识,他可以使叙述信息丰富、清晰易懂,从而惠及更多的读者。④ 有一则报道列举的例子能彰显他投入的程度及方法的有效性。1916 年 6 月,有关日德兰半岛战役爆发的消息传到了日本,之前伊藤刚刚启程去北海道旅行。在收到关于这次显然是对马岛战役(日俄战争中的重大海战)以来最重要海战的电报后,伊藤返回报社总部以便为分析这次战役做准备。他并没有任何直接的信息来源供他对事件进行深入分析。但是,在随后的几天里,通过利用新闻界所获取的信息及个人的专业判断,他为多家国家或地区级报社撰写了共七篇有洞察力的文章。⑤

伊藤对海军事务如此专注,日本海军高级将领不可能对他视而不见。到一战结束前,伊藤已经在一群大有前途的海军军官中建立了自己的关系网,这些军官都是加藤友三郎大将身边的红人,加藤大将是当时极富影响力的海相(1915—1921),也是华盛顿海军会议期间限制军备体系设计过程中的日方策划者。实际上,正是在对这次会议的报道才使伊藤有机会亲密地接触一些与20 世纪 20 年代三部国际海军条约密切相关的关键人物,包括后来均晋升为

---

① Buruma, Wages of Guilt, 34.

② 在战前的日本,人们熟知各类日本大型军舰的名称是很常见的现象,而且这并不仅限于那些对于海军事务有兴趣的人。《世界舰船》主编生津徹,"生津徹主编接受本书作者的访谈",2008 年 5 月 30 日。

③ 'S aigo no kaigun kisha Itō Masanori', 106; 'Setsusetsu to kaigun o omou', 21.

④ 'Nihon no Senshishitsu: Itō Masanori', 82–83.

⑤ Nihon no Senshishitsu: Itō Masanori', 82.

大将的山梨胜之进和野村吉三郎两位海佐。① 他与海军高级将领间建立的联系日后将惠及双方。伊藤知识渊博，愿意从海军角度发表自己的观点，是能吸引更多读者的合适人选。② 同样，与海军界的亲密关系也能保证他比同行们早一步得到作为记者需要的第一手信息，从而使他能够获得足以引起轰动效应的最新消息。他是第一位报道日本的联盟体系可能会随着支持《四国条约》（美、英、日、法）的英日联盟的瓦解而发生改变。③ 20 世纪 20、30 年代举行的国际海军会议对伊藤的职业生涯尤其产生了三个方面的影响：第一，这些会议都是重大新闻事件，为不断对代表团成员进行采访、私下交谈以及见面创造了条件。这种情况巩固了他与海军军官之间业已建立起来的私人关系，这些军官组成了后来的"条约派"；他即将成为诸如山本五十六大将这样冉冉升起的军中之星的老朋友。第二，他在军官们中建立起来的信任不会随着时间流逝而消失，他在 20 世纪 50、60 年代出版的著作充满对多位战时海军将士的个人回忆，他们皆将他视为可以一起讨论有争议问题的"老朋友"及专业人士。与海军之间的交往也使他能够充分利用档案材料。④ 第三，对上述会议的报道极大地提高了伊藤的知名度，使他成为国内外著名的有关军备限制进程话题的顶级评论员。正如一些见多识广的日本观察家后来所言，"伊藤先生的大名对于两次世界大战之间太平洋地区很多国际关系分析家来说可谓如雷贯耳，因而备受尊重"。⑤

---

① 伊藤对于海军条约的主要拥护者们的评估与描述颇有见识，至今仍被该课题研究领域的日本顶尖学者沿用。Asada，From Mahan to Pearl Harbor，54，70，73。

② 据报道，在华盛顿海军裁军会议（1921—1922）上，有极少数几人自信地"预测"了日本帝国海军要求其舰队对英国皇家海军与美国海军的比例为 70%，伊藤就是其中之一。比如《华盛顿邮报》就声称日本的要求略高于 60%。伊藤对于这次会议以及 1927 年日内瓦会议的理解与掌控在 Gow Military Intervention in Pre-war Japanese Politics，115，130，140-1164 有详细记录。

③ 'Setsusetsu to kaigun o omou'，21。

④ Itō，The End of the Imperial Japanese Navy，177-179。

⑤ 'Itō Masanori Shi'.伊藤与诸如《晨报》、《纽约时报》这样受欢迎的外国刊物的记者编辑们保持着和睦的关系，与专攻太平洋事务的顶尖海军记者，如 Hector C.Bywater 关系也不错。'Nihon no Senshishitsu：Itō Masanori'，82；Itō，The End of the Imperial Japanese Navy，7-8。

审视战时经验

《产经新闻》(伊藤在战后大部分时间效力的日本报社)档案馆所存伊藤正德的档案里几乎找不到有关他在战时参加记者活动的内容。要想描述他战时新闻报道的完整过程是很困难的。尽管如此,战后,伊藤名闻遐迩和训练有素的专业出身,及其对海军崛起在日本现代史上重大意义的多次见证和满怀敬意,使他成为对该主题进行研究的最理想人选。在冲突爆发前,他已经就日本在军备限制问题上的立场表达了自己有洞察力的观点。现在面对公众对军方支持率的不断下降,他需要重点调查"到底出了什么问题"。

在战后的二十年里,大量具有不同学术价值的多卷本战争史著作在日本出版。但是,由伊藤记者撰写的同类题材著作却是首个具有洞察力的战争叙事,尽管有时涉及面还不是太广。[①] 特别值得一提的是,他极富戏剧性、笔大如椽的写作风格,不仅体现了伊藤与主题之间脉脉相通的关系,也表明了他试图吸引更多读者的愿望。[②] 他的著作在对战前日本军方领袖心理进行深入透彻分析以及集中探讨决策失误和战略战术误判根源的同时,也折射出了他作为一名颇有见地、通晓内幕的记者的个人发展历程,他早已开始质疑帝国军队在其青春年少时所激起的那些爱国主义热情。正如很多同胞一样,现在他希望能搞清楚为什么这些军队在战争中的所作所为皆辜负了他们的期望。他的著作在探讨战败原因的同时,也起到了宣泄情感的作用。

伊藤在战后出版的著作之所以与众不同,是因为它们跨越了职业任务安排与个人情感之间的微妙分界线。它们不仅具有权威性和戏剧性而且措辞强烈。例如,据说正是他第二任妻子的死才促使他决定撰写《日本帝国海军的最后》,这本书日后成为他最成功的著作之一。他好像将海军的惨败以及

---

① Allen,'Notes on Japanese Historiography',134.

② Allen,'Notes on Japanese Historiography'.其作品英文版的一个评论员将他的风格描述为"生动活泼,简洁明了,并且绝不无聊"。Thomas,'The End of the Imperial Japanese Navy',180.

其中所付出的巨大生命代价视为自己的个人损失。① 在书的引言中，伊藤就为全书确定了基调。他解释说，众多日本人对联合舰队的拳拳在念，以及对很多战死沙场朋友的深深崇敬之情，促使他对当初撰写日本战败这样一个极其困难主题的抵触之情进行了重新思考。② 他与曾经在战场上浴血奋战的成千上万的日本官兵，甚至还包括三百多万战死沙场官兵们的家属们一起分享这些特殊情感。他希望能与他们一起分享他的研究成果，并以此来向那些逝者表达敬意。该书在开场白里就凸显了全书叙事风格的鲜明特征：

> 我们国家的语言罗马化运动或许在未来某一天能大功告成，但是正如东乡平八郎大将的名言一样，"联合舰队"的表意字也会永远让日本人心情激荡。其中所有人都了如指掌的是他在对马岛海峡战役即将打响时所发电文的内容——"已发现敌军；联合舰队已出发前去歼灭他们。虽海浪滔天，却晴空万里"——以及他著名的 Z 字旗旗语："皇国兴废在此一举，全体将士奋发努力。"③

他著作中戏剧性和技术内容的完美结合也对外国学者留下深刻印象。在1963 年对《日本帝国海军的最后》英文版所做的书评里，剑桥大学研究员、二战皇家海军官方史学家斯蒂芬·W.罗斯基尔上校指出，该书的过人之处在于其"通过日本人的视野"对战争进行了生动有趣的描述以及"对其同胞所犯错误所做的直白的评述"。④ 罗斯基尔是在海军服役过数年的一线指挥官，曾于1943 年 7 月在所罗门群岛与帝国海军作战。他十分赞同伊藤对日本普通水兵勇气及毅力当之无愧的赞美，他们虽惨遭失败但浴血奋战的精神永驻。在他对该书的评论中，罗斯基尔间接地认可了伊藤对核心内容的设计，但他坚

---

① Editorial Department, 'Seishin de musubareta ai'.

② Itō, The End of the Imperial Japanese Navy, 2.

③ Itō, The End of the Imperial Japanese Navy.

④ Roskill, 'The End of the Imperial Japanese Navy', 644.

称,该书忽略了一个关键问题:日本海军在战争的大部分时间里没有采取适当的护航措施,这是一个很大的失策。①

　　但是,该书探讨的核心主题并非海军战略,而是海军官兵生活及其奋力拼搏的悲壮历程,还有早已蜚声海外、成为国家图腾的海军装备。1960 年 12 月,伊藤成为著名的菊池宽奖的第九位获得者,他有关战时军事事件的出版活动及文学成就随之达到了巅峰,该奖由日本的重要月刊《文艺春秋》(伊藤 1946 年开始在该刊发表研究成果)颁发给那些为日本社会做出突出贡献的个人。②

　　伊藤是一名专业权威人士,但他并不是一位"无趣的"观察家,尤其是在 20 世纪 40 年代末及 50 年代大失所望的战后日本读者眼中。他的观点在公众中好评如潮、具有很强的吸引力,因为它们对军方"背叛"日本人民的前因后果分析得入木三分。在伊藤的眼里,海军并非无过。③ 他批评说,早在海军代表团 1936 年 1 月从《第二次伦敦海军条约》谈判撤出之前,海军就失去了落实限制军备条约的动力。仅在谈判破裂几个月后就启动了建造超级战舰大和号的前期研究,显然暴露了日本违反条约的意图。④

　　伊藤非常明确地批评了他称之为海军两个主要失责的地方。首先,在日本走上战争之路的时候,海军高层没能成功阻止东乡将军及其为首的军国主义集团。其次,海军低估了日本资源上的劣势,没能清楚地表达出它在与西方列强进行长期消耗战中对自身能力缺乏十足信心。⑤ 伊藤的深入分析表达了日本人民内心深处的大失所望,他们与伊藤一样,已经习惯于之前的成功以及对其进行的大肆宣扬,对他们的军队领袖信心满满。在一个特别令人感伤的段落里,他坦承道:

---

① 　关于日本船队护航队问题简要概述,参看 Graham 的 Japan's Sea Lane Security,63-89。

② 　Editorial Department,'Itō Masanori Shi'.

③ 　Itō,The End of the Imperial Japanese Navy,10-11.

④ 　Itō,The End of the Imperial Japanese Navy,3.

⑤ 　Itō,The End of the Imperial Japanese Navy,19-20,216-228。日本的军种间纠纷以及军事派系斗争在伊藤的三卷本著作 Gunbatsu kōbō shi 中也进行了全面的探讨。

虽然海军明知日本将无法赢得与美国的任何战争，但是它本应该展现出其领袖毫不畏惧的勇气，以及为了国家的胜利而甘受屈辱的品质。这种自我牺牲精神将会证明，海军值得人民的高度尊重和信赖。但事实上，在以上方面，海军的所作所为却辜负了人民的期望。①

这些批评非常重要，但是它们并未涉及 20 世纪 30 年代军国主义其他一些颇具争议的内容以及日本战争行为更为凶残的一面。针对以上主题，伊藤更多强调的是日本军事失败的政策层面。他指出，有关投入全面战争决策的重任更多地落到了帝国陆军的肩上，其原因显然是因为积极阻止战争升级的那些人都是海军军官。对于伊藤来说，这些海军军官的观点代表了海军主流立场，为日本赢来了尊重和名望。② 在帝国军队的陆海军之争中，看来伊藤明显"支持海军"。对于他来说，两个军事机构之间的根本区别在于它们具有两种不同的职业风格，陆军似乎更加鲁莽、更容易自我毁灭。对此他的解释如下：

> 战争中的死亡在所难免，但不应该草菅人命。日本海军的一条基本原则是，尽量避免任何没有生还机会的战争……在日本意识到即将战败随即实施神风特战队（作自杀性攻击的飞行员）和人间鱼雷（自杀性鱼雷）战术之前，上述传统一直得以保持。③

在伊藤的书中，他的好友、该书叙事中最重要的海军人物之一山本大将对陆海军之间的区别做了很好的总结。山本不仅是一个"固执的人"，一个赌徒，一个情场老手，也是一名效忠天皇、由日本武士道精神所造就的武士。他自然毫不害怕冒险。山本不仅熟谙各种技术知识，而且对战术问题的评估也

---

① Itō, The End of the Imperial Japanese Navy, 221.

② 山本五十六、米内光政和井上成美三位大将在反对战争上起了重要作用。Asada, From Mahan to Pearl Harbor, 212–219, 256, 275–278; Evans and Peattie, Kaigun。

③ Evans and Peattie, Kaigun., 173–174.

一丝不苟。他不同意确立战舰在海战中的主宰地位这种保守的教条式观点,担心"日本没有机会赢得长于一年的战争"①。直到 1939 年,山本利用在海军省的职位,与时任代理大臣米内光政大将及井上成美海将补一起,精心策划以反对日本与德国及意大利结盟。伊藤详细描述了在 20 世纪 30 年代末,山本大将如何艰难进入山雨欲来风满楼的日本政坛的过程,其中不乏有趣的奇闻异事。他的目的似乎是要使山本后来的行为显得更加合理化。山本首先是一名帝国海军军官,在发动战争的决定做出之后,山本一直坚守在自己的岗位上(作为联合舰队司令官),并全力以赴地为那些日本能占得上风的战争做准备。在面对下列困境时山本选择了后者:要么承认没有能力应对与美国海军的持久战并甘愿接受羞辱,要么放手一搏发动全面战争。

在伊藤眼中,山本大将是帝国海军气质的化身。他是一名训练有素、为国家精心策划战争并英勇作战的职业军人,天皇的忠实臣民,威武不屈的武士。后来他及许多其他一线指挥官在战争中的所作所为都印证了上述品质,甚至在日本败局已定的时候,他和同事们仍然与以前一样忠于职守、倾尽全力。②山本严格按照武士道原则进行生活、战斗甚至牺牲,该原则始终贯穿了在鸭绿江(1895 年)、对马岛(1905 年)、珍珠港(1941 年)及中途岛(1942 年)的军事行动。山本所拥有的所有品质,包括作为一名能力强悍、意志坚定并充满武士道精神的军官、精通英语、熟谙海军航空的巨大威力及其他新技术,加上 1943年走向死亡之旅,都很自然地赋予了他"日本民族大英雄"的地位。

伊藤给他的战争叙事安排了一个更具争议的结尾。帝国海军成功地光耀了由明治先辈们缔造的传统,虽然它起初反对战争,但最终不遗余力地参加了战斗。日本犯下了严重的错误,使几百万国民为之付出了代价。谁应该为这一戏剧性的失败负责?该书作者的判断是,不应该把责任只推到武装部队的身上。正如伊藤所言,"联合舰队已经一去不复返。它的存在及成就已成为历史。历史将证明,联合舰队的灭亡不是敌人造就的,而应归因于日本自

---

① Evans and Peattie, Kaigun., 11.
② Evans and Peattie, Kaigun., 179. Admiral Kurita 曾在他对伊藤的采访中采用过这一表达。

身。"①同时，通过凸显海军的优点，伊藤极力想从战后惨遭众人驱逐的命运中挽留住部分日本武士道精神。应该珍视帝国海军曾经取得的那些胜利及其获得者，将他们视为日本国家认同里珍贵的遗产。

关于军事认同及传统的争论

对于伊藤来说，应该使上述遗产在战后社会拥有一席之地，促成人们对军队作用的理解。他主要采用两种方法努力促成上述理解。作为记者及军事分析家，他努力将帝国海军传统融入围绕日本自卫队职业道德观的争论中。②特别是在 1954 年 1 月及 7 月，当有关成立自卫队的争论刚刚展开之际，他撰写了两个系列的报刊文章，每个系列包含 7 篇连载文章，发表在倾向保守的《产经新闻》上。③ 这些文章探讨了他认为事关任何日本军事机构未来的核心问题。两个发表时机的选择是经过慎重考虑的，以便及时为公众提供辩论的机会。1 月连载文章的发表正值有关新武装部队性质的立法谈判进入最后阶段，7 月的连载文章旨在为建立防卫省及日本自卫队提供深入分析。④ 伊藤是当时"唯一"享有权威的日本军事分析家，在很多方面他的地位可以与战争期间英国的巴兹尔·利德尔·哈特爵士相比。

在上述两个连载系列里，伊藤并未试图直接参与两派间如火如荼的争论，其中保守派势力的领袖是一些颇具争议的人物，如前外相重光葵（1943 —

---

① Evans and Peattie, Kaigun. ,228.

② 对于伊藤写作所处的那个时代对于日本海上自卫队精神气质的关切的理解，详见 Morris, Nationalism and the Right Wing in Japan, 235-236。

③ 一月系列被冠以"Kokubō no kadode ni okuru"的标题（大意是"庆祝国防重任得到背负"）。第一部分出现于 1954 年 1 月 1 日。值得注意的是第二个系列被冠以"Jieigun o mukaete"（欢迎自卫军），并且出第一部分现于 1954 年 7 月 4 日，就在日本海上自卫队开幕式的三天后。

④ 从 1953 年 9 月至 12 月，吉田首相寻求改革党内部通力合作来修改现存的 Safety Agency Law（Hōantaihō）。一个特殊的委员会被指派去研究有关修正议案多方面的法律，体制以及经济后果，并且新的法案在 1954 年 1 月几乎完成了。它们于 1954 年 3 月 1 日被提交给议会，而日本防卫厅和日本海上自卫队于 1954 年 7 月 1 日被公开创办。

1945，1954—1956）、鸠山一郎（后来任首相，1954—1956）及岸信介（首相，1957—1960），自由务实派势力的领袖是吉田茂（首相，1946—1947，1948—1954）。关涉新武装部队地位的错综复杂的法律方案是辩论的核心。① 与之不同，伊藤努力将观众的注意力转移至国家与武装部队的基本关系上。他感觉到，这是一个核心问题。他担心，在被盟国占领时期进行的一系列社会及教育改革，以及战败造成的心灵创伤所产生的军事敏感性，都将会使上述核心问题久拖不决。② 伊藤似乎准确地把握了后来一些前帝国海军军官所表达的焦虑，如曾任 1937 年轰炸美国帕奈号战舰的海军航空中队指挥官长谷川清大将等，该大将曾指出：

> 鉴于我们目前的宪法，武装部队不可能拥有应有的军事精神。今天的军人接受非军人一样的待遇。他们不可能表现得像真正的士兵。没有人愿意牺牲。但是，军人在危急时刻必须时刻准备为国家献身。③

伊藤的观点有两层含义。一方面，他强烈反对很多同代人坚持要与过去进行彻底的决裂。军国主义彻底蒙蔽了日本战前的战略盘算，但是，日本军方不是在历史上所有时期都充斥着 20 世纪 30 年代的极端主义思想。④ 拥有及维持一支武装部队不应该被视为富有侵略性的民族主义的存在，而这正是日本民众及政客中一种越来越普遍的思想。⑤ 实际上，有关日本现代史更深入的研究表明，在 19 世纪与 20 世纪之交，日本能够在满足安保需求与建立一个适当的军事机构之间实现完美平衡。因此，伊藤对以下主流观点进行了反驳：日本重建武装部队的唯一方式是，必须彻底推翻战前体系。⑥ 伊藤认为，公众

---

① 有关这场辩论的详细信息，详见 Samuels，Securing Japan，29-37。

② Itō，'R ikkoku no seishin wasuruna'；Itō，'Guntai wa kokumin no sanbutsu'。

③ Morris，Nationalism and the Right Wing in Japan，236。

④ Itō，'Kyōhei to gunkokushugi no betsu'。

⑤ Itō，'Kokumin no kokubō o satoru koto'。

⑥ Itō，'Kokumin no kokubō o satoru koto'。

的集体失忆并非解决方案。

这种思考带来了另一个——伊藤认为是更为根本的——问题。伊藤将军队视为社会的产物，军队的建立及维持都是由社会来完成的。日本也不例外。他担心，他在同胞身上看到的有关国防重要性的认同危机可能成为一个致命的短板，它能腐蚀武装部队的道德观。① 正是因为此原因，在 7 月的连载文章里，他支持用趋于保守的"自卫军"而不是"自卫队"，用"军"字来界定一个军事机构。② 通过引证日本、美国及英国历史上的很多实例，伊藤辩称，军队的有效性不仅仅依赖于他们的装备及实力。③ 审视过去及帝国军队在日本崛起为一个世界强国过程中所发挥的作用是非常关键的，它能促使日本在战后重塑对其武装部队的信任感和尊重，理解其所拥有的社会价值。④ 这些都能转而成为培养日本自卫队战斗精神及效率的关键因素。为了重建军队的道德观，日本需要发挥它的民族英雄们的作用，从他们的所作所为里获得激励和指导。伊藤认为，日本帝国军人在明治及大正时代的卓越表现造就了一大批英雄，他们值得人们更多关注，而不是像当前这样不为人知。⑤

伊藤为日本在战后调协其战争史做出的第二个主要贡献与其上述观点紧密相关，他积极游说以便能将其变为现实。在职业生涯及生命的后期，他尽心竭力地通过写作积极投身到重构日本现代海军史及重建民族自豪感的运动中。与其他人一起，他试图努力唤起人们对对马岛战役的回忆，在他看来它是日本在现代国家建设过程中一次决定性的军事胜利及标志性时刻。他也参加了旨在推动重建三笠号战列舰的运动。⑥

最初，好像是 1955 年 9 月 24 日寄给另一家报社《日本时报》的一封信，触发了重建及保护东乡大将旗舰的运动。该信的作者是一个住在英格兰北部巴

---

① Itō，'Guntai wa kokumin no sanbutsu'.

② HatoyamaKishi 和其他的保守政治家希望利用自卫军这个名称来强调他们想要赋予日本战后军队的自治的特点。Samuels，Securing Japan，35。

③ Itō，'Guntai wa kokumin no sanbutsu'.

④ Itō，'Kokumin no kokubō satoru koto'.

⑤ Itō，'Kokumin no kokubō o satoru koto'；'Guntai wa kokumin no sanbutsu'.

⑥ 'Saigo no kaigun kisha Itō Masanori'，106；'Senkan Mikasa to Itō Masanori'.

罗因弗内斯、名叫约翰·S.鲁宾的英国人。他刚刚结束其日本之行,其间参观了横须贺,注意到这艘过去的无畏舰已惨遭丢弃。在信中,鲁宾解释说,自1900年至1902年,他曾一直关注该舰在他家乡威格士·萨恩斯·马克西姆公司(Vickers Sons and Maxim)的造船厂船坞里进行建造并最终下水。这艘弃舰年久失修的惨状使他深受触动,在他眼中,该舰对于日本人如同女王胜利号对于英国人一样重要。① 在刊登了该信件之后,报社就收到了很多打听三笠号消息的问询。这给予伊藤的老熟人山梨大将一个契机来推动三笠号的修复,他当时任水交会(帝国海军老兵协会)主席,之前曾向鲁宾先生做过相关情况说明。

山梨大将在海军限制军备会议召开期间就认识了伊藤,他是战前条约派高级退役军人小组成员,并于1952年9月中旬,在代代木(东京中部)的前海军博物馆所在地,与其他200位前海军军官一起建立了水交会。协会的其他发起人还包括野村吉三郎大将、左近司政三中将(他们俩担任协会副主席)及泽本赖雄大将。据报道,泽本是协会的主要发起人。伊藤是他们所有人的老熟人。他的个人倾向、著作及专业权威都能证明他在此项游说活动中所能起到的决定性作用。② 他们的期望并没有落空。伊藤对该项活动尽心竭力,立即着手秘密为三笠号的修复而募集资金。同时,1956年5月27日(对马岛战役的周年纪念日),他在《产经新闻》上发表了一篇称颂三笠号重要性的纪念性文章,旨在引起人们对该修复项目的注意。③ 横须贺市的当地权贵也都参加了整个游说过程。极具影响力的退役美国海军军官的参与及支持也极其重要,他们作为战时日本的敌对方也前来称颂帝国海军的勇猛并在战后帮助建立日本海上自卫队,其中最引人注目的当属切斯特·尼米兹舰队司令官和阿

---

① Peter C. Smith, 'A Naval View of Anglo-Japanese Relations', Mainichi Shinbun, 28 May 1998. The Mikasa Preservation Society 成立于1924年,旨在修理已上报的在1923年关东大地震中严重损坏的战舰。开幕典礼于1926年12月12日举行,Regent Hirohito 王子出席。Mikasa Preservation Society, Memorial Ship Mikasa, 20。

② Kinoshita, 'Echoes of Militarism in Japan', 244.

③ Itō, 'G aikoku wa imamo kinensu'.

利·伯克上将。他们都为资金募集活动不遗余力。尼米兹上将为《文艺春秋》杂志撰写了一篇关于东乡大将的文章并捐出他的 2 万日元稿费以鼓励其他日本人支持三笠号修复项目。① 至 1959 年春,驻横须贺的美国海军部队代表向该市市长又捐赠了 9.1 万日元以表达他们的支持。伊藤和其他海军支持者及前军官也捐赠了同样数额的资金。②

伊藤 1956 年有关重建"三笠号"的文章与分析日本自卫队的连载系列文章一样,充满着睿智。他剖析了保护"三笠号"的最重要原因。它象征着日本现代化进程中所取得的重大成就,这些成就达到了当时最高的国际标准。他强调了日俄战争中帝国海军胜利所具有的普世意义,展示了对马岛战役中的指挥及军备部署如何在全世界范围内被奉为教科书般的战法设计及实施实例。③ 伊藤突出强调了该舰及舰上人员的"现代性"。

在 1959 年募集资金活动接近尾声时他发表的另一篇纪念性文章里,伊藤进一步阐明了"三笠号"及海军对于日本的重要性,强调联合舰队在保卫日本免遭俄国威胁上所做出的巨大贡献。④ 在民众越来越担忧冷战的不断升级及对日本的影响时,重新唤起人们对海军击败波罗的海舰队的回忆不仅是对民众的一种激励,也间接地增强了他们的安全感。为了宣扬海军在日本防卫中的作用,伊藤将东乡的"三笠号"与英国"女王胜利号"及美国"宪法号"进行了进一步的比较。如同上述两艘战舰,"三笠号"也成功地确立了日本的军事传统。他指出,正是因为此种原因,这艘战舰也应该理所当然地成为唤起公众自豪记忆的场所。伊藤的观点引起了很多人的共鸣,直至今日,他强调的上述特点仍然是舰上展览旨在凸显的核心元素,其中制作三艘战舰及它们各自舰长的模型受到格外重视。⑤ 在"三笠号"重获其历史地位后不久,伊藤就去世

---

① Potter,Nimitz,466.

② 'Mikasa kanjō de zōtei shiki'.

③ Itō,'Gaikoku wa imamo kinensu'.

④ Itō,'Sekai kūzen no senshō'.

⑤ 2007 年 8 月 16 日作者参观纪念舰 Mikasa。展览细节参阅 Mikasa Preservation Society,Memorial Ship Mikasa,25;和 http://www.kinenkan-mikasa.or.jp/siryou/index.html(访问于 2008 年 7 月 20 日)。英文材料,见 Powers,'Mikasa:Japan's Memorial Battleship',69-77。

了,但在那之前,在探索帝国海军的本质、传统及其对战后日本的重要性方面,他已经不再是孤军奋战。一位年轻的小说家阿川弘之即将传承他的衣钵。

作为"个人事务"的战争写作

阿川弘之与日本海军间的交往经历与伊藤大不相同。与伊藤这位记者兼学者不同,阿川对 20 世纪初的海军世界知之不多,当时强大作战舰队处于鼎盛时期。在海军里,他没有伊藤那样的关系网,也从未体验过由海军军备控制体系造成的官僚间的紧张关系。但是,五十多年来,阿川的小说及其他著作在人们心中塑造了日本海军及其传统的主流形象。

阿川弘之于 1920 年 12 月 24 日出生于广岛一个商人家庭。他在人文学科及亚洲古典文学方面颇具天赋,这些天赋在后天教育中得到了很好的培育。他先在当地的中小学名校学习,后去了著名的东京帝国大学(今天的东京大学)学习日本文学。1942 年,他入学毕业,毕业论文研究著名小说家及短篇故事作家志贺直哉。毕业后,他立即借助"临时现役军官制度"入伍成为一名海军尉官并一直服役到战争结束。由于他是一名通晓中国及日本文学的"文化人",海军人事局将他安排至军令部通讯情报处工作,后来又将他调至中国进行类似的工作。① 在海军度过的岁月对阿川影响极大,激励了他后期的创作及个人生活。在部队服役期间留下的许多记忆使他很多著名小说里的虚构人物栩栩如生、充满生气。海军主题在他的著作中频繁出现,诸如军歌、"提前五分钟严格执行"等日本海军传统及精神教育元素都被他用来教育自己的孩子。②

作为小说家,阿川是在他 1946 年归国几个月后一举成名的。他作品的出版正赶上国内知识及出版界如火如荼的变革。战争结束后,20 世纪 30 年代盛行的审查制度也随之崩溃。"对印刷文字的渴望",加上寻求从书面作品中逃避残酷现实的期盼,导致了印刷活动的大量增加。③ 编辑们开始考虑之前

---

① Biographical details in Yasuoka, Watashi no Rirekisho. Dai San no Shinjin, 113-221.

② 庆应大学的 Agawa Naoyuki 教授,于 2006 年 10 月 24 日与作者会谈。

③ Dower, Embracing Defeat, 180.

没来得及审查的稿件。作者们都想从中渔利。当局联手纷纷对一些题材进行限制，其中包括抨击他们当下进行的改革或者歌颂那些他们认为反民主及沙文主义的价值观。但是，"出版业的繁荣兴旺代表学术及创业精神所取得的巨大成就"[1]。正如一位学者后来所说，公众对文学及印刷文字的向往反映了一个新的"文学复兴"时代已经降临。[2]

到 1945 年底，出版了 200 多种不同杂志，这个数字在次年又翻了一番。[3]至 1949 年，美国占领当局共审查了 1.3 万份期刊、多达 4.5 万本书籍和小册子。[4] 发行量大的杂志都有文学专栏。在该时期，大约 100 种周刊和月刊都定期出版文学作品，包括《文艺春秋》《中央公论》《世界》《人类》及《近代文学》等重要期刊。1946 年，大约 28% 的新书及 22.5% 的再版书都与文学领域相关。[5] 在 20 世纪 50 年代初，它们的发行量达到了惊人的数字，像《世界》这样的重要杂志平均发行量达到了大约 7 万份。该时代的研究表明，它的读者超过了 20 万人。[6]

这个时期的文学有两大特征。一是有关对有些人称之为"思想禁锢"的摒弃。反映战前日本现实的所谓"健康文学"歌颂的是新儒家价值观以及从整体出发、以天皇为中心、充满武士道精神的世界观。必须摒弃这种世界观，取而代之的是最简主义道德观，即以个体需求作为其核心理念。在日本战后初期的文学中，颓废取代了健康；色情及自我放纵成为作家们用来描绘真实性及个性的主题。[7] 小说家坂口安吾是那个时代放荡不羁文化的旗手之一。1946 年 4 月，他发表了短篇文章"堕落论"，代表其他作家们揭露了他们内心深处感受到的战时辉煌幻想与战后日本颓废现实之间的鲜明对照。弘之思考

---

① Dower, Embracing Defeat, 406−419.

② Rubin, 'From Wholesomeness to Decadence', 74.

③ 时至今日，杂志仍然持续兴盛。2002 年约有 3489 本杂志出版，其中包括 106 本周刊。全年约销售了 300 万本杂志。FPC, Japan's Mass Media, 71。

④ Dower, Embracing Defeat, 182.

⑤ Rubin, 'From Wholesomeness to Decadence', 74−75.

⑥ Yamagiwa, 'Literature and Politics in the Japanese Magazine, Sekai', 254.

⑦ Rubin, 'From Wholesomeness to Decadence', 74−80.

了战前社会文化的铸造过程,其目的是要以武士道准则为基础建立一个统一的国家身份认同,以便对个人设置惨无人道的禁锢。① 他认为,诸如"神风英雄"这种战时用来宣扬正统思想的表述"只不过是一种虚幻"。在他看来,"天皇也只是一种虚幻",真正的历史"始于他成为一名普通人的那一刻"。弘之的结论是,日本的没落代表了一种真正的道德分水岭,因为"日本战败了,武士道价值观成为了浮云,但是人性却从颓废的现实中获得了新生"②。

贯穿战后早期文学作品中的第二个元素与第一个元素紧密相关。关注个体及人类天性中物质需求的倾向是对过去的摒弃,并产生巨大的政治影响。作家及编辑们一起将过去的黑暗归于国家军界精英所强加的思想及社会暴政。在这样的背景下,批评日本军国主义领导以及控诉其在整个战争期间欺骗国民成为这个时代文学作品主题中的固有元素。作家、编辑及其他知识分子都倾向于秉持与左翼——通常是马克思主义——政见趋同的观点。民主、尊重个人言论及信仰自由以及世界和平理念等字眼进入了"文化人"的常用词汇。《世界》月刊是表达这种新文化进步思潮的旗舰杂志。该杂志由声名远扬的岩波书店出版,它公开使用"不明智、骗局、恐吓及缺乏正义"等词汇来描述日本战争时期。它还对利用军备及帝国来激发日本"广泛、辉煌的文化及道德观"进行了否定。③ 至美国结束对日本的占领时,《世界》作为知名刊物的地位已经十分稳固,知识分子及作者们在该平台对日本在安保方面的政治选择进行辩论,他们倾向于支持社会党人的中立立场,而不是东西方对抗。④

阿川的第一篇短文于 1946 年发表在《世界》杂志的第 9 期,它的主题非常敏感,特别是对于盟军来说,该主题存在严重问题,但却需要通过他们的审查。该短文围绕在广岛遭原子弹袭击中一名年轻的幸存者而展开,未加修改就成功通过了官方审查,其中有一个段落甚至涉及传说中的核辐射遗传效

---

① Rubin,' From Wholesomeness to Decadence ',78；Dower,Embracing Defeat,154-162.

② Quoted in Dower,Embracing Defeat,156.

③ Dower,*Embracing Defeat*,186-187.

④ Yamagiwa,' Literature and Politics in the Japanese Magazine,Sekai ',254-268.

应。① 阿川的首篇短文就展示了他散文的所有独特风格。他的作品以精练而著称，具有"私小说"（一种在大正年间发展起来的文学体裁）风格，特点是将主人翁的个人回忆置于故事的中心。这种写作风格使作者能彰显主人翁的个性，并能通过他的个人经历及思想来丰富人物形象。

其结果是，彰显强大人性的作品更能吸引众多潜在的读者。在此方面，志贺直哉大师对阿川著作的影响显而易见。② 除了具体文体风格特征之外，阿川散文的巨大吸引力还来自其巧妙的讽刺及实证主义风格，它们是他处理类似原子弹袭击这样敏感话题的基本手段。在谈到该话题时，他总是坚持这样的态度。例如，在几年后接受的一次采访中，他描述了自己如何被日本杂志上经常报道的一个笑话所逗乐。笑话的内容大概是：如果战争再次打响，每个人都必须在身边备好毒药。③

阿川的第一篇短文反响良好，几个月后，他开始与一些日本重要文学期刊展开其他合作，包括《新潮》《心》及《文学界》，同时仍保持与《世界》的合作关系。这些合作给他提供了一些富有价值的试验场所，后来他开始了第一批小说的写作，它们在 1952 年至 1956 年间得以出版。《春之城》及《云之墓》是阿川的成名作，它们对 20 世纪 50 年代的日本普通读者充满吸引力。两部小说的结构非常简单，属于之前他在短篇小说里尝试过的私小说体裁。同样重要的是，两部小说的主人翁都是年轻的日本学生，他们不得不放弃自己的平民生活以投身战场。在《春之城》中，主人翁很可能就是阿川的自画像。他来自广岛，受派去中国，服役于在那执行任务的日本海军。在此期间，他体会了因原子弹袭击而失去亲朋好友的切肤之痛。《云之墓》的主人翁是一位接受自杀性攻击训练的飞行员，他死于战争即将结束的 1945 年 7 月。④

---

① Rubin,'From Wholesomeness to Decadence',89.

② 例如,Yokochi Samuel,'A Cat,a Man,and Two Women by Jun'ichiro Tanizaki(trans.Paul McCarthy);Citadel in Spring by Hiroyuki Agawa(trans.Lawrence Rogers);The Bomb by Makoto Oda (trans.D.H.Whittaker)',949。

③ Lifton,Death in Life.Survivors of Hiroshima,391.

④ 也被称为 Special Attack Corps,或 Tokkōtai Kamikaze(特攻隊神風)。Kamikaze 一词字面上意为"神圣的风",意指 1274 年与 1281 年的台风,两次台风重创企图侵略日本的蒙古舰队。

这两个故事都充满了源自阿川自身生活经历的往事回忆及细节描述。这两部小说都关涉战争主题，都是通过描绘应招入伍的日本年轻军人内心自相矛盾的情感来展现主题。一方面，他们需要效忠天皇及尽职尽责；另一方面，他们经常为家庭牵肠挂肚，拥有强烈的求生欲望，还得忍受各种困难所带来的挫败感。这种复杂的情感使他们备受折磨。两部小说中有关个体人物故事的叙述实际上也是对海军机构的一种描绘，该机构不仅赋予其军人日常生活的目的及意义，也要求他们全力以赴、勇于牺牲。在这个矛盾无处不在的世界里，海军传统似乎能带来一些慰藉。因其对战后日本小说文学所做的贡献，《春之城》在 1953 年获著名的"读卖文学奖"（2002 年阿川第二次获得该奖项）。①

人面海军

阿川著作的写作风格及主题紧跟时代的文学潮流。但是，撰写这些著作的真正目的源自完全不同的动机。作为一名有过战争经历的年轻人，阿川对战后日本的氛围感到很不舒服。在他眼中，知识界对战时国家机构的抨击及对军人不加区分地指责是不公平的。② 阿川回忆道，与他同时代的其他年轻人一样，他对应征入伍没有给予足够的珍惜。通过那段经历，他亲身体会到，不是所有日本军官都属于好战派，实际上，他们很多人不仅质疑战争的意义，也同样质疑那些极端军国主义分子的态度。但是，他们都为祖国而浴血奋战，当代作家及知识分子经常忽略这一事实。借用丸山真男的观点，阿川指出，因其抹杀帝国军界的人性，许多该时期的"进步知识分子"可以被视为"懊悔一族"中的伪君子。③ 在该群体中，

---

① 其他知名获奖者有，富有争议的作家 Mishima Yukio（1957,1961），以及更近一些的畅销作家 Murakami Haruki（1996）。

② 庆应大学教授 Agawa Naoyuki，"Agawa Naoyuki 教授接受本书作者的访谈"，2007 年 7 月 20 日。

③ Maruyama 的表达呈现于 Dower, Embracing Defeat, 233-239。

　　很多作者在战时通过与军国主义分子的合作一切皆好，但在日本战败后及被美国占领之初，他们就突然反目。他们很多人开始不厌其烦地解释说，他们一直都是爱好和平的，也曾正确地料到日本的失败。他们的行为让我颇为愤怒，他们的机会主义让我嫉恨。所以我决定，我作为一名作家必须将我的学生及我本人所亲身经历的战争真相记录下来。①

　　因此，战争及原子弹袭击所造成的灾难成为阿川在小说中经常使用的手段，以唤回公众对日本海军经历中人性层面内容的记忆。通过阅读主人翁们的日记，读者们熟悉了海军习俗和传统，精明或无能的军官，经验丰富或缺乏经验的非现役军官。通过阅读有关这些退役军官们的深入且极富敏感性的描述，读者们从指挥员、教员及受训士兵的不同视角熟悉了战争的复杂性。这些场景的描绘使读者们与故事重点刻画的日本年轻军官有了情感上的共鸣。更重要的是，他们理解了战争白热化时期的海军并非一个邪恶、胸无大志的机构。相反，它是一个具有丰富作战传统的军事机构，只不过因为缺乏必要的资源保障及训练有素的专业人员而处处受阻而已。它有责任继续战斗，但却缺乏逢战必胜的物质条件。

　　阿川和伊藤的著作有一个共同的元素，即不寻求一味地为海军当局进行开脱。相反，在数个段落里，作品中的人物都表达了对海军高级领导层的不认同，尽管故事里的每一个决定或命令只是由某一个具体军官所做出的。高级将领并非完人。进步主义作家始终将战时的武装部队及战争描写得十分邪恶，与之不同的是，阿川对各种机构及其人员的描写却更加大度。因此，诸如军国主义及极端民族主义之类的抽象概念被主人翁在执行日常任务时所面临的困境所取代。《云之墓》中发动自杀性攻击的年轻飞行员就是一个典型的例子。对于有关高尚日本灵魂的"英勇牺牲"之类的精神宣传，这位主人翁飞行员却心存疑虑。阿川对这种牺牲的描绘却更加合理，他将其视为军队为早期所犯错误进行赎罪以及战场上永不厌弃的唯一途径。在个人层面，这种牺

---

　　①　Hiroyuki Agawa,Devil's Heritage,X.

牲也展示了上述年轻飞行员忠于职守、甘于奉献的精神。阿川以下列方式准确地刻画了这位有教养的年轻人的内心情感:

> 不是说,我们必须做好准备在夏季到来之前献出生命。不,他是在说,我们只有死路一条。我的天啊,他们的目的到底是什么? 是要将战争进行到底,还是只是要我们的命? 如果我们的牺牲能换来国家的安全,那就让我们去死吧。①

在评论曾就读于东京帝国大学并在大和号最后一次航行中服役过的作者所写的一首散文诗时,一位知名美国学者指出,该作者希望"将这些毫无意义的死亡从他战友的记忆中抹去,使他们从耻辱中得以解脱,铭记他们的忠诚和勇敢,为那些逝者哀悼"②。作为一名老兵,阿川对海军怀有同情心,这根植于他的战争经历,他盼望能与读者一起分享。③ 在此方面,阿川对海军的理解与曾在陆军服过役的其他退役军官截然不同。与海军不同的是,应招加入陆军的毕业生受到了残酷的对待,并主要被当作步兵使用。④ 这种不同的管理政策对陆海军的情感及其表达方式产生了深刻的影响。前首相中曾根康弘(1982—1987)曾非常自豪地提及他曾参与的海军退役官兵活动并且经常出席老兵会议。与之不同的是,曾在陆军服役过的政界或商界名人却对之只字不提。⑤

阿川通过水交会也一直与海军战友保持着联系,这使他结识了曾任帝国

---

① Agawa, Burial in the Clouds, 27.

② Dower, Embracing Defeat, 415.

③ 阿川,"阿川接受本书作者的访谈",2007 年 7 月 20 日。

④ 日本海上自卫队 Yōichi Hirama 海将补,"Yōichi Hirama 海将补接受本书作者的访谈",2005 年 4 月 15 日;日本海上自卫队 Takahiro Ishihara 二佐,"Takahiro Ishihara 二佐接受本书作者的访谈",2005 年 6 月 14 日。

⑤ 和平与安全研究所 Akio Watanabe 教授,"Akio Watanabe 教授接受本书作者的访谈",2005 年 5 月 9 日。日本海上自卫队、国际政策研究所 Naoto Yagi 二佐,"Naoto Yagi 二佐接受本书作者的访谈",2005 年 5 月 19 日。

海军初级军官现已升至日本海上自卫队中高级将领的一名军官。20 世纪 60 年代，作为一位著名的小说家、海军迷，特别是一名前海军军官，阿川已经成为节日及海军阅兵期间海上自卫队战舰上备受欢迎的名人贵宾。他儿子尚之曾回忆，在 1969 年夏天举行的一次大型活动中，他是如何有机会第一次参见了当时的海上幕僚长内田一臣大将（1969 — 1972）。① 阿川对海军人士非常敬重，当然他也受到了他们的尊敬。在日本被占领的前几个月，内田大将曾负责指挥遣返海外士兵及侨民的工作，并在第二复员省工作过，他深刻体会到日本人民对军人突如其来的强烈憎恨。② 对于内田级别的年轻军官们来说，阿川的小说描述了那些曾服务于祖国、充满尊严的水兵们的生活经历。

在 1965 年至 1986 年间的二十年里，阿川作为海军小说家将自己的创作水平提高到了一个全新的高度。他利用探讨作品中的各种个体人物来探讨海军机构及其身份认同。在此过程中，他完成了四部关于海军的著作，其中包括三部传记，使他被誉为海军条约派的编年史家。在 20 世纪 60 年代初，《朝日新闻》的编辑们找到了阿川，他们正打算出版一期特刊，重新审视 1936 年 2 月 26 日由帝国陆军极端民族主义派别率领的政变。③ 由于阿川对陆军题材实在不感兴趣，起先他拒绝了他们的邀请。但是，在随后与这些编辑的交流中，他重新考虑了自己的态度，并开始探讨与战前军队领导层相关的问题。该问题对于 20 世纪 30 年代的军国主义转向极其重要，因此他推荐说，研究山本五十六——一名关键的主角——的生活是探讨该问题最理想的途径。④

阿川对这项新任务非常用心，他对山本进行了广泛的研究，包括查阅大量军事文件以及采访那些熟悉山本或曾在他手下服役的老兵和前海军军官。他对新任务如此热情，部分原因是因为他正在研究的海军与他在中国担任初级军官时所理解的武装部队截然不同。对领导人、人际关系、战略、政治及官僚

---

① Naoyuki Agawa, Umi no Yūjō, 28.

② Naoyuki Agawa, Umi no Yūjō, 36-37.

③ 一群来自帝国军队的激进中间阶层随第一师的部队进入了首都，杀死了内阁成员，要求任命更有同情心的政治领导人。Gordon, A Modern History of Japan, 196-198。

④ 阿川，"阿川接受本书作者的访谈", 2007 年 7 月 20 日。

部门间的紧张关系等所有一切的理解，有力地促进了他对于山本大将生活的诠释。阿川发现他的研究物有所值，特别是涉及战争发生的原因分析，以及海军高级将领在反对与德国及意大利组建三方同盟(1940 年 9 月 27 日)中所起的作用。① 在该书中，阿川支持山本大将及其温和同僚们(所谓条约派成员)的立场，强调陆军应该为 20 世纪 30 年代日本走上黩武之路负责。阿川借用山本最亲密的下属及门徒井上成美海将补的话来表达了这一思想：

> 井上在任参谋长(横须贺镇守府)时，就清楚地看出，海军内外的事态正朝越来越坏的方向发展。甚至在海军军官之间，人们都在试探彼此的口风，以弄清楚他们到底是属于"舰队派"还是"条约派"，这种立场问题他们只会吐露给自己最亲密的朋友。井上开始感觉到，有必要采取相应的预防措施，一旦出现突发情况，需要从横须贺派遣足够人手去保卫海军省。陆军无论选择什么道路，它在东京都有足够多的部队供自己使唤，但海军在那儿没有现役分队。②

在阿川眼里，山本已经将海军领导层的优点及局限性进行了归纳。在1940 年 9 月的一次会议上，海军大佬们不得不就《三国同盟条约》统一立场，山本表达了反对的立场，但却不是基于原则问题，而是基于被这位小说家兼传记作家称为"大将的职能"：

> 我丝毫不想反对海军大臣已经做出的决定。但是，有一点使我颇感担忧，因此想征求你们的意见。根据内阁规划局有关物资调配的计划——因为到去年 8 月前我还是海军副大臣——所有物资中 80% 的供给需要经过英国或美国的控制区。签署《三国条约》无疑要造成这方面的损失，因此我想让你们很清楚地告诉我——因为我希望能轻松地履行联

---

① 阿川，"阿川接受本书作者的访谈"，2007 年 7 月 20 日。

② Agawa, The Reluctant Admiral: Yamamoto and the Imperial Navy, 100.

合舰队司令的职责——为了解决所造成的物资不足问题,在物资调配上已经做出了哪些调整?①

虽然阿川并没为海军没能阻止新的政界与军界同盟的形成开脱罪名,但他对山本立场的最终评议充满了对其遭遇困境的同情,因而让人备受激励:

如果山本以辞去联合舰队总司令相威胁来极力反对《三国盟约》,其结果极有可能造成另一场国内动乱,其严重性甚至超过有名的"二二六事件"。山本自己经常重复的一个观点是,国内革命本身不会葬送国家,至少会比与美国兵戎相见要好。但他本人也有可能命丧黄泉。也或许,山本以辞职相威胁可能会受到一部分人的欢迎甚至毫无异议的接受,这样他就会被放入预备役名单,并在战争的巨浪向他席卷而来的时候保持非在役状态。当然,以上两种想法都纯属假设。

事实上,山本一直在担任联合舰队司令官一职并不得不开始思考海军如何发动对美作战,因为美国正在快速成为一个真正的威胁。如果该战争真的发生,日本没有胜利的希望,也不会很快实现有利于日本的和平,除非日本采取一些不同寻常的措施。②

在阿川看来,该局面没有理想的解决方案。阿川似乎将海军从技术层面来极力阻止战争的思路与最终它从同样层面来准备战争的思路联系了起来。在完成了山本的传记之后,阿川感到海军的内部斗争值得更多的关注,所以他继续对官员中反轴心国派进行研究。他最终撰写了另外两位核心代表的传记:米内光政大将(1978 年出版)及井上成美大将(1986 年出版)。这两本著作都强调了以下观点:海军内部在战争问题上一直有分歧,条约派在从政治上阻止战争的过程中一直遵循海军传统,但一旦战争打响便毫不犹豫地投入了

① Agawa,The Reluctant Admiral:Yamamoto and the Imperial Navy,188–189.
② Agawa,The Reluctant Admiral:Yamamoto and the Imperial Navy,192–193.

战斗。阿川的表达方式与伊藤并无二致,他也赋予了海军一个"人面",以诠释其在决定参加战争的过程中所发挥的颇具争议的作用。阿川的目的是想借此来凸显海军职业道德观在别无选择时做出血拼到底的决策过程中所发挥的重要作用。

　　将日本海军历史人性化并激起日本民众对海军传统的认同是阿川在另一本重要著作中进行进一步探讨的主题。1975 年,除了撰写了两位大将的传记外,阿川还出版了一套两卷本晦涩难懂的非小说类作品,其内容关涉长门号战列舰(是大和号服役之前山本的旗舰)的历史。在这部著作中,他使用了之前"私小说"中常用的引人入胜的表现风格,探讨了长门号战列舰的战斗生涯,它标志着日本在东亚影响力起伏不定的过程。① 该书使用的表现手法旨在从舰上官兵的视角讲述一段日本历史,甚至可以将它视为"哀悼并歌颂亡者"的一种方式。这种文体方式的选择令人想起了吉田满所著、极受欢迎的《战舰大和的最后》。② 如同阿川之前和之后的著作,该书取得了令人咋舌的成功。进入 20 世纪 80 年代以后,民众开始怀念日本过去典型的价值观,希望海军的传统、见多识广及精明老练等品质能得以尊重,而阿川则成为助推他们的理想得以实现的使者。③

　　在 20 世纪 60 年代晚期及 70 年代,阿川的海军故事因其清晰易懂的散文风格及适度的道德说教对于越来越以消费者为导向的社会具有极大的吸引

---

　　① Nagato 战舰 1917 年在 Kure 造船厂动工制造,1919 年被任命服役,1936 年经历一次重大整修后,在整场战争中作为联合舰队的旗舰服役直到 1942 年 2 月。Nagato 最终于 1946 年 3 月在美国比基尼环礁原子弹试验中沉没。Hiroyuki Agawa,Gunkan Nagato no Shōgai。

　　② Yoshida 的书在 1946 和 1948 年都被审查,只在 1949 年出版了删减版,完整版直到占领结束才出版。Dower,Embracing Defeat,416。

　　③ 应朋友之邀,Agawa 成为一个知名国际咖啡品牌 1982 年在日本广告的代言人。在短短的宣传片中,他作为海军军事作家的声誉以及作为前海军军官的专业经验(由两幅卡通画面强调,一个是两个日本帝国海军军官在喝咖啡,另一个是作为训练的一部分,一群水手在小型武装快艇上奋力划行。)都是"证明"产品特点的关键。由传统口味提供的复合口感、高等品质(源于全球顶级咖啡豆的混合)和令人精神振奋的能力是这则广告试图传达给潜在客户的产品特质。这则广告发布在网络上,http://www.youtube.com/watch? v=Xl0dMaNaKl4,于 2008 年 7 月 27 日访问。

力。读者喜欢阅读高质量的文学作品,但对那些全面批评日本过去战争问题的观点兴趣不大,阿川的风格完美地迎合了他们的偏好。① 更关键的是,通过重点描述海军领袖中反战派(山本、米内及井上组成的"铁三角")的所作所为,阿川对过去进行了正面的叙述。其中,他构建了一个"传统"与"现代"组成两端的连续体,突出强调了两次世界大战之间日本国内存在的自由、反军国主义的态度。② 他的著作是当时普通消费者最理想的读物:他们基于充分的研究,文笔优秀,充满戏剧性,主题引人入胜,向国民呈现有血有肉、有情有义的英雄以及该时代现实中经常出现的进退两难的境地,而之前的作品只是一味地将现实描写成十分黑暗。阿川的作品与诸如司马等其他同时代文学大师的著作一起构成了一个文学连续体,关于海军后者也表达了相似的观点,但主要关涉明治时代早期的事件。

1967 年,阿川因其《山本五十六》一书而获得了另一项著名的文学奖,即第 13 届新潮社文学奖。他对大将的刻画给了黑泽明极大的启发,后者于是开始考虑将山本这个人物推向银幕,后来在 1970 年就有了美日联合制作的电影《偷袭珍珠港》。1979 年,讲谈社国际出版社将该书翻译成英文进行出版,销量颇为可观。据报道,该社编辑"自豪地"将该书列为该公司 20 世纪 70 年代畅销书之一。③ 自出版以来,《山本五十六》一直是有关这位日本大将及畅销小说作品必列的参考书目,虽然后来学术界对阿川将山本归入"条约派"的结论及他对该大将的战略选择的同情有了更为客观的看法。④ 中途岛战役长期

---

① Shimazu,'Popular Representations of the Past:The Case of Post-war Japan',112.

② 在 20 世纪 70 年代,日本大众文化出现一个日益增长的趋势,即强调过去与现在的连续性。在这方面最有趣的例子之一便是日本国家铁路宣传活动"发现日本"。这被称为是日本历史上最大且持续时间最长的广告运动之一。它的初衷是通过推广传统农村地区和现代发达的城市地区之间连续性的理念来促进环日本旅游。Ivy,'Formation of Mass Culture',251-252.日本1960—1980 年的社会变化概述参见 Gordon 的 A Modern History of Japan,264-269,304-309。

③ Fowler,'Rendering Words,Traversing Cultures:On the Art and Politics of Translating Modern Japanese Fiction',15.

④ Asada,Culture Shock and Japanese-American Relations,134-135;Asada,From Mahan to Pearl Harbor,150-151;Hata,'Admiral Yamamoto's Surprise Attack and the Japanese Navy's War Strategy',68-69;Aizawa,Kaigun no Sentaku,10.

研究专家乔纳森·帕歇尔及安东尼·塔利充分领会到了该著作的优点。他们指出,"如果你想了解山本五十六大将",《不情不愿的大将》一书值得一读。①

对阿川海军著作普遍感兴趣及其文学成就的认可一直延续至 20 世纪80、90 年代。1987 年,他的《井上成美》一书获得了日本文学奖;2007 年,他获得第 55 届菊池宽奖。1999 年,他对日本当代文化文学做出的终身贡献终于获得了最大的认可,他获得了日本文化勋章,这是日本官方授予人文学科最有名的奖章,由日本天皇在"文化节"(11 月 3 日)当天亲自授予。② 阿川作为海军编年史家正式成为日本战后知识界这一风景中的奥林匹斯山。

作为前海军初级军官,阿川努力将海军描绘成一个人面机构,准备撰写知名大将们传记及舰员活动使他经常与前军官同僚及海军将领们一直保持联系。这些互动使他的叙事里充满了基于个人经历的故事及回忆。实际上,在撰写井上大将的两卷本传记时,阿川具有独特优势,因为他与这位大将相处了相当长的时间,当面聆听了他的自述。这一点颇为难得,因为井上大将在战后不参加社会活动,不想提及战争岁月。③ 在此方面,阿川是个例外,他与大将进行了多次交谈。④ 阿川的朋友中有些是亲英语国家派系中曾经声名显赫的老兵,而且这些军官培养了许多日本海上自卫队的第一代领导,这使得阿川与这些领导有了较为亲密的关系。⑤

阿川尚之与过去及现在的海军

至 20 世纪 80 年代后五年,诸如内田大将及中村悌次大将(1976—1977)

① Annotated Bibliography available at the authors' webpage, http://www. combinedfl cct. com/biblio.htm,accessed on 27 July 2008.

② The Asahi Shimbun,Japan Almanac 2004(Tokyo:Asahi Shimbunsha,2003),234.

③ 日本海上自卫队 Senō Sadao 二佐,"Senō Sadao 二佐接受本书作者的访谈",2005 年 8 月 5 日。Senō 二佐在海军军官学校时在海军大将井上指导下学习,并且在战争结束后,晚年仍同海军大将保持亲密的关系。

④ 阿川,"阿川接受本书作者的访谈",2007 年 7 月 20 日。

⑤ 阿川,"阿川接受本书作者的访谈",2006 年 10 月 24 日。

这些退休的幕僚长晚上经常有机会与阿川在东京中央地区见面。类似的场合包括为了"旷达会"的定期会晤,由阿川及两位海上自卫队大将等组织的非正式聚会以庆祝代表五角大楼的美国朋友詹姆斯·奥尔博士的每次造访①。阿川利用他的文学才华、讽刺才能及"海军精神"为这些会面精心地起了名字。汉字"淡"在日语中与英语姓氏"奥尔"的读音相似,如果再将它叠用起来"淡淡"意思就是"对生活保持豁达的态度",这个术语正好表达了日本海军军官典型的生活态度,即"埋头工作,从不张扬"。考虑到这个非正式小组大部分成员的天性及背景,阿川所取的这个名字非常合适。② 其他参加会晤的还有海军大尉(后晋升为海将补)川村纯彦、《朝日新闻》记者佐佐木吉田纪,以及后来的美国海军少校托克尔·劳埃德·帕特森,他在 1988 年替代了奥尔博士作为五角大楼在日本的协调官。③

但是,时光荏苒,阿川参加这些社会活动的频率越来越小,但是他努力确保这个家庭传统能成功传承给他的儿子。阿川尚之在美国一直生活到 20 世纪 90 年代初,1984 年毕业于乔治敦大学法律专业,后在一家美国律师事务所工作。只是在 1991 年回到日本后不久,他才开始替代他父亲参加"旷达会"活动。尚之在美国时就已经认识奥尔,因此他一造访日本就邀请尚之前来参加这些社会活动。

尚之通过父亲的著作及个人经历对海军已有所了解,他对日本海上自卫队大将们的学识印象深刻,与他们的帝国先辈不同,这些海自大将们的姓名并不为大部分日本人所熟知,④这一点在小阿川参加一些海上自卫队的公共关

① 从 1979 年 4 月至 1988 年 9 月,美国海军指挥官 James Auer 在国防部办公室被委任为日本舰面军官。在 1983 年他从美国海军退伍并且继续作为里根政府的被委任人在那个职位服役。Auer 第一次与海军大将 Uchida 相遇是在 1970 年,那时他在日本花了一年时间来为他的关于日本自卫队历史的博士论文主题进行调研,这项调研受美国海军资助且由 Edwin O.Reishauer 教授指导。这些年以来,Auer 博士一直与他的日本海军熟人保持着密切的联系。Koji Murata, 'James Auer Oral History Interview', March 1996, http://www.gwu.edu/~nsarchiv/japan/auerohinterview.htm,accessed on 20 March 2007;2007 年 6 月 30 日范德堡大学博士 James Auer 接受本书作者的采访。

② 阿川,"阿川接受本书作者的访谈",2006 年 10 月 24 日。

③ 阿川,"阿川接受本书作者的访谈",2006 年 10 月 24 日。Also,Agawa,Umi no Yūjō,9-10。

④ 阿川,"阿川接受本书作者的访谈",2006 年 10 月 24 日。

系活动时得到了证实。特别是在 1992 年,尚之受邀出席了江田岛海军兵学校的毕业典礼。① 在该仪式上,尚之被介绍给古庄幸一大佐(后晋升为大将)。② 像阿川小说里所描述的高级海军将领一样,这位军官彬彬有礼、镇定自若,尚之与他建立了非常友好的关系。在随后的数年中,古庄每次在社会活动中见到比他年幼的阿川,都一直坚持指导他,将他引荐给日本海上自卫队的官兵,并最终成为尚之在海军中最为亲密的朋友之一。③

　　20 世纪 90 年代,通过涉足海军传统这一主题,阿川尚之只是稍作调整就接过了他父亲的衣钵,因为日本海上自卫队仍然在坚持这些传统。④ 没过多久,与尚之分享其海军知识的读者就越来越多。在美国时,他就已经为日本《中央公论新社》的读者们出版了一些关于他所见证的美国法律体系的书籍。⑤ 20 世纪 90 年代中期,在日本自卫队执行它的首次海外国际行动之后,有关它的专题文章开始出现在一些周刊和月刊里。尚之受邀围绕该主题为《中央公论》撰文,其内容涉及了他与日本海上自卫队的个人交往。虽然人们对战后海军大将们知之甚少,但是,20 世纪 90 年代的海军是“20 世纪 50、60 年代那些军官所作所为的直接产物”⑥。他的观点很有说服力,因为他与很多

---

　　① 每年,日本海上自卫队的教育部门和公共事务办公室会从多个领域(包括日本媒体,大学教授,杰出的商人和外国官员等等)邀请一小部分平民来参加学院的典礼,并以此作为一种向他们介绍自卫队传统和历史的方式。日本海上自卫队 Ōtsuka Umio 舰长,“Ōtsuka Umio 舰长接受本书作者的访谈”,2005 年 2 月 24 日。

　　② 海军大将古庄幸一最终被任命为第 27 届日本海上自卫队幕僚长,并且在 2003 年至 2005 年一直在该岗位任职。

　　③ 阿川,“阿川接受本书作者的访谈”,2007 年 7 月 20 日。例如,尚之提到了在 2000 年作为特邀发言人去位于关西地区的日军海军协会分部的一次出访,在那里他得到了时任日本海军大将古庄的欢迎。那时的古庄也是位于大阪—神户区域的地区武装的指挥官。Agawa, Umino Yūjo,293。

　　④ 受邀参加毕业典礼与 Tan Tan Kai 会议没有任何关联,而是与他作为一名学者和日本外交部的顾问的角色有关。庆应义塾大学 Agawa Naoyuki 教授,“Agawa Naoyuki 教授接受本书作者的访谈”,2010 年 4 月 15 日。

　　⑤ Agawa, American Royū no Tanjō;Agawa, America ga Kirai Desuka?;Agawa, Daitōryō wo Uttaemasuka?。

　　⑥ 阿川,“阿川接受本书作者的访谈”,2006 年 10 月 24 日;阿川,“阿川接受本书作者的访谈”,2007 年 7 月 20 日。

军官见过面，能对他们的所作所为做出有意义的评述。

在那之后不久，尚之就开始进行访谈，为该杂志撰写一些有关海上自卫队关键人物的文章，其中包括内田及中村大将。他描述了大将们的战争经历，帝国海军的失败，战后时期武装部队地位的改变给他们生活带来的影响，以及他们试图改变不利于安保及军队事务的社会大环境的意愿。在日本海上自卫队工作期间，他们没有打过仗，但这并不意味着他们的努力不再重要。他们开始了一场不同的战斗，不一定有报道价值，但同样重要。阿川后来借用了内田大将的话，以强调日本海上自卫队的日常事务就如同排练一出戏剧，因为：

> 对于士兵及水手们来说，可以说，每天的生活就如同排演。每件事——训练、执行纪律、学习、锻炼及检阅——都是为突发事件而演练。但是，不管排演多么艰苦，它与实际作战截然不同。首先，你不是处在枪林弹雨之下。对手、武器、战场及朋友每次都不相同——无论你排演得多么艰苦，都无法确保能夺取战争中的胜利——在此方面，它与戏剧完全不同。①

为了重建日本"已完全毁灭的"海军精神及实力，他们殚精竭虑，不断从诸如山梨大将这样的退休官兵那里获得激励及指导。② 战争中暴露出的劣势告诉他们，他们肩负着重要的使命，即保护国家海上经济利益。为了实现该目标，日本海上自卫队与美国太平洋部队建立了密切的联系。在整个冷战期间，相互尊重不仅一直维系着美日海军伙伴关系，也证明了——在阿川看来——日本海上自卫队的专业素质以及他们使命的神圣。③

这些文章在民众中产生了良好的反响，杂志社收到了来自退休水手及军官——自然，他们中的有些人针对报道中的叙述提供了反馈——和一些业余

---

① Agawa, Umi no Yūjō, 49.
② Agawa, Umi no Yūjō, chapters 2–3.
③ 阿川，"阿川接受本书作者的访谈"，2007 年 7 月 20 日。

读者们的信件,他们都认为文章中所叙述的故事不同凡响、引人入胜。① 这些都是日本战后发生的被人遗忘的小故事。1997 年,《中央公论》最终给阿川两年时间以完成他的学术研究并将之前业余时间的努力成果转化为书稿。2001 年,最终成果出版,由于该书的主题有利可图,它在市场上获得良好的反响。至 2010 年春,该书已售出 2.7 万份,成为《中央公论》当时广泛发行图书系列中的一个巨大成功。② 日本海上自卫队对该书也很满意,将其规定为海军兵学校后补军官的必读书。通过将人面赋予日本海军以及将帝国海军与战后的海上自卫队相挂钩,小阿川成功地继承了他父亲的遗产。正如内田大将后来在给阿川的信中写道,当他成为一名海军大将及海军幕僚长的时候,还只是一个"默默无闻的人",但当人们读了阿川的书后,他就成了"一位名人"。虽然略带讽刺口吻,但他还是很高兴地指出,"得到业余者们在专业上的认可,他感到十分荣幸"③。

结　　论

回首往事,以上三位作者著作的主题都极富商机,都是以海军为主题,因而意义重大。虽然他们有不同的专业追求,但他们都将时代潮流与论争进行了完美的结合,向读者提供的真知灼见具有极大的吸引力。伊藤是他那个时代的军事记者,为日本的顶级媒体机构工作了半个世纪。阿川弘之一直是为人称道的小说家,他的作品发表在最著名的杂志上,发行时出版公司都会用最好的形式进行包装。他儿子尚之从父亲的交往及经历中收获了很多,通过诠释帝国海军的精髓如何在战后日本得以传扬,努力帮助树立日

---

① 阿川,"阿川接受本书作者的访谈",2006 年 10 月 24 日。

② 阿川尚之教授在 2010 年 4 月 25 日发邮件给作者。以西方的标准来衡量,这些人物可能听上去让人印象深刻,但是他们不具备在日本图书市场上成为畅销书的资质。但是必须被指出的是它是一个成功的商品,因为它成功经历了二次修订(第一次修订包括了 15000 本副本)。并且,考虑到日本出版业的稳定下滑,它仍然保持着稳定的流通量。

③ 阿川,"阿川接受本书作者的访谈",2006 年 10 月 24 日。

本海上自卫队在公众心目中"好海军"的形象。总的来说，这些作者的著作属于同一文学体裁，被外界称作"讲谈社文化"（讲谈社支持该出版形式）。他们的作品寻求建立一种"基于辉煌过去之上的新文化"并将其融入日本的日常生活领域。①

这种辉煌过去融合了诸如献身、效忠、责任感这些日本传统价值观和思想开放、技术精湛等西方特色。从这个意义上讲，日本海军是传统和现代的共同产物，有关此话题在战后军队故事叙述中占了很大篇幅。特别是，伊藤和阿川的叙事涵盖了海军的方方面面，从高级领袖东乡、山本、米内及井上，到偶像级战列舰"三笠号"及长门号，到特攻队应征入伍士兵。它们将海军描述成一个既强调基本职业准则又不乏人类困境的有血有肉的机构，使读者既能重点关注它的所作所为又能理解它所有的过失。② 在此过程中，他们成功避开了不加批判、认错式的言说，并不忌讳对海军的一些行为进行讽刺和批评。阿川小说中的一段话特别能证明这一点。面对残酷的训练，《云之墓》中一位年轻的飞行员主人翁这样说道：

> 我不知道历史将如何记载帝国海军以及人们在海军兵学校所接受的教育和所灌输的（所谓的）爱国主义牺牲精神。未来对这一切会有何评判，我一无所知。但是，"长官的命令毫无疑问就是天皇陛下的命令"，这一准则已经多少次被轻松地用来作为自私自利行为的口实啊！③

凭借上述叙事，阿川尚之的事业得以成功发展。在记述第一代日本海上自卫队高级将领（皆为前帝国海军老兵）故事的过程中，他诠释了这些故

---

① Dower,Embracing Defeat,175-177,186.有关 Kodansha culture 作用的概述，也可参看 Maruyama,Thoughts and Behaviour in Modern Japanese Politics,304,307-308。

② 值得注意的是伊藤和阿川都没有详细说明 IJN 的主要的战略上的担忧，即日本海军缺乏适应持久战的灵活性，这一点在它未能及时地组织适当的护卫舰上得到了证实。

③ Agawa,Burial in the Clouds,217.

事如何在战后海军中得以流传。20 世纪 90 年代,有关海上自卫队题材读物的市场需求不断增长,阿川的小说审视了日本两个不同时代海军间的关系,佐证了它们之间一脉相承、代代相传的联系。在此过程中,从陆海军退休的高级军官给了他关键性的帮助,提供了查阅资料的便利,这是非军方研究者一般都无法享受到的。长时间访谈、在水交会的聚会、出席庆典仪式或非正式会议都为尚之打开了洞悉两个时代海军团队精神的大门。在不违反安全制度的前提下,两个时代的海军军官们倾诉着"他们的"故事,大多数故事都是围绕海军温和派展开的。他们的叙述并非涉及海军的所有层面,而只能展示"好海军"的那些层面,即能突显海军真正职业精髓的那些故事。

21 世纪初的一份很有影响力的安保文件揭示了上述有关帝国海军叙事的更大意义。"9·11"恐怖袭击发生后,小泉首相曾授命一个非军方机构负责起草有关后"9·11"时代安全环境下改革日本防卫立场的政策建议报告,在该报告的前言里,东京电气公司顾问荒木弘主席这样写道:

> 　　根据阿川尚之的观点,被称为日本"最后一位帝国海军大将"的井上成美强烈反对海军总部提出的用于建造多艘大型战列舰的庞大预算请求,他声称海军试图"用明治时代的军备打一场昭和时代的战争"。井上坚持要将空军并入海军。在主持本机构会议时,我一直对上述故事记忆犹新。我们无法知道,如果井上大将还活在当下时代,他会提出何种建议,但是,我想指出,在应对 21 世纪安保问题时,软实力变得更重要了。虽然拥有足够的硬实力是必要的,但只有与可靠的情报及优秀的管理技能相结合时,硬实力才能有效地发挥作用。①

本章的结论是,帝国海军不再只是历史,它已进入公众的记忆。问题是:

---

①　The Council on Defence and Security Capabilities,The Council on Security and Defence Capabilities Report:Japan's Visions for Future Security and Defence Capabilities(Tokyo,October 2004),1.

日本海上自卫队是如何以史为鉴的呢？

图 3.1　破碎的舰：1954 年的三笠

图 3.2　新的开始：1959 年的三笠

图 3.3 昭和天皇访问三笠博物馆

图 3.4 皇室明仁王子访问三笠博物馆

第四章 经验与遗产:新海军教育

我希望,在海外执行任务的所有人员不会过度兴奋,能潜心履行自己的职责。我坚信,他们有能力不折不扣地完成交给他们的任务,展示日本海上自卫队的实力。该实力源自成年累月的训练以及不断得以传承的帝国海军传统。他们的成功将成为日本的重要财富。①

——日本海上自卫队古庄幸一大将

（第 26 任幕僚长,2003—2005）

你认为,日本帝国海军与日本海上自卫队之间的主要区别是什么?
名称不同。②

——日本海上自卫队一位匿名少校

（海军干部学校指挥及干部班）

日本既清高又传统的水兵

2003 年,日本放送协会出版了一本极富开创性的著作,披露了在日本自卫队建立之前一些鲜为人知的事件。该书基于一部电视纪录片,涉及日本海上自卫队的一次咨询工作。与该部纪录片一样,上述著作探讨了战后军队建

---

① Admiral Kōichi Furushō, CMS, JMSDF, 'B ridge to Babylon', in Shibata, *Arabia no Umi*.

② Namae nomi(名前のみ). Answer to questionnaire A(Appendix A), 20 August 2005.

设的历史环境及其对自卫队三个不同军种机构文化建设的影响。书的作者用直白的语言指出，虽然日本的军事机关正遭受慢性"动脉硬化症"的痛苦，但日本军人仍在"精心准备"以履行宪法赋予的自卫职能。人们给予了航空兵"英勇无畏"的别称，旨在取笑该机构"因没有任何战前传统及使命①而与其他两个机构迥然不同"。更重要的是，在三个兵种中，只有水兵们在专业上与战前前辈们联系紧密。在日本海上自卫队里，水兵们因其"保卫着记忆中的帝国传统"而自视清高——古庄大将也赞同这一观点。海上自卫队对此也推波助澜，非常急切地要证实下述观点：当代水兵与其先辈们之间的紧密联系不仅激发了他们的自豪感，给予了他们归属感，也为他们提供了向更多民众展示自己的途径。

本章将研究这一观点，并将详细探讨日本海上自卫队是如何将帝国海军经验建构成一种历史遗产，以帮助其塑造自身的职业身份的。在教育及训练中，海上自卫队利用帝国海军在 19 世纪与 20 世纪之交首轮考验中所展示的实力来建立道德价值观及职业标准，并证明其有关海军在国家防卫中地位的设想是言之有理的。在教育机构及战船这些具体场所，海上自卫队领导选用了一些强调团队精神及水兵技术的专业术语并不断进行相关练习，这种方法与帝国海军并无二致。帝国遗产的重要性主要表现在两个方面：它是确定海军职业身份的必要工具；它有助于使海军人士——尤其是海军军官——有别于其他军种里的同行。在更高层次的军队教育里，除了对帝国传统进行进一步整合外，也对太平洋战争经验进行了批判性分析，称这些经验"是前进道路上的陷阱"②。

作为序幕的过去：一所旨在培养绅士军官的学校

1952 年，日本将重建某种形式的军事机构这一事实开始浮出水面，"日本

---

① NHK Special Selection, *Kaijōjieitaiwa Kōshite Umareta*, 32.

② Corbett, 'The teaching of Naval and Military History', 15.

安保队"（日本自卫队前身，一个准军事机构）教育体系设计工作成为政府官员需要优先考虑的任务之一。① 在战前时代，军官教育完全处于帝国陆海军的控制下，所以日本政治当局将此视为一个亟待解决的问题。对于吉田首相来说，帝国军事学校——特别是陆军的——培养了一批批效忠帝国、专攻某一特定领域的精英分子，他们倾向于支持那些仅基于各自军种预算利益而非更大战略视野的军事政策。② 作为前海军大臣（1937—1939，1944—1945）及首相（1940 年 1 月至 7 月），米内光政大将是一位德高望重的军官，他也同意上述观点并指出，20 世纪 30、40 年代不同军种间的不和源自军官们所接受的教育存在很大差异。陆军给官兵们教授的"仅仅是战争而已"，目的是使其军官有能力应对战场上战术及作战两方面的挑战。由此，与他们的海军同行相比，陆军军官在国家战略及国际事务上没有那么宽广的视野。③ 最近的学术研究成果表明，上述海军大将的观点低估了 20 世纪 30 年代后五年海军内部存在的中级军官层"过于激进化"的问题。④ 但是，诸如野村吉三郎、保科善四郎及山梨胜之进等前海军高级军官在战后初期的建设性行为似乎都证明，米内对两种教育体系存在差异的评判是正确的。

战前军官阶层弥漫的精英主义帝国气质、不同军种间缺乏交流以及对军人职业的狭隘诠释凸显了战后军人教育不得不解决的一系列问题。⑤ 吉田首相对此感受颇深。在此方面，他从占领当局得到了相当大的自决权。因此，他认真设计出了一套体系，旨在培养一批批"教育良好、训练有素且积极主动"的军官队伍，这些军官还必须将自己视为国家社会集体中的有

① 1952 年，随着同盟国结束对日本的占领以及《和平条约》和《安全条约》的生效，1950 年成立的警察预备队被改编为日本保安队。这个新成立的机构也包含了海上警备队。1954 年，《防卫厅设置法》及《自卫队法》的实施将日本的警察预备队改名为"自卫队"。Japan Ministry of Defence（JMoD），*Defence of Japan 2007*，158–160.Maeda，*The Hidden Army*，1–79；关于海上武装力量，可参见 Auer，*The Post-war Rearmament of Japanese Maritime Forces*，69–89。

② Yoshida，*The Yoshida Memoirs*，9–10.

③ United States Strategic Bombing Survey（USSBS），*Interrogations of Japanese Officials*，330–331.

④ Asada，*From Mahan to Pearl Harbor*，166–169，213–214，220–221.

⑤ Shizuo Nakamori，*Bōei Daigakkō no Shinjitsu*，28–29.

机组成部分。① 他希望这些军官们能深刻领会以下观念:在当代社会里,国防的含义已超越了保卫国家免遭传统威胁的范畴,它还必须包括创造必要条件以确保公民能享有自由、成功及幸福。吉田希望帮助国家武装部队为保卫日本人民及其福祉做好充分准备,而不是仅限于执行帝国军队领袖所发出的命令。② 文职教员及管理者也必须确保上述理念能在候补军官学校得到贯彻。

上述因素造成了日本战后军队教育体系中最关键的差异。1952 年,防卫大学的建立③标志着负责战后军官队伍教育的初等学校开始由文职人员主管。吉田的建议在理论及实践上都产生了巨大影响。例如,在学校的选址上,最初的想法是将其建于江田岛海军兵学校的旧址上。吉田发现这种想法并不明智,因为该地离东京路途遥远,很难确保称职的专业教员们愿意在那工作。他还认为,在首都附近建校能帮助学员通过接触当代国内外社会从而提高他们对各种世界观的领悟能力。④ 学校最终选址横须贺,因为它能满足以上所有要求。该市既适合陆上及海上训练,又能提供一个安静环境,使学员能专心进行专业学习及实践。⑤

防卫大学的建校理念基于日本顶级地方大学的开明思想。没有人比第一任校长槇智雄更胜任校长这一职位了,他曾是庆应大学的政治学教授。二战前槇在牛津大学学习,回国后成了一名极富魅力的教师以及具有一定管理经验、富有启发力的演说家。⑥ 他赞同吉田的观点,即不应该将候补军官培养成

---

① Auer,*The Post - war Rearmament of Japanese Maritime Forces*,203;Maeda,*The Hidden Army*,53.

② Nakamori,*Bōei Daigakkō no Shinjitsu*,24-25.

③ 1953 年,保安大学改名为防卫大学。学术活动开始于同年 4 月,第一批学生于 1957 年 3 月毕业。Matsumoto,'"Bōei Daigakkō GoJū Nenshi"wo Yonde',1.

④ Yoshida,*The Yoshida Memoirs*,190-191.

⑤ Matsumoto,'"Bōei Daigakkō GoJū Nenshi"wo Yonde',5.学校坐落于横须贺市东部的山腰上,使游客及当地人有一种远离喧嚣城市的感觉。该地区交通方便,直至今日,几乎所有教员每天都要乘车往返于学校与东京及横滨之间。Kawano Hitoshi 教授,"Kawano Hitoshi 教授与本书作者的谈话",2005 年 9 月 5 日。

⑥ Nakamori,*Bōei Daigakkō no Shinjitsu*,26-27.

战争机器,而是"能在社会任何地方独当一面的一流公民"①。这是一个很务实的目标,由于学校毕业生不是都得进入日本自卫队,因此,在教育质量上它不得不与其他地方院校进行竞争。② 对于防卫大学来说,证明其教育方法能在以下背景下体现出它的价值是很重要的:大约5%的毕业生选择去地方或其他公共管理部门工作。③ 战前军队院校灌输的精神教育在以科学及工程学为核心的课程设置里很难有足够的空间,因为其目的是培养学员的理性思维能力。为了实现这一目标,学术部采用了类似于东京技术学院一样的标准。实际上,在学校建立之初,理科教学差不多占了整个四年在校学习近一半的时间,④其他时间用于身体锻炼、学习军事事务、校规校纪和行为规范。⑤ 据报道,槙曾寻求井上成美海将补的建议,后者提倡首先将候补干部培养成"绅士"。⑥ 海将补的观点与槙不谋而合,为了培养"绅士"精神,他设计并实施了一个有争议性的措施。在年末庆祝会上,他组织了一场正式舞会。槙认为,这将能促使学员在地方环境下锻炼自己的社交技能。在年度舞会计划刚刚启动时,包括辻政信在内的一些前帝国陆军军官对其极度鄙视,但是它仍然得以举行,并继续为年轻的候补军官们提供宝贵的成长经历。⑦ 槙的理念中浸染着

---

① Maeda, *The Hidden Army*, 56.

② Prof Nishihara Masashi, interview with the author, 29 June 2007.日本前防卫大臣中谷元是该大学毕业生的一个典型范例,他从日本陆上自卫队退役后,开启了作为一名公务员的职业生涯。

③ 几十年来,拒绝加入日本自卫队的毕业生数量保持在每届20名左右。2007年,只有10名毕业生未去军队服役,但在2008年,未前去服役的毕业生达到了10年来最多的26名。造成这种上升趋势的部分原因是一些日本防卫厅高级官员相继卷入丑闻及2008年2月一艘日本海上自卫队驱逐舰与一艘渔船相撞事件。Editorial Department, 'Academy Grads Told to Repair SDF Image', *The Japan Times*, 24 March 2008。

④ Maeda, The Hidden Army, 58; Auer, The Post-war Rearmament of Japanese Maritime Forces, 204-205.

⑤ 仍然十分注重自制力、彬彬有礼及出众的外貌。Masashi Nishihara, 'Gakusei yo, Iyoku wo Motte, Jōnetsu wo Moyase', 21。

⑥ Maeda, *The Hidden Army*, 56.After the war, Admiral Inoue retired in his house inYokosuka.

⑦ 据说,有一位名叫Colonel Tsuji的国会议员,曾经在学校开始这项活动时,在第一次正式舞会上进行捣乱,他骂参加舞会的人软弱无能、沉迷女色,根本不配做军官。后来,槙不得不为组织这次舞会提供一个正式的解释。Nishiharai教授,"Nishihara教授与本书作者的谈话",2007年6月29日。

"位高则任重"的色彩，意思是，随着学员们的知识水平及个人成熟度的增加，他们的责任感也随之增强。① 槙在防卫大学长期任校长（1952—1965），留下了许多宝贵的经验。实际上，尽管槙有一些诋毁者，但他的所有七位继任者几乎都试图延续他的理念，包括最杰出的自由主义政治学家猪木正道（1970—1978）以及后来的西原正（2000—2006）。②

日本自卫队的军队身份是在 1961 年 6 月所执行的理念中得以确定的，③这再次体现了防卫大学所提倡的民主精神。《事实上》一文替代了《军人敕谕》为军人职业提供了基本准则。④ 起草该文件的研究人员的主要目的是要消除一切帝国意识形态，并将国家和平及独立作为其核心内容。⑤ 必须将民主理想和武士道价值观融合起来，要求军人将自己与"日本人民"联系起来，并"以无私地服务民众为傲"⑥。在履行自己职责的过程中，军人必须遵从以下准则：通过严于律己求得个人发展。该原则进而会加强团队精神并提高国防"核心使命的意识"⑦。

在过去的几十年，培养防卫大学精神要求不断更新课程设置，以保持适当的学术标准。1960 年，在防卫部门的要求下，大学对起初以理科为重的设置进行了重新思考，以引入人文学科的学习。⑧ 这种要求反映了试图在专业学习与军事教育（即该校学者们所归纳的"雅典的学术精神"与"斯巴达的军事

---

① Nakamori,*Bōei Daigakkō no Shinjitsu*,67-68.

② Nishiharai 教授，"Nishihara 教授接受本书作者的访谈"，2007 年 6 月 29 日；Tadokoro Masayuki 教授，"Tadokoro Masayuki 教授与本书作者的谈话"，2008 年 5 月 28 日。也可参看 Nakamori,*Bōei Daigakkō no Shinjitsu*,62-98,在该书中，作者将槙所造成的长期影响称为"槙主义"。

③ 该文章的英文版发表在日本防卫厅的 *Defence of Japan* 2007,584-586.

④ Bōōei Kenkyūkai,Jieitai no Kyōiku to Kunren,46-60

⑤ Bōōei Kenkyūkai,*Jieitai no Kyōiku to Kunren*,57.有关日本自卫队道德观的早期评价，参看 Osamu Inagaki,'Jieitai Seishin Kyōiku',142-152;该文章的英文版 'The Jieitai:Military Values in a Pacifist Society' 出现在 *The Japan Interpreter*,1-15。

⑥ JMoD,*Defence of Japan* 2007,585.

⑦ Bōei Kenkyūkai,*Jieitai no Kyōiku to Kunren*,12-13. Also,JMoD,*Defence of Japan* 2007,585-586.

⑧ Matsumoto,' "Bōei Daigakkō Go JūNenshi" wo Yonde',6.

文化"①)之间实现平衡所带来的困境。因此,一方面要求向未来军官灌输武士道精神;另一方面公众担忧过分强调这种精神可能会导致军国主义。很多年以来,这两种力量相互制衡。② 1974 年,防卫大学终于开设了一个人文社会学科学位点。四年总计军事训练的时间从 1428 小时下降至 1005 小时,使学术活动成为了教育中的重头戏。③

　　至 20 世纪末,防卫大学拥有了六个系,④一批本科及硕士点(2001 年建立了博士点)。教授的课程涵盖了航空电子学、化学、工程学、语言、防卫研究、军事社会学以及国际发展学。⑤ 这样,每天的作息时间安排非常严格,六点半起床,十点半"熄灯"就寝,白天可供支配的时间都安排在固定时间段。⑥ 在多次私人谈话中,该校毕业生都表现得能说会道、思维缜密,展现出他们非常透彻地理解了所学科目领域的知识。⑦ 这并不意味着,知晓毕业时工作无忧、要求苛刻的课程大纲以及严格管制的生活不会对学员的学习态度产生消极影响。⑧ 但是,一旦步入社会,这些候补军官们的教育背景及行为举止都能达到槇校长最初设定的严格标准。

---

① Matsumoto,'"Bōei Daigakkō Go JūNenshi" wo Yonde',12–14. Also,'Bōōei Daigakkō de Naniga Manaberuka',10;Nishiharai 教授,"Nishihara 教授与本书作者的谈话",2007 年 6 月 29 日。

② "三箭作战计划"事件促使了全国有关日本自卫队军事身份的辩论得以不断进行。1965 年 2 月,国会一名社会主义党议员 Okada Haruo 的言论激起了激烈的政治大辩论。他披露说已经掌握了一份作战演习计划,该计划声称,日本自卫队在战时将建立军政府。一些有关该计划的细节使公众有关日本自卫队的辩论又持续了 10 年。Ike Nobutaka,'Japan Twenty Years after Surrender',25–26;Inagaki,'The Jieitai:Military Values in a Pacifist Society',3。

③ Matsumoto,'"Bōei Daigakkō Go JūNenshi"wo Yonde',12.

④ 这些系是:文科及通识教育系,人文社会科学系,应用科学系,电气及计算机工程系,系统工程系,防卫研究系。

⑤ 有关日本防卫大学开设系科最新的介绍参看 Editorial Department,'Bōōei Daigakkō de Naniga Manaberuka',11–13。

⑥ 'Miccyaku! Korega Bōei Daigakkō no Gakusei Seikatsuda',14–19.

⑦ 2005 年 4 月 10 日,本书作者乘坐巡航中的鹿岛舰;2008 年 7 月 23 日,本书作者造访了鹿岛舰。

⑧ Nakamori,Bōei Daigakkō no Shinjitsu,162–168.Kawano Hitoshi 教授及 Hikotani Takako 助理教授,"Kawano Hitoshi 教授及 Hikotani Takako 助理教授与作者的谈话",2005 年 9 月 5 日。

在第二个关键层面,防卫大学的教育旨在向学员灌输与战前军事机构截然不同的价值观,即不同军种之间需要合作。从候补军官被录取那一刻起,他们就被编入了由所有学员组成的四个营中的某一排。因为到第二学年末学员才开始选今后服役的军种,这样所有排里都包括了将来会去陆军、海军及空军服役的学员。军队及地方的高官对这一体制的好处达成了广泛的一致,他们认为,它为最近实行的改革的顺利开展打下了一个长期的基础,改革的目标是实现日本军队内部的深度合作。[1]

排里的生活对于候补军官们来说非常关键。其中,学员们学会了如何同甘共苦,如何与其他营、排进行竞争,不管他们未来去哪个军种。所有人都参与了联合项目,体验了海上训练,学习了武器的使用,参加了诸如海上投送地面部队等联合军事演习。[2] 与各种俱乐部组织的体育及学术活动一起,上述活动确保了在四年结束时,超越军种界限、基于学员所在具体单位及个人兴趣爱好的战友情谊被逐步建立起来。[3] 在 21 世纪初,这种模式经过长期实施终于成果显著,特别是在更高机构及作战层面表现得更为明显,对于以往的毕业生们来说,长达五十多年在一起的共同经历能够弥补没有并肩作战所带来的缺憾。[4] 一位退休的海将曾是最早提倡联合协同作战的人之一,他对上述观点做出了以下概括:

> 如果我们进行一些联合作战,那么作为海军军官、矗立在舰船边的

---

① Nishihar,"Nishihar 接受本书作者的访谈",2007 年 6 月 29 日;Kōda,"Kōda 接受本书作者的访谈"2007 年 8 月 17 日;Kōda,"Kōda 接受本书作者的访谈"2007 年 8 月 17 日;日本海上自卫队海将 Ōta Fumio(已退休),"Ōta Fumio 海将接受本书作者的访谈",2005 年 4 月 28 日;日本海上自卫队 Sakuma Makoto 大将(已退休),"Sakuma Makoto 大将接受本书作者的访谈",2005 年 10 月 21 日。

② Vice Admiral Fumio Ōta,JMSDF,'Jointness in the Japanese Self-Defence Forces',57.

③ Ota,"Ota 接受本书作者的访谈",2005 年 4 月 28 日。

④ 例如,2005 年,正当他们就这次改革的细节进行辩论之际,日本自卫队的三位幕僚长正好都是之前在防卫大学时的同学。据报道,会晤在一种非常不正式的氛围中进行,对讨论的展开非常有利。这种现象并不稀罕,在一些较低级别的部门也经常出现。日本海上自卫队 Saitō Takashi 大将,"Saitō Takashi 大将接受本书作者的访谈",2005 年 9 月 2 日;Kōda,"Kōda 接受本书作者的访谈",2007 年 8 月 17 日。

我，与负责不同作战任务的另一位陆军同行，就会因为我们曾在防卫大学的共同经历而非常轻松地互相接触、互相沟通。这就是我们获得的收获。①

海军军官的造就：教育、训练及对马岛精神

战后一系列改革旨在解决战前体制中的弊端，对于身处此背景下的日本海上自卫队的先辈们来说，高质量的海军教育成了工作中的重中之重。早在1951年秋，"Y委员会"②，即一个奉命调查海军重新武装初期情况的咨询机构，召开了一系列会议来收集对海军事务及海员技术教育的要求。③ 该委员会中的前海军军官都认识到，实现教育体制的现代化是一个迫在眉睫的任务。他们都一致认为，缺乏足够的专业知识及军备创新是导致过去海军失败的关键因素。④ 20世纪50年代初，除了上述观点外，还出现了另一个强烈的意识，即空中、水面及水下作战正在经历变革，其特点是技术及战法正在得到进一步发展。⑤ 另外，为新近建立的防卫大学制定办学方针也意味着，为了使新一代候补干部顺利完成其基础海军教育，塑造一个扎实的以海军为导向的教育方

---

① 日本海上自卫队海将 Ōta，"Ōta 海将接受本书作者的访谈"，2005 年 4 月 28 日。

② 有关该委员会的议程简介，参看 Auer, *The Post-war Rearmament of Japanese Maritime Forces*, 83—86；Maeda, *The Hidden Army*, 50—52。有关该主题完整的陈述，参看 NHK Special Selection, *Kaijojieitaiwa Kōshite Umareta*, 特别是第 4 — 8 章；Sōbei Suzuki, *Kikisho*：*Kaijojieitai Shiwa*, 59—85；Masuda, *Jieitai no Tanjō*, 128—137。

③ Suzuki, *Kikisho*：*Kaijojieitai Shiwa*, 79—84；NHK Special Selection, *Kaij ōjieitaiwa Kōshite Umareta*, 139.

④ 例如，可参阅 Admiral Toyoda Soemu's comments in USSBS, *Interrogations of Japanese Officials*, 318, 325。

⑤ 在这次变革中，USN 发挥了主导作用。参看 Baer, *One Hundred Years of Seapower*, 284—313, 332—366. 有关皇家海军类似的考虑，参看 Grove, *Vanguard to Trident*, Chapters 3—6. Polmar, *Aircraft Carriers*, Chapters 2—8；Polmar and Moore, *Cold War Submarines*, Chapters 2—6。

式是不可或缺的。①

　　一个现代教育体系必须将所有因素纳入考虑之中,以便重建日本海军的职业水准。1952 年 8 月,在一直严密监管日本海军重新武装计划的美国海军当局的支持下,海军在横须贺开始正式训练,目标是达到"Y 委员会"所制定的标准。训练包括海上航行、通讯、战船维修及后勤补给、海军航空飞行以及各种战法训练:水面作战、反潜作战、扫雷以及雷达等侦察系统的使用。②

　　在帝国海军先辈借鉴皇家海军训练体系不到五十年之后,战后海军领袖又开始研究当代世界海军强国以制定海军学校的课程大纲。在美国经验启发下建立的教育体系有助于在战后时代重建一种优秀的职业水准。③ 这是日本海上自卫队首任幕僚长(1954—1958)长泽浩大将的想法。1955 年 11 月,在中山定义海将补(后来晋升为大将及幕僚长,1961—1963)陪同下,长泽浩大将访问了美国,与该国海军领导讨论了海上自卫队组建程序及整体框架,以确保新建的日本海上自卫队从一开始就拥有正确发展路线。④ 在诸如水下作战等领域,日本的专业知识已经特别过时,相关军备设施要么完全没有要么严重短缺。美国允许日本舰船上的相关人员在美国听课学习。⑤ 美国水上及水下部队访问日本海军基地时,也会给日本军官及舰船工作人员提供短期培训课程,教授最新战法及操作步骤。⑥

　　在随后的数年里,日本海上自卫队的海军教育计划要求为基础及高等教育建立两所院校:江田岛的候补军官学校及横须贺的海上干部学校。除此之

---

①　Admiral Teiji Nakamura,JMSDF(Ret.),*Nakamura Teiji:Ōraru Hisutor ī-Gekan*,226.

②　Suzuki,*Kikisho;Kaijojieitai Shiwa*,107.

③　Vice Admiral Kenichi Kitamura,JMSDF(Ret.),'The Dawn of the New Japanese Navy:The Story of a Japanese Officer's Attendance at the US Naval War College',108-109.

④　Auer,*The Post-war Rearmament of Japanese Maritime Forces*,208;Kitamura,'The Dawn of the New Japanese Navy',108-109.

⑤　例如,1955 年 1 月,9 名军官及 72 名其他低级别军官到达了新伦敦,参加为期 6 个月的学校训练项目,他们所有人都即将成为黑潮号的第一批服役人员。Tsukudo,'Kaijō jieitaihatsu no Sensuikan"Kuroshio"Kaisōki',103。

⑥　Patalano,'"If You Can't Beat Them,Join Them":US-Japan Military Exchanges and the Development of the Japanese Post-war Submarine Force,1955-2005'.

外,还建立了一些提供初级、中级及高级技术教育的海军学校。① 具体来说,1953 年和 1956 年分别在江田岛和田浦(横须贺)建立了第一和第二术科,用以培训那些需要到舰队的水面部队及后勤补给相关岗位工作的军官。② 随后在 1960 年,又建立了第三术科(位于千叶县的下总市),主要为舰队航空兵的培训及筹备提供学习课程。1975 年,在"第四个建设计划"出台之后,第四术科获准得以建立,以满足在管理、后勤及电子系统人员培训方面不断增长的需求。③

　　海军属于"技术密集型"队伍,热切希望拥有一些自己的院校,能提供既全面又最新的海军教育。日本海上自卫队也不例外,其高层领导不断强调拥有打造一流海军部队所需物质条件的重要性。④ 1969 年,内田大将指出,日本海上自卫队有责任将自己最好的一面奉献给国家,精明、能干是衡量其官兵出色程度的两个核心标准。⑤ 20 世纪 70 年代的后五年,在开始实施国家防卫大纲并制定了冷战期间的海军实力标准后,大贺大将再次重申,日本海上自卫队务必要将平台建设及训练(海上及陆上)视为确保其使命得以完成的关键因素。⑥ 冷战后,这种对提供顶级教育的不懈追求一直没有懈怠。自 1989 年至 2005 年,海上自卫队每年都派遣五六十名军官和非现役人员去国外(主要是去美国)攻读研究生学位,所学专业包括国际关系、安全或管理,以及特设的专业技术课程以提升对最新作战系统、直升机及其他各种机型的驾驶与保养、计算机技术与安全等的掌控力。⑦ 除此之

---

① JMSDF,*Kaijō jieitai Gojū Nenshi*,58-60.

② 第一所术科学校一开始坐落于田浦,1956 年当两所学校成立后,它作为横须贺学校的分校被搬到了江田岛。JMSDF,*Kaijō jieitai Gojū Nenshi*,56。

③ JMSDF,*Kaijō jieitai Gojū Nenshi*,56-57. Also,Auer,*The Post-war Rearmament of Japanese Maritime Forces*,207-208.

④ Admiral Nakayama Sadayoshi,JMSDF,*Chakuninni Saishi Kunji*,8 August 1961.

⑤ Admiral Uchida Kazuomi,JMSDF,*Chakuninni Saishi Kunji*,1 July 1969.

⑥ Admiral Ōga Ryōhei,JMSDF,*Chakuninni Saishi Kunji*,1 September 1977.

⑦ 日本海上自卫队 Ōtsuka Umio 舰长,"Ōtsuka Umio 舰长接受本书作者的访谈",2005 年 3 月 14 日。

外,还提供了一些其他定期去海外学习的机会,其中最重要的包括优秀毕业生去美国海军战争学院,或者去英国参谋学院及皇家国防研究学院参加高级职员班的学习。

旨在提高水兵职业标准的技术教育对于打造一支能打仗的海军队伍至关重要,但对于加强内部凝聚力以及献身海军的意愿还远远不够。正如防卫大学第一期毕业生、一位前幕僚长所说,战后人们对武装部队认知的改变及海军生活发展中出现的一些自然挑战(最突出的是部队在某些时段会部署在人迹罕至的偏僻地区)都给海军带来了消极影响。[①] 这些都降低了日本海上自卫队军官这项职业在年轻人中的吸引力。实际上,除了那些来自日本具有悠久航海传统地区及真正被海洋魅力所吸引的年轻人外,很多候补干部一开始在是否愿意加入海军这一问题上都有难以解开的"心结"。[②] 而且,防卫大学强调民主价值观及军种间合作的理念对海军军官职业观的形成所发挥的作用十分有限。[③]

因此,海军教育的作用在于提供"精神"教育,使海军机构人员能够培养出自己的自豪感及归属感。正因为如此,它在日本海上自卫队教育体系中一直占据着核心地位,至今天依旧如此。帝国传统中的一系列价值观及做法仍然非常适合战后海军的精神需求。在海上,对于"海军"或"自卫"队的战斗人员来说,[④]强大动力与严明纪律都能发挥同样重要的作用。对于领导及指挥员们来说,也同样如此。帝国海军在长期战争过程中形成了悠久的传统:永不言弃的作风、卓越的作战技能以及优秀的团队精神,它们是最理想的精神楷模。上一次的战败摧毁了整个国家的民族自豪感,因此,海军光荣的历史——特别是其在明治及大正时代初期的杰出表现——成为一个珍贵的精神源泉,因为它是日本的传统,与任何他国无关。鉴于此,日本民众及美国海军当局对

---

① Sakuma,"Sakuma 接受本书作者的访谈",2005 年 10 月 21 日。

② Nishihara,"Nishihara 接受本书作者的访谈",2007 年 6 月 29 日。日本海上自卫队 Ojima G.舰长,"Ōtsuka Umio 舰长接受本书作者的访谈",2005 年 3 月 14 日。

③ Nakamura,*Nakamura Teiji:Ōraru Hisutorī-Gekan*,226-227.

④ Nakamura,*Nakamura Teiji:Ōraru Hisutorī-Gekan*,227-228.

帝国海军历史的尊重,以及新海军机构的建立源自帝国海军这一事实都使上述精神楷模成为一种自然选择。

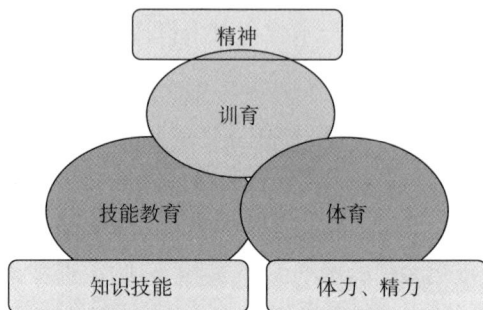

图 4.1　日本海上自卫队教育体系

来源:作者于 2005 年 3 月 14 日采访日本海上自卫队上尉,大塚海夫。

　　将帝国海军的"精神基因"注入新海军并不是要破坏新武装部队核心道德价值观中的基本原则。相反,在诠释新海军的特点时,一代代幕僚长经常使用的词汇都完全符合日本自卫队人员及防卫大学的语言风格和道德原则。1961 年,在上述道德原则付诸实施数周之后,中村大将提醒日本海上自卫队:保卫日本民众的福祉是海军存在最重要的理由。[1]　在 20 世纪 60 年代,海军舰队的有限实力严重限制了它的活动范围。但是,海军领袖坚信,日本海上自卫队对于国家的经济发展,特别是从长远来看,至关重要;必须利用此观点来激发官兵们努力完成他们的日常任务。[2]　在 20 世纪 70 年代的后五年,上述观点得到印证。当时,举国上下的政治辩论最后以国家防卫计划大纲的通过而告终,人们都期待着海军在保卫海上通道方面承担更大责任。保卫海上通道意味着保卫日本的经济命脉及国家独立,其实质事关人民的福祉。1976年,中村大将总结了战后军队系统中固有的民主价值观与海军不断变化的核心使命之间存在的象征性联系。他指出,日本海上自卫队必须意识到,正是它

---

[1]　Nakayama,*Chakuninni Saishi Kunji*,8 August 1961.

[2]　Admiral Sugie Kazumi,JMSDF,*Chakuninni Saishi Kunji*,7 January 1963.

的存在才保住了日本的经济命脉。①

帝国传统要求官兵们践行纪律严明、团队精神以及富有领导力等准则,这些都是日本海上自卫队在履行使命时所必备的素质。守好日本的第一防线是海军的职责所在,它要求海军人员遵从帝国海军的口号"坚守沉默",这有利于聚集内心的力量以承受严格的纪律及残酷的训练。要想成为具有帝国基因的"精英部队"并拥有强烈的战友情谊和部队认同感,坚持上述纪律及训练是最关键的因素。② 帝国海军的传统及实践使军官们意识到,海军的高效性来自平时的精心准备,随后的几章将会对此进行详细探讨。实际上,就领导力而言,由于按照帝国海军模式进行了几十年准备,日本海上自卫队终于在 20 世纪 90 年代初的行动中取得了首次成功。在完成波斯湾(1991)、莫桑比克(1993)及柬埔寨(1994)的海外行动之后,林崎大将自豪地指出,这些积极的成果体现了让真正的"海上斗士"③参加类似活动所能取得的更加重要的长期的成就。

江田岛的海军兵学校及舰队战船成为塑造海军灵魂的重要战场。1956年,海军兵学校再次向国防大学及其他地方院校毕业生敞开大门。④ 虽然它的一年制课程班的课程设置已经根据当时的标准进行了调整,但在具体实施过程中却充满了熟悉的帝国色彩。⑤ 在第一次到达学校时,学员们都要经历一次名叫"江田岛台风"的练习,不期而遇的"强台风"使所有个人物品散落在宿舍的走廊里,象征着他们作为日本海军军官生活的开始。⑥ 这种象征性的转折使学员开启了每天的例行活动,它们在很多方面与战前时代颇为相似。早晨六点开始是一小时的户外徒手体操运动,之后进行各种其他紧张的活动,

---

①　Admiral Nakamura Teiji,JMSDF,*Chakuninni Saishi Kunji*,16March 1976。

②　Uchida,*Chakuninni Saishi Kunji*,1 July 1969.

③　Admiral Hayashizaki Chiaki,JMSDF,*Chakuninni Saishi Kunji*,1 July 1993.有关日本海上自卫队为这三次行动所做的贡献,参看 JMSDF,*Kaijō jieitai Gojū Nenshi*,467-486,492-496,498-500。

④　自 1953 年至 1956 年,军官们的训练在横须贺进行。JMSDF,*Kaijō jieitai GojūNenshi*,58。

⑤　Auer,*The Post-war Rearmament of Japanese Maritime Forces*,205;Dean,' Etajima:Hallowed Halls',112.

⑥　JMSDF,*Kanbu Kōhosei:Etajima no Seishun*(DVD).

包括学习航海技术、舰船操作、国际法、英语、海军训练及步兵战法。在一整天里，学员的一切行为都得遵循帝国传统；将团队利益置于个人利益之上。与帝国海军一样，团队精神及纪律是重中之重。① 学员跑步时要高唱帝国海军经典歌曲，他们至少会一门武术，必须参加 1.5 吨快艇的划船比赛，恢复其他一些传统活动，如通过江田岛湾的 12 公里列队耐力游泳。② 所有这些活动都旨在培养一种共同的海军道德价值观。

在个人层面，海军教育也与帝国海军极为相似，因为与美国等国的同类教育机构相比，培养领导力特质对于江田岛海军兵学校来说似乎并没有那么特别重要。③ 作为自我评估及品质培养的方法，学员们必须背诵"五省"及"提前五分钟严格执行"。其目的是使学员理解其职业的终极目标，建立海军身份认同，以及树立倾尽全力完成每项任务的正确态度。显然，坚持一些具有日本特色的实践和手段凸显了帝国传统在铸造军官品质过程中的重要性，因为这些军官必须以自己是"日本人"而感到自豪。学员们学会了使用两个三角板绘制方位、少见的单线罗盘进行航行，静悄悄并高效地进行损失管控训练。终极成果是建立一种海员技术新标准，它将西方技术和日本海军实践及经验完美地结合起来，其先进程度及完成的高质量给来访的外国学员及交换教员留下了深刻印象。④

在海上，帝国海军的一些惯例得以恢复，旨在为官兵们创造出能充分发挥个人潜能的必要条件。首先在 1957 年 1 月，恢复了海外的海上训练这一惯例。在同年底，日本海上自卫队在江田岛将此种海外训练设定为海军兵学校候补军官教育里的必修课，以提高海军的全球意识及外交能力。鉴于日本海上自卫队当时的预算极其有限，舰队规模也不算大，海上训练凸显了其旨在打造一支技术精湛、视野开阔的海军队伍的长期计划。中村大将被任命为第一

---

① Kitagawa, answer to questionnaire B, 14 September 2005.

② Dean, 'Etajima: Hallowed Halls', 113-115.

③ Kitagawa, answer to questionnaire B, 14 September 2005; Commander Ikeuchi T., JMSDF, answer to questionnaire B1(Appendix A), 20 September 2005.

④ Lieutenant Commander John Nylander, USN(Ret.), 'Etajima Educated the Instructor', 10.

批海上训练编队的总指挥,这次训练持续了四十六天,编队最终抵达了夏威夷。这次夏威夷之行不仅具有很实用的训练价值,也具有高度象征意义,它标志着日本舰队自1941年12月以来第一次造访珍珠港,此访表明美日海军间关系翻开了新的一页。① 日本海上自卫队希望在海外的海上训练能给年轻学员提供一个开阔视野的机会,使其对海军的外交价值有更好的理解。1963年,这一点得到了印证,曾在1962年出访过欧洲的池田首相(1960—1964)希望能再次利用该次访问的成果。因此,在他的提议下,正在训练中的海军舰队访问了旧大陆,此次出海训练共计达到了130天。② 十一年后,海军舰队重回欧洲,出海天数达到155天。自那以后,如同战前帝国海军兵学校的学员一样,当代日本海上自卫队学员也有机会造访遍布世界五大洲遥远角落的多个港口,③亲身体验海军与国家政治利益之间密不可分的关系。

在日本海上自卫队里,帝国惯例及语汇在海上生活的方方面面随处可见。战前船舱里用于标明军官身份的那些日本文字仍然得以保留,而没有采用战后时代自卫队使用的新的标记方式。虽然船上餐厅不再给官兵及船员们提供酒(日本海上自卫队效仿美国海军惯例),但仍然保留前日本帝国海军的"酒铺"字样——这是帝国海军曾经套用皇家海军的一个术语。④ 舰名也沿袭了战前的惯例,舰上通讯语言中也恢复了鹿儿岛地方方言。所有这些都将海军舰队每个舰船上的有限空间变成了一个流动的、充满象征的世界,其目的是要培养那些受命保护日本海上利益的官兵们英勇作战的精神,而非破坏战后民主价值观。无论在海上还是岸上,日本海上自卫队的官兵们都让帝国海军的

---

① Auer, *The Post-war Rearmament of Japanese Maritime Forces*, 206; JMSDF, Kaijō jieitai Gojū Nenshi, 82–84.

② JMSDF, Kaijō jieitai Gojū Nenshi, 84–85.有关池田首相访问欧洲及日本外交,参看 Bert Edstrom(ed.), The Japanese and Europe: Images and Perceptions, 213–214; Edstrom, Japan's Evolving Foreign Policy Doctrine. From Yoshida to Miyazawa, 46–56。

③ JMSDF, *Kaijō jieitai Gojū Nenshi-Shiryōhen*, 239–240.

④ 作者的航行乘坐的是 JDS *Kashima*(TV-3508), 10 April 2005; JDS *Kirisame*(DD-104), 27 May 2005; JDS *Chōkai*(DD-176), 25 October 2006; JDS *Sawayuki*(DD-125), 29 July 2007。

辉煌历史在日常工作中得以重新绽放，这些历史也被用来作为提高教育及训练水平的有效手段。这一切都旨在铸造海军优秀的职业水准，并使帝国海军遗产在战后得以很好的继承。

作为序幕的过去——第二部分：
用批判眼光看待帝国海军

在日本海上自卫队的中等教育体系里，帝国海军的经验发挥了完全不同的作用。从机构层面来说，建立干部学校的计划深受其首任校长中村海将补（1954—1956）在1955年出访美国时所收集的大量信息的影响。① 正如该将军在为学校制定的建校方针中所言，日本必须效仿美国和英国建起一所军校，使它能赋予中级军官足够的知识和技能，以便能就战略问题作出自己正确的判断。分析能力指的是未来高级军官们所期待的那种最基本的领导及指挥才能。教官们必须提倡能造就"马汉式军官"的教学态度，奖励勤学好问的学员，支持课堂辩论。② 学员们必须拥有可供自己支配的时间，用以对那些自己感兴趣的具体问题进行深入研究。学员必须对自己的研究课题进行认真研究，对它的评估结果必须纳入该学员的总评成绩。在干部学校的办学理念中，提倡"学术自由"是培养军官个人技能的关键因素。③

在此层面，与帝国历史的联系主要表现在两个方面：一方面，引入一个深受西方海军强国历史经验启发的现代课程大纲并不意味着抛弃日本曾有的海军高等教育优势。④ 帝国海军战术家秋山真之少佐（后晋升为海将）的著作以科学、细致分析战争战役而著称，对于战后的海上自卫队军官们来说，它今天

① Kitamura,'The Dawn of the New Japanese Navy',109.

② JMSDF,*Kaijō jieitai Kanbu Gakkō Gojū Nenshi*,1-3.

③ JMSDF,Kaijō jieitai Kanbu Gakkō Gojū Nenshi,11.作者与干部学校学生的小组讨论,2005年8月22日。

④ 作者与干部学校学生的小组讨论,2005年8月22日,2。

仍然是一份重要遗产。① 更重要的是,现代海军史本身就是理解海军职业的重要源泉。自从干部学校建立以来,前帝国海军军官及海上自卫队高级领袖都在努力确保年轻一代也能领悟到上述观点。日本军事史及海军史的相关内容被融入战略、战术及理论学说课程中。② 海军战争史上的重大事件,自甲午中日战争至太平洋战争,鉴于它们与战后战争要求的相关性,都得到了高度重视。关于帝国经验的争论主要集中在以下领域:军队—地方间关系,军事政策以及不同军种间的竞争。③ 特别是在 1959 年至 1966 年间,一些具有战时及战前经历的高级海军人士经常到干部学校做关于历史的讲座,为重新审视日本过去的海军经验定下了基调,这些人士包括两次世界大战期间出现的条约派关键人物山梨大将等。④

自从 1955 年首个班级十五名学员入学以来,有大约三十至三十五名在职军官花了十二个月时间对他们的职业进行了批判性思考,这些人不同程度上注定要在日本海上自卫队身兼要职。在学校里研究帝国经验及分析方法使他们领会了海洋与日本经济发展及经济独立之间的密切联系。他们结合过去就海军在确保国家海洋利益上的作用进行了辩论。在此过程中,他们成为了海

① 在校长坂本俊笃大将的特别要求下,秋山于 1900 年成为海军干部学校的教官。在学校,他将核心课程归入三个主要领域的学习:战略学,战术学及"战争术"(包括后勤、通讯及训练)。在 Mark Peattie 看来,"战争术"对于世界范围内的海军来说都是一个很有趣的领域,但它刚被引入的时候就成为日本海军高等教育中的核心领域。秋山所创立的作战理念不仅为日本在日俄海战中所取得的胜利发挥了应有的作用,也对 20 世纪 30 年代及 40 年代早期的日本海军学说及规划产生了持续的影响。Mark R.Peattie,'Akiyama Saneyuki and the Emergence of Modern Japanese Naval Doctrine',60-69;Evans and Peattie,*Kaigun*,70-77.有关秋山在干部学校教学及写作的概述,参看 Kazushige Todaka,*Akiyama Saneyuki Senjutsu Ronshū*。

② 当学校于 1954 年建立时,规模不是很大,只有 16 名教员。至 1957 年,教员数量有了增加,两个研究分部中有一个负责研究与历史相关的问题。至 2004 年 10 月,教员达到了 125 名,包括 102 名在役人员。JMSDF,*Kaijō jieitai Kanbu Gakkō Gojū Nenshi*,7-10。

③ 在 20 世纪 80 年代后 5 年里,战争研究开始逐渐涉及一些最近发生的冲突,如 1971 年的印巴战争及 1982 年的巴尔干冲突。JMSDF,*Kaijō jieitai Kanbu Gakkō Gojū Nenshi*,19,35。

④ 有关山梨大将的演讲,参看 Haruko Fukuda,'The Peaceful Overture:Admiral Yamanashi Katsutoshin(1877-1967)',in Hugh Cortazzi and Gordon Daniels(eds),*Britain and Japan*,1859-1991. *Themes and Personalities*,198-213。

军中极富智慧的精英。至 20 世纪初,庆祝海上取得的辉煌胜利使人们仍然无暇顾及历史。但是,在干部学校,学术活动的核心一直都在围绕帝国海军指挥官在日本海及南太平洋所策划或进行的海战而进行条理清晰的重新研究。①

在后来的数年中,东京校园里增添了一些新的设施,它进一步凸显了学校在以一种特有的方式履行自己的使命。学校离东京政治中心市谷及霞关仅几个地铁站之遥,其功能齐全的白色混凝土校舍高耸入云,俯视着周围的一切,堪称现代建筑工程史上一颗璀璨的明珠。② 它的结构设计形象地体现了高等教育对这样一所一直在战争事务领域保持与时俱进的一流军事院校的具体要求。③ 校园内,日本自卫队的三个不同学院分别占去大楼的一层,海军学院入口处的特殊装饰凸显了帝国海军在战后认同中的独特地位,④其中由意大利艺术家制作的秋山海将晚年的半身塑像会使所有在职学习的军官铭记战后海军智慧的源头活水。

2005 年 8 月,为了评估过去的历史在多大程度上影响了海军的职业认同,本书作者在完成一次问卷调查后组织干部学校学员进行了一系列的小组讨论。所有参与者都主动要求参加调查和讨论。小组成员包括一名日本海上自卫队女军官、两名分别来自印度和韩国的外国留学员。⑤ 最年轻的军官 34 岁,最年长的 38 岁。大约 60%参与者的年龄都是在 35 岁和 36 岁之间。66%

---

① Yagi,“Yagi 与本书作者的谈话”,2005 年 5 月 19 日;日本海上自卫队二佐 Ishihara Takahiro,“Ishihara Takahiro 接受本书作者的访谈”,2005 年 6 月 14 日;日本海上自卫队三佐 Hirano Ryūji,“Hirano Ryūji 与本书作者的谈话”,2007 年 7 月 12 日。

② 干部学校于 1994 年搬入了目黑区。JMSDF, *Kaijō jieitai Kanbu Gakkō Gojū Nenshi*,5。

③ 此描述基于作者于 2005 年、2007 年、2009 年、2011 年及 2012 年的春夏季节对学校的多次访问。

④ 三所学校在课堂教学及行政事务的组织和分配上完全相同。它们在大门口都布置了各种装饰,包括学校所代表的各个国家旗帜、纪念牌匾以及举办各种重大活动的照片。这些承载着历史记忆的物品有助于“展示”学校的名望。将秋山大将的塑像置于中心区域,海军干部学校(与陆军干部学校不同)力求强调教育目标与战前海军传统之间密不可分的重要性。Yagi,“Yagi 与本书作者的谈话”,2005 年 5 月 19 日;Hirano,“Hirano 与本书作者的谈话”,2005 年 5 月 19 日。

⑤ 在问卷调查完成之后,作者于 2005 年 8 月 22 日与一组军官们进行了一次长时间的讨论,其中包括两名男性和一名女性日本海上自卫队军官以及两名外国军官。除非有特别说明,书中提及的问卷调查结果及访谈内容只涉及日本学员。

以上毕业于国防大学,其他要么毕业于地方大学,要么是在日本海上自卫队里一路晋升而来。虽然参与者在海军各部门中具有广泛代表性,但大部分军官来自水面特战队及后勤部。① 他们都是在 20 世纪 90 年代加入海军的,代表了下一代海军军官。

问卷调查使用典型的罗伯特·路易斯·史蒂文森式的描述,调查的最后结论是:对海洋的挚爱、出国机会以及各种技术活动产生的吸引力是半数以上军官决定加入日本海上自卫队的主要动力。② 问卷结果显示,数名军官最后做出决定是出于家庭传承或保卫及服务国家的意愿。只有五名调查对象一开始加入海军时不是出自对这一职业特点的考虑,有两名是因为采纳了国防大学教官的建议。他们都认为,对比一下国防大学和江田岛的海军兵学校,后者更像一个试验场,在那里学员们一个个被打造成了部队军官。他们指出,国防大学的学习经历为他们的个人成长播下了种子,包括提供良好教育、教授未来军官必备的礼节以及从未间断的体能训练。相比而言,在江田岛,他们领悟了自己职业的两大重要特征——航海技术及团队精神——在日本帝国海军传统中的核心地位。他们高度重视这两大特征,认为它们不仅对于操作现代军事装备而且对于培养团队忠诚、逆境中"永不言弃"的勇气以及坚强的战斗意志都是至关重要的。在江田岛,他们感觉到自己进入了一个职业军人的世界。

在校学习过程中,所有学员都按要求参观了江田岛教育展览厅(参见下文),其中有五名学员曾数次到访。展览厅所有的布置都是为了"纪念那些曾经在战场上为国家浴血奋战的英雄",没有任何关于日本海上自卫队的展示。③ 厅内的布置第一次生动形象地展示了帝国海军先辈们的丰富经验以及爱国主义和勇于牺牲等理想的具体含义。另外,它们还凸显出,为了赢得战争

---

① 受访对象由 13 名水面舰艇军官、7 名补给军官、1 名潜水兵、3 名直升机飞行员以及 1 名 P-3C 飞行员。两名外国军官皆来自他们各自部队的水面舰艇部队。

② 详细说来,有 11 名学员(相当于学员总数的 45.8%)坦言,对大海及技术工作的喜爱是他们选择加入海军的最重要理由,有 5 名学员(相当于学员总数的 20.8%)还提到了对获得海外经历的愿望。

③ Agawa, *Umi no Yūjō*, 6.

胜利,军官们必须进行足够的精神付出,因为任何过失和误判最终都可能会付出生命的代价。回想起来,虽然对展厅的教育作用无人质疑,但还是有一些军官提出了更为深刻的见解。他们认为,上述教育对于像日本这样的国家尤其意义重大,因为回避对昭和时代日本战争史的批判性研究会使学员们在面对军中苛刻的生活标准时有些措手不及。

随着学员即将从干部学校毕业,这一群中级军官定会坚定不移地将优秀指挥才能、献身国防的精神及严于律己等品质视为海军军官职业的基石。① 日本海上自卫队的外国同僚们对此也有着完全相同的印象。对于一些在校的海上自卫队军官来说,看重上述品质为他们提供了最初的个人动力。对于其他人来说,对上述品质的重视是在海军多年工作中逐渐形成的一种意识,来干部学校学习使他们对此又有了更为深刻的理解。值得注意的是,他们中大部分人还认为,另外两个品质也至关重要,即乐于冒险和专业技术知识。② 这些品质,加上诸如举止文雅、思维灵活以及精通外文等个人特征,一起构成了这些军官们的"十诫":刚毅、富有强烈帝国色彩的绅士军官的行为准则。③

在受邀对帝国海军史上三位顶级大将所拥有的不同领导风格进行评论时,这些军官们表达了十分相似的观点。④ 以"远东纳尔森"著称的东乡平八郎大将因其在对马岛战役中所取得的胜利而在日本被誉为最杰出的海军英雄。作为20世纪30年代末海军离经叛道的思想家,井上成美大将因挑战一

---

① 在总共23个作答中,有17个军官(占总数的73.9%)认为"决断力"至关重要;有关"保卫国家的决心"的重要性,有15名学员(占总数的62.5%)觉得最重要;有12名学员(占总数的52.1%)觉得"严守纪律"最重要。

② 尽管他们所有人都认为"专业技能"与军官职业标准"密切相关",但只有5名军官认为它是重要组成部分。有12人(占总数一半)认为"具有冒险的意愿"是一种"关键"素质。

③ 在这次小组讨论中,日本海上自卫队女军官后来指出,不管军官的性别是什么,这些特质是很优秀的。在她看来,她从帝国海军军官身上所汲取的教训关涉道德品质以及领导及指挥团队的能力。因此,这些教训普遍适用。Group discussion,22 August 2005。

④ 作者决定聚焦这些大将们还有另外两个原因。首先,尽管预先选定一些具体历史人物限制了受访对象们的个人选择范围,但却便于对不同答案进行对比分析。其次,作者挑选出这些大将是因为他们人人名声显赫,旨在为受访对象详细作答创造有利条件。

些海军僵化的教条而出名。山本五十六大将则是海军中最富争议的司令官及战略谋划大师，在太平洋战争之初掌握了制海权，但在中途岛战役中（1942年6月4日至7日）却惨遭滑铁卢。

军官们对三位海军大将的评述展现了他们较高的知识水平，这是中村大将希望从未来海上自卫队精英身上所能看到的。例如，东乡大将因具备以下特征而备受尊重：卓越的指挥才能、坚强意志、迷人魅力以及对具体"战场空间"（借用一个现代术语）和与战争相关的更大战略问题的强烈意识。在日本现代史的微妙时期，他曾因是国家成就的象征而备受尊重，但一些军官们强调指出，在两次大战之间的那段时期，对这位司令官的个人崇拜却对海军发展成为一个高效机关产生了负面影响。晚年的东乡几乎成了神一般的人物，他对海军政策问题的干预影响巨大。"东乡亲口所说"成了中级军官们的口头禅，经常用它来支持他们反对限制海军军备条约的立场。① 在日本海上自卫队军官们看来，东乡作为海军司令官成就卓越，但晚年却变得傲慢自大，对创新也了无兴趣，这些特点很好地说明了他为什么固执地支持海军反对条约派。

历史学家大卫·埃文斯及马克·皮蒂对日本海上自卫队中佐（前帝国军官）仙翁贞夫20世纪70年代所做的有关帝国海军的研究进行了进一步的探索，使西方读者开始注意井上成美海将具有洞察力的思想。② 井上是战前海军中少数极其睿智的温和派代表人物之一。1940年，他任海军航空本部长，与米内及山本一起极力阻止日本与德国及意大利组成更强大的军事同盟。1941年，他向海军大臣递交了一份备忘录，揭发海军"对美国建设计划视而不见，置若罔闻"。美国计划建设大型战列舰，不是旨在适应现代海战立体进攻的更大范围的建设。③ 在1942年受命担任海军兵学校校长前，井上曾在密克

---

① 有关此主题，参看 Asada，From Mahan to Pearl Harbor，111-112，127，132，143-144，155；Asada，Culture Shock and Japanese-American Relations，128，132；Gow，MilitaryIntervention in Pre-war Japanese Politics，220-221，268-273。

② Evans and Peattie，*Kaigun*，482-486．Commander Sadao Senō，JMSDF，'A Chess Game with no Checkmate：Admiral Inoue and the Pacific War'，26-39．

③ Admiral Inoue's memorandum is explained in Senō，'A Chess Game with no Checkmate'，31-35．

罗尼西亚基地任第四舰队司令长官。在文学作品里，井上将军被描绘成凶事预言者般的人物。他曾预测，有很多困难会越来越妨碍海军作战能力建设。他曾从战略层面深入分析过即将爆发的战争，但并没有帮助取得任何一场决定性胜利，因为他的一切忠告都是白费口舌。①

从在干部学校学习的军官们那里也能得到与上述相似的有关井上的评价。他们认为，井上是一位致力于拓宽年轻军官学术视野的教育家，既精明又务实——其中有名军官认为，这使井上在海军中显得有点聪明过头。但是，对于很多接受问卷调查的日本海上自卫队中年军官来说，井上将军是一位优秀的教育家，但不是一名模范指挥官。他是文人，而非战场指挥员，这一点在他担任第四舰队司令长官时得到了印证。井上的"过分"谨慎尤其在1942年5月珊瑚海海战中得到了充分证明，他当时要求高木将军航母战队停止战斗的命令被山本大将亲自撤销了。② 军官们的上述评价与日本海上自卫队其他高级军官们的观点不谋而合，后者一致强调，如其说井上是一名"斗士"，不如说他是一位"哲人"。虽然每支海军都需要这类人来推动创新和发展，但要想赢得战争，不可低估其他一些个人特质所发挥的关键作用。③

日本海上自卫队的军官们正是在山本大将身上发现，职业海军军官最核心的特质是奉献、开明及坚毅的完美结合。除了一位军官对山本大将在中途岛战败中的指挥才能给出了负面评价以及两位军官对他突击珍珠港的计划不持积极看法之外，充满魅力、创造力及激情等是军官们对该将军的主要印象。他工作上竭尽全力以及极富人性的品质（例如，参加讨论的学员曾表达了对他赌博嗜好的同情）赋予他天生的交际才能，使他能与下属产生情感共鸣并赢得他们以及日本普通民众的尊重。④ 对于今天的海上自卫队军官来说，山

---

① Evans and Peattie, *Kaigun*, 485–486; Senō, 'A Chess Game with no Checkmate', 35–37.

② Paul S. Dull, *A Battle History of the Imperial Japanese Navy*, 1941–1945, 134.

③ 日本海上自卫队 Kaneda Hideaki 海将（已退休），"Kaneda Hideaki 海将接受本书作者的访谈"，2005 年 8 月 5 日。

④ 据报道，山本大将每天都收到了大量来自日本全国人民的来信和明信片。他的一些侍从后来报告说，山本习惯了每晚只睡 4 个小时，其他时间用来回复国民们的来信。Agawa, *The Reluctant Admiral*, 41–42。

本的这些品质都是宝贵的财富，也成了最高级干部留下的遗产。在他们眼里，山本不只是一位催人奋进的人物。他在整个20世纪30年代身先士卒潜心于海军航空技术的发展，在太平洋战争爆发之前极力反对极端、尚武思想以及作为军队指挥官的坚毅果敢，都展示出了什么是真正的领导力。在这些军官看来，山本是一位冷静理智的人，更重要的是，他提醒人们，英雄也是有血有肉的人。他不仅是一位考虑周全、知识渊博、果敢无畏的领袖，同时也是一位富有情感、会犯错误的普通人。

这些过去的将军能成为今天如此复杂的海军职业的楷模吗？除了一名放弃作答的学员外，其他所有学员的答案都是肯定的。有一半人认为，这些将军树立的榜样今天仍然适用，因为当今对指挥的基本要求并未改变。调查对象中的其余人则认为，这些将军们的所作所为必须与当今的现实相结合，才能为现代军官的行为总结出相应的指导原则。他们不是一味地将上述人物偶像化，而是要研究他们的行为，挑出他们的积极成就。对于那些提倡要有选择性且要与当今现实相结合的学员们来说，山本大将是一个被经常引用的有争议人物的典型实例。在个人层面，他们称颂山本的道德标准，珍视他精湛的战法，这些都是一个领袖应该具备的关键素质。但是，他们觉得，从整个机构层面来看，帝国海军的没落及日本的战败暴露了海军战争谋划的不足以及诸如山本这样的领导者身上所存在的缺陷。

当学员们谈及日本在太平洋战争中失败的原因时，上述窘境自然显露出来。他们的讨论极其深入且充满睿智，指出了日本的三大弱势：有限自然资源及工业水平很难支撑持久战；缺乏明确的国家政治目标；海军在战略战术上缺乏应有的灵活性。他们很多人还进一步指出，帝国海军对海战的新特点缺乏足够的理解，其根源是低估了情报及情报收集的作用。① 这不仅导致了在两次大战之间对海军潜在敌人的误判（例如美国海军），也妨碍了战争期间为了获取关键资源而本该做出的战术调整。正因为如此，领袖个人的指挥才能及

---

① 具体说来，13名学员（占总数的54.1%）赞同这一观点。在小组讨论中，还有人表达了类似观点。Group discussion, 22 August 2005。

精明睿智并未弥补战争准备以及战场上的不足。

军官们充分认识到了海军领袖的美德和不足及其在战略层面对太平洋战争所产生的负面影响，这种认知进而又影响了他们对日本海上自卫队在国家防卫中作用的理解。帝国海军没有能够夺取关系到日本战争机器生死存亡的海上通道，这一思想导致了学员们产生了下列一致倾向：保卫海上通道是现代日本海上自卫队唯一且最重要的使命。① 在小组讨论中，他们指出，原则约束及与美国的联盟义务也是导致他们形成上述观点的原因。② 对日本海上自卫队固有的专守防卫特征与"成员意识"之间相辅相成关系的深刻理解，使他们倾向于将日本海上自卫队的存在与保卫国家经济财富及社会安全这一职责紧密联系在一起。

因此，他们对帝国经验的理解是，帝国海军通过在海上诱敌深入进行最后决战并彻底消灭敌人，从而达到保卫日本以及确保日本海上环境安全的目的。它基本上属于一支马汉式的作战部队，一个发动并赢得海上战争的工具。相比而言，在学员们看来，日本海上自卫队不只是一个凭借军事实力赢得战争的工具。他们似乎认为，在服务国家利益方面，日本海上自卫队可以发挥其多方面的作用，充分利用其广泛的潜能以实现国家和平。他们强调海上自卫队的其他核心作用，如在威慑、制海权、海洋秩序及战略运输等方面发挥的关键作用。这些作用可以体现在执行下列任务中：弹道导弹防御、海上反恐及反海盗、非战争类军事行动以及海军外交活动（包括互访、联合训练、论坛及会议）。

因此，学员们的反馈显示，他们大脑里海军的形象是，中级军官精英们对海战基本上持一种科贝特式的看法。他们对自己职责的理解是，仅凭军事胜利不能实现国防目标。他们关注的重点是控制海上通道以及获取自由航行的能力。海军"存在的理由"不仅在于消除军事威胁，还需要保护全民族的生活方式。对于他们来说，帝国海军遗产使日本海上自卫队在其战略思维里融入

---

① Question 11,questionnaire A（Appendix A）.

② Group discussion,22 August 2005.

了"海洋"而不是"海军"思维模式，前者更契合日本这样海洋国家的需求。①
正因为如此，在谈及自己的职业目标时，除了两人之外，所有其他军官都将自
己视为"海军军官"。② 作为职业军人，他们的职业标准是基于国家安全及海
战要求来确定的。在此方面，他们感到与全世界的海军军官并无二致。区别
存在于法律而非功能层面，正如其中一名军官所言：

　　　　我将自己视为一名海上自卫队干部而非海军军官。我在耐心等待着
　　日本政府及人民将"日本海上自卫队"升格为"日本海军"那一天的到来。③

结　　论

乍一看，日本海上自卫队似乎是由一群自以为是的人组成的机关，正如日
本放送协会那本书所言，他们不断回忆过去以形成自己的职业观。海军教育
体系里的很多内容都是为了保持两代海军间的密切联系而设计的。但是，不
能仅凭这种联系就能得出两代海军完全相同的结论。

沿用帝国海军教育、训练及舰船生活中常用的语汇、惯例及程序使海上自
卫队在心理上将起初不算太大的舰队与过去强大的海军部队联系在一起，这
种心理上的联结至关重要。④ 海上自卫队与帝国海军一样，起初很不起眼，但

---

① 在此方面，皇家海军最近的经历表现出了一些惊人的相似性。参看 Eric Grove,'The
Discovery of Doctrine.British Naval Thinking at the Close of the Twentieth Century',in Geoffrey Till
(ed.),*The Development of British Naval Thinking.Essays in Memory of Brian Ranft*,184-185。

② 当两名外国学员被问到，他们将日本同事视为"海军"还是"自卫队"军官时，他们都回
答道，其实这两者并无任何区别。

③ Ikeuchi,answer to questionnaire B1(Appendix A),20 September 2005.

④ 有时，日本海上自卫队在训练中将安全要求推向极限，结果给民间船只造成了损坏。最
具戏剧性的一次事故发生在1988年7月，一艘"滩潮号"新潜水艇与一艘渔船发生了相撞，造成
了30名乘客死亡。2006年11月，"朝潮号"潜艇与一艘巴拿马籍化学品运输船相撞，好在除了
造成舰体和船体轻微的损伤外，没有造成其他后果。'Sub Skipper Admits Fault in Collision',*The
Japan Times*,12 June 2007。

最终都在国际海军界声名鹊起,这种成功的发展模式赋予了海军官兵极大动力,铸就了他们的战斗意志及归属感。它在日本海上自卫队重整军备的早期阶段具有特殊意义。在该阶段,海上自卫队不得不严重依赖美国技术来重建其武器装备。今天,团队精神、训练及航海技术仍然至关重要,因为海上自卫队需要不断竭力打造一支能够操控最新技术的部队。① 从某种意义上说,"日本精神,西方技艺"的理念在战后起到了很好作用。它提供了一个具有强大精神吸引力的发展模式,它不仅吸收和消化了服务于现代化的技术手段,也使强大的"日本"民族文化认同得以保持。

同样重要的是,在战后的不同军事体制里,帝国海军遗产对于加强日本海上自卫队的组织文化起到了举足轻重的作用,特别是在军官队伍的教育问题上更是如此。建立由文官管理的国防大学能确保新一代军队精英更好适应一种强大的以"市民为导向"的世界观。保护日本人民及福祉取代效忠及保卫天皇成为最高使命。军队教育改革体现了日本当局为了解决帝国武装部队曾出现的一些严重问题所付出的努力,其中最突出的问题包括过于精英化、军种间缺乏合作以及基于部门利益之上的短视的政策。尽管新的教育体系在上述方面很成功,但很少注重培养军官们应对未来职业道路中可能出现的困难的能力。考虑到此种情况,日本海上自卫队用江田岛作为试验场,将干部们打造成真正的海军军官。艰苦的训练、重视及不断践行道德价值观使贾诺威茨式理念得到了实施,即让每名海军学校学员都能体验具体的海上生活:

> 让他们体验军队具体生活方式,向他们灌输英勇无畏领袖们的重要性。他们必须努力淡化狭隘的区域观念,培养一种更开阔的民族认同感。报考海军学校的人一旦被录取且通过了初期的严峻考验,学校的目标就

---

① 最近的一个案例也能体现这些因素如何影响日本海上自卫队的训练活动。2008年2月19日,宙斯盾级驱逐舰"爱宕"号发生了撞击渔船的事故,造成两名平民的失踪。最初的调查结果显示,事故的原因是由编制减少及训练有限而造成的人为错误。'Probe:Atago Crew Missed Boat though Radar Saw It', The Yomiuri Shimbun, 8 June 2008。

是要将其培养成一个职业团体中的一员。①

　　将战前海军作为楷模以推动职业高标准的实现,凸显一个完全不同教育体系的要求,打造组织认同感,这一切并不意味着不再对帝国海军曾犯下的错误进行重新评定。在高等教育层面,帝国经验成为一种宝贵资源,它有助于人们审视和领会日本海上防卫的基本要求。研究一流日本指挥官及他们领导行为的特征能为反思指挥艺术提供一手原始材料。同时,审视战争经历对于揭示 20 世纪 30 年代的决策所导致的灾难性后果至关重要。由秋山真之及其他帝国军官设计的用于研究战争及作战的分析方法得以继续使用,这些方法是战前高等教育质量的标志。除此之外,为了丰富干部学校的课程大纲,增加了一些旨在激发关于大战略的辩论。干部学校充分利用过去的历史来拓宽日本海上自卫队精英们的"学术视野",要求他们从"海洋"战略而非"海军"战略的角度思考问题,从而将海军的存在与日本海上经济利益联系起来。从这个意义上来说,帝国海军遗产对战后时代新海军机关的建立发挥了重要作用。

---

①　Morris Janowitz,*The Professional Soldier:A Social and Political Portrait*,127.

第五章　道德观与宣传:舰船、从业人员与海军职业形象

(帝国海军与日本海上自卫队的)形象完全相同,但观众却截然不同。帝国海军的粉丝主要是年龄较大的社会群体,所以我们有必要努力吸引新生代粉丝。

政治家们根本不考虑日本自卫队;他们考虑的是一群完全不同、被称作"御宅"的人,这些人酷爱舰船、飞机及潜水艇。我不想人们因为我们的舰船而想起我们;我希望他们关注我们这些人。正如戏剧和电影一样,我希望观众们主要关注日本海上自卫队里的工作人员。重点是要展示穿着白色制服的那些人复杂的生活。①

——日本海上自卫队伊藤俊幸大佐

(公共事务局局长)

基于舰船及从业人员的海军形象

1957 年一个秋风送爽的早晨,在崭新的雪风号驱逐舰甲板上,岸信介首相站立在长泽浩大将身边。该舰以 1941 年前帝国海军建造的十九艘阳炎级驱逐舰中最成功的一艘而命名,后者参加了诸如中途岛、莱特岛湾及菲律宾海

---

① 日本海上自卫队 Toshiyuki Itō 舰长,"Toshiyuki Itō 接受本书作者的访谈",2005 年 5 月 20 日。

等诸多战役并成功得以幸存。作为检阅舰的雪风号穿过东京湾,检阅了前来参加日本海上自卫队"纪念日"的 32 艘海军舰船及 49 架战机。① 在 10 月 2 日当天,海军举行了战后首次海上阅兵。视觉上,受阅舰队的规模无法企及联合舰队。② 帝国海军曾是强大实力的象征,而海上自卫队受阅部队的总吨位只有近 38500 吨,略大于"大和号"单舰的一半吨位。尽管如此,海上自卫队的舰名、语言及演习都具有帝国风采。本次阅兵活动的日期也与 1940 年 10 月帝国海军最后一次海上阅兵的日期完全相同,③其目的非常明确。在战后第一次公开展示其海上专业素质的活动中,日本海上自卫队希望表达的观点是,虽然不能说在舰队规模上但至少能说在新海军的精神上,帝国海军的职业风范得到了传承。

本章探讨日本海上自卫队如何利用包括杰出公共事务技巧在内的帝国海军的过去来铸造其自身的公共形象以及形成有效的自我展示策略。海上自卫队将战前海军宣传的核心工具,即舰队阅兵和短距离巡游,与参观海军基地及几十年后启动的博物馆展览一起结合起来。设计这些活动的目的是使公众意识到,海军作为现代高科技部队发挥着重要作用。起初,打造海军舰队现代化是为了应对日本海上自卫队备受争议的本性以及缺乏实力及社会认可度等问题。④ 尤其重要的是,日本海上自卫队经常进行盛典仪式,其目的不仅是要建立与一些包括政治家及知识分子(如伊藤和阿川)在内的特选群体之间的联系,也是为了吸引广大海军迷。但是,在冷战结束后,日本民众对海上自卫队的兴趣开始与日俱增,公共事务机关也越来越热衷于发布一些有关装备之外的信息。大型官方博物馆里的新品展示详细诠释了海上生活的意义,身着白色制服人员的特性,以及他们所珍视的海军传统如何帮助他们实现国防要求。

---

① JMSDF,Kaijō jieitai Gojū Nenshi-Shiryōhen,252.

② JMSDF,Umi no Mamori Gojū Nen,112.

③ JMSDF,Kaijō jieitai Gojū Nenshi,96.

④ 日本陆上自卫队的左翼政治反对派,见 Mendel,'Public Views of theJapanese Defence System',in Buck,*The Modern Japanese Military System*,155,161;Kliman,*Japan's Security Strategy in the Post-9/11 World*(Westport,CT:Praeger forCSIS,2006),86-87,134;Samuels,Securing Japan,118-119。

我们服役的舰船，海上阅兵与海军的公众吸引力

　　无论是在江田岛的展览大厅，还是在机关学校的教室里，还是在海军舰队的所有舰船上，日本海军的历史都对海上自卫队的战斗精神及职业特征产生了持续不断的影响。在公共事务上，海上自卫队所采用的方法并无二致。它从未否认与帝国海军的联系；实际上，它有意对之加以系统的利用——正如它在其他活动中所做的一样。但是，利用帝国形象及惯例并不意味着他们服务于同样的目的。在战前，除了为了吸引更多公众关注之外，帝国海军利用盛典及宣传主要是为了巩固和增强它的政治影响力。与之不同，海上自卫队的主要目的却是要增强对公众的吸引力。公共事务工作的核心是培养"日本（海上）自卫队与公众之间相互依赖关系，促进相互合作及密切联系，以达到最终夯实国家防卫基础的目的"①。其核心目标是确保获取一个稳定的新兵兵源。

　　军事机关存在的一个主要前提条件之一是：它必须有能力征召、训练、训导以及维持一支善于作战的部队。对于像自卫队这样一支完全由志愿兵组成的部队领导来说，这并非易事，特别是考虑到他们的社会已经十分讨厌军事事务，并且对新军队的一切漠不关心。② 凭借与诸如伊藤政则以及杰出老兵阿川弘之等之间一直保持联系，第一代日本海上自卫队的高级将领们意识到，日本人民仍然尊重本国的海军传统。但他们也很清楚，这种尊重并不能自动转变为对新海军的赞美。在 20 世纪 50 年代初日本刚刚开始重整军备时，日本海上自卫队只有寥寥无几的几艘舰船，其中有些还是从美国租借而来。对于曾经在太平洋上纵横驰骋的强大帝国海军来说，它只能算是一个远房子孙。

---

　　① JDA, *Defence of Japan* 2005 (Tokyo : Intergroup , 2005) , 397.
　　② 关于日本民众对日本自卫队看法的文献很多。20 世纪 50 年代至 70 年代早期，Mendel, 'Public Viewsof the Japanese Defence System' , 149 - 180. 20 世纪 70 年代以来，Midford, *Japanese Public Opinion and the War on Terrorism* ; Kliman, *Japan's Security Strategy in the Post - 9/11World* , 42-66。

实际上,至 1956 年 6 月,日本海上自卫队的主要水面舰队只有 4 艘驱逐舰、5 艘护航舰、18 艘巡逻舰以及 40 架反潜巡逻机。在美国占领当局给予了他们巡逻舰之后,日本计划建造 12 艘驱逐舰(其中 2 艘由美国出资)及 3 艘护航舰。① 这对于公众来说并无多大视觉冲击力,但感情纽带及对帝国过去的认知意味着,新海军有了一个重要的起点。

因此,日本海上自卫队利用帝国海军为赢得更多民众支持打下了一个良好基础。为了实现该目的,作为幕僚长的长泽大将所采取的第一批举措中就包括恢复战前海军宣传的重要手段:海上阅兵。自 1957 年以来,在日本海上自卫队公关日程安排中,海上阅兵一直占据着重要地位。唯一例外是其中出现了一个八年暂停期(1973—1981),它是由 20 世纪 70 年代初期出现的石油恐慌导致的财政紧缩引起的。② 几十年来,阅兵仪式的复杂程度不断提高,对公众一直保持强大的吸引力。后来,除了正式阅兵日那天的仪式外,还增加了一些彩排场次以满足更多观众的要求。海上阅兵逐渐涵盖了以下项目:驱逐舰及反潜分队的实弹射击,潜艇水面同速急救演习,舰船乐队表演以及"知识教育时段"。在该时段,舰上工作人员讲解作战系统以及诸如绳索打结和旗语信号等海员基本技术。③ 上述活动是日本军队所组织的最受欢迎的公共活动,它们生动地展示了现代技术的发展,吸引了成千上万的民众。最重要的是,与一年一度的陆军实弹射击及自卫队的空中特技表演相比,日本海上自卫队的海上阅兵是唯一能追溯至战前悠久传统的活动。④

直到 20 世纪 80 年代末,日本海上自卫队公共关系策略一直遵循下列基

---

① Masuhara, *A Review of Japan's Defence Strength*, 14; JMSDF, *Kaijō jieitai GojūNenshi-Shiryō hen*, 278; Auer, *The Post-war Rearmament of Japanese MaritimeForces*, 82, 156.

② JMSDF, *Kaijō jieitai Gojū Nenshi*, 96.

③ 作者在"鸟海号"导弹驱逐舰上出席 2006 年日本海上自卫队舰队演习排练,举行时间为 2006 年 10 月 25 日。

④ 2006 年共举行了 5 次全程排练,观众达 10000 人次。30000 人几个月前就通过网上订票,观看任何一天的演习。日本海上自卫队 Toshiyuki Itō 舰长,"Toshiyuki Itō 接受本书作者的访谈",2005 年 5 月 20 日。日本海上自卫队公共事务处职员,"公共事务处职员接受本书作者的访谈",2007 年 8 月 9 日。有关陆上自卫队及航空自卫队的重大公共活动,参看 Fruhstuck and Ben-Ari, '"Now We Show It All!"', 18-19; Fruhstuck, *Uneasy Warriors*, 138-148。

本原则：通过展示海军不断增长的实力来赢得日本观众的青睐。20 世纪 70 年代晚期，海军配备的先进装备以及官兵们专业技能的提升提高了该策略的有效性。通过展示硬件装备的高质量，海军将改善公共关系视为赢得公民社会尊重的契机。另外，宣扬帝国海军强调了机关团队精神及职业观，进而能更高效地为上述先进装备配备称职操作人员，它是日本海上自卫队打造其公众形象的关键手段。摄影师柴田三雄与日本海上自卫队进行了长达三十年的合作。他指出，直到 20 世纪 80 年代末，海军向外发布的信息大都与其舰船及帝国海军传统有关。① 实际上，日本海上自卫队举行了一些"开放日"活动，如参观海军基地、短途海上游览、开放基地内小型博物馆、举行类似于"日本海战役"及"战列舰"等包含诸多帝国时代经典歌曲的音乐会、发行日历以及张贴海报，设计所有这些活动的目的都是效仿帝国海军，通过展示专业技术及现代科技来获得更多公众的认可。

　　在整个冷战时期，公共关系的运作对于日本海上自卫队来说极其重要，因为它能够使海军建立与日本民众之间的纽带，不断向外界展示其职业水准。到 20 世纪 80 年代初，海军已经能够非常娴熟地举行这些活动，并能将海上阅兵与各种各样其他活动很好地结合起来。例如，1983 年，海军组织了 1000 多次对各种舰船的参观，参观者人数总计达 33000 人左右。② 开放舰船供民众参观是为了向他们展示，海上自卫队致力于将自身打造成一支具有很高技术及道德素质、能与帝国海军相媲美的海军队伍。2002 年，幕僚长石川透大将（海上幕僚长，2001—2003）亲自阐明了海上阅兵在海军公关策略中的作用。在日本进行的首次国际海上阅兵仪式上，他强调说，本次活动使"很多人能亲眼目睹今天日本海上自卫队的形象以及我们再次昂首阔步走向未来的坚定决心"③。

---

① 　Shibata Mitsuo，"Shibata Mitsuo 接受本书作者的访谈"，2005 年 6 月 2 日。

② 　JDA，*Defence of Japan* 1984，86.

③ 　Admiral Tōru Ishikawa，JMSDF，'Greetings from CMS，JMSDF'，2002 *International Fleet Review Information Booklet*（Tokyo：Maritime Staff Office‐MSO，October2002），courtesy of the JMSDF's PAO.

表 5.1 战后时期主要的海上阅兵

编号	地理位置	日期	船队组成	参加数目
1	东京湾	1957.10.02	32 支舰队 49 架飞机	…*
2	东京湾	1960.11.02	43 支舰队 47 架飞机	…*
3	东京湾	1961.11.02	32 支舰队 29 架飞机	1021
4	大阪湾	1962.11.03	48 支舰队 31 架飞机	3829
5	东京湾	1964.11.02	52 支舰队 36 架飞机	775
6	大阪湾	1965.11.03	49 支舰队 51 架飞机	4248
7	博多湾	1966.11.03	37 支舰队 50 架飞机	5033
8	伊势湾	1967.11.05	43 支舰队 75 架飞机	6369
9	东京湾	1968.11.03	44 支舰队 47 架飞机	6216
10	大阪湾	1969.11.03	50 支舰队 51 架飞机	6838
11	相模湾	1970.11.03	45 支舰队 48 架飞机	4606
12	佐世保湾	1971.11.03	45 支舰队 59 架飞机	8393
13	相模湾	1972.11.05	51 支舰队 63 架飞机	9091
14	若狭湾	1973.09.16	39 支舰队 48 架飞机	17467
15	相模湾	1981.11.03	45 支舰队 55 架飞机	…*
16	相模湾	1984.11.04	53 支舰队 51 架飞机	…*
17	相模湾	1987.11.03	54 支舰队 49 架飞机	29586
18	相模湾	1989.11.05	55 支舰队 51 架飞机	33971
19	相模湾	1992.10.11	52 支舰队 54 架飞机	40966
20	相模湾	1994.10.16	45 支舰队 52 架飞机	33464
21	相模湾	1997.10.26	46 支舰队 43 架飞机	42012
22	相模湾	2000.10.29	62 支舰队 61 架飞机	55516
23	相模湾	2002.10.13	24 支舰队（日本） 17 架飞机（11 个国家）	…*
24	相模湾	2003.10.26	45 支舰队 40 架飞机	…*
25	相模湾	2006.10.29	40 支舰队 28 架飞机	…*

…*：详细数据没有提供。

来源：日本海上自卫队 50 年史资料编，252 页；作者参加了 2016 年海上阅兵。

舰船之外：公共事务局

冷战后,帝国传统在日本海上自卫队的公关策略里发挥了不同的作用。20 世纪 90 年代初,媒体对武装部队的关注出人意料地强烈了很多,这给部队信息机关增加了巨大压力。① 正如一位公关事务处负责人所言,四十年来,日本海上自卫队一直在努力提高公众对其作用及使命的理解,但是在很多时候,这种努力皆是徒劳。20 世纪 90 年代,局势发生逆转,公共事务局收到了大量索要有关信息的请求。② 一名防卫记者注意到了这种改变并指出,"冷战结束……(日本)出现了一个动乱时代,很多人及机构——政客、官僚分子、外交官、银行及大企业——纷纷落马或凋敝。但是,日本自卫队却例外"。他认为,在整个 20 世纪 90 年代及 21 世纪头十年,民众对安保问题的意识有所提高,从而"将自卫队推向了前台"③。

在仅仅十多年中,日本人逐渐对国防中的军事机器产生兴趣;同样,他们对在海外部署自卫队开展行动变得更加自信,尽管这些行动仅局限于紧急救援、人道主义援助及重建任务。④ 在美国占领日本结束后的头一二十年中,人们很少关注军队,或者将之视为"一种必须存在的邪恶"⑤。在那之后,日本民众对军队的理解有了很大的改进。甚至在 20 世纪 90 年代,一些语言尖刻的报纸新闻提要还曾指出,"日本年轻人极其不愿参军",军人在日本"得不到任何尊重"。但是,日本自卫队的社会地位后来有了明显改观。⑥ 其中最能反映这种变化的当属 2007 年 1 月防卫厅正式升格为功能齐全的防卫省。

---

① Fruhstuck and Ben-Ari, 'Now We Show It All!', 1–39; Fruhstuck, Uneasy Warriors, 116–148.

② 日本海上自卫队 Toshiyuki Itō 舰长,"Toshiyuki Itō 接受本书作者的访谈",2005 年 5 月 20 日。

③ Wakamiya, 'SDF's star on the rise in turbulent times', The Asahi Shimbun, 31 July 2003.

④ Midford, Japanese Public Opinion and the War on Terrorism, 5, 17–20, 44–45, 49; Kliman, Japan's Security Strategy in the Post–9/11 World, 50–52; Hughes, Japan'sRe-emergence as a 'Normal' Military Power, 58–59; Samuels, Securing Japan, 71–82.

⑤ Morris, Nationalism and the Right Wing in Japan, 207; Auer, The Post-war Rearmament of Japanese Maritime Forces, 183.

⑥ Nakamoto, 'Young Japanese Unwilling to be Soldiers', Financial Times, 7 September 1990; Schoenberger, 'Military in Japan Gets No Respect', Los Angeles Time, 10 September 1990.

随着民众关注及理解有了大幅度提升，他们对武装部队的期待不仅仅局限于物质层面了。对于海上自卫队更是如此，因为它曾经将展示装备的现代化作为重中之重。这些装备与帝国海军之间本来就有着千丝万缕的联系，稍做调整后，日本海上自卫队积极地利用这两者间的联系来表明自己的心声。虽然彼此间有些细微的区别，但视频、宣传小册子以及各种小型电器都传达了同一种理念，即"通过保持帝国海军的七十七年历史传统"，海上自卫队完全有能力应对国家安全挑战。① 在这个问题上，本书在前面章节里曾指出，在诸如征兵海报、情况介绍小册子以及宣传图画书等信息交流平台，日本军人的职业特征一直被低调处理，其锐气也被消失殆尽，因为其中的尚武元素已被消除，取而代之的是一些"娇小可爱"、魅力四射的卡通人物，如日本自卫队的吉祥物"泡菜王子"。但是，海军却并非如此，像"泡菜王子"这样的人物从未在海军中得到有力支持。② 事实上，媒体在开发其海军产品时，脑子里想到的观众却截然不同。因此，只有极小一部分产品中含有诸如流行集体舞等"娇小可爱"的形象，它们都是为迎合儿童及青少年的偏好而设计的。③

公共事务局成为一个特殊引擎，负责设计及实施如何通过各种不同方式向社会传达海军信息。为了满足新的需求，该事务处在 20 世纪 90 年代初进

①　Quoted from a JMSDF Promotional video,*JDA*,April 2005,courtesy of JMSDF's PAO,MSO.

②　例如，日本海上自卫队来自公共事务局的成员表达了对"泡菜王子"适度的同情，因为它未宣传"海军的价值观"。值得注意的，尽管"泡菜王子"作为一个塑料娃娃，或者手机套可以在日本国防部纪念品店或者日本自卫队的其他的服务机构中买到，在大型海军阅兵之前，却很难能在博物馆里日本海上自卫队纪念品店的货架上或者临时摊位上找到它。这些用于宣传海军的地方代之以其他纪念品，如给企鹅娃娃们穿上经典的日本海上自卫队蓝夹克衫或者海军帽。日本海上自卫队公共事务处职员，"公共事务处职员接受本书作者的访谈"，2007 年 8 月 9 日；2008 年 5 月及 2005 年 2 月，本书作者到江田岛访问日本海上自卫队博物馆，2005 年 7 月访问佐世保，2005 年 8 月访问鹿屋，2007 年 8 月访问吴；2006 年 10 月 26 日，本书作者参加 2006 日本海上自卫队海军阅兵式。

③　2007 年，日本海上自卫队在官方网站上上传了三个视频，展现出海军的不同专业特征，它们与中学生的各种不同兴趣相对应，使两者之间的契合变得更加容易，而高中生和大学生都是海军潜在的兵源。关于此话题，也可参 Philip Brasor, 'Imagine All the Soldiers and Sailors Singing andDancing in Harmony', *The Japan Times*, 22 April 2007, http://search. Japantimes. co. jp/cgi - bin/fd20070422pb.html。

行了升级。至本世纪头十年,它已变得异常忙碌,负责向公众发布所有与日本海上自卫队相关的信息。① 它满足了民众对日本海军的作用、使命以及其他与社会更加密切相关的特征的好奇心,进而帮助建立和管控日本海上自卫队的形象。例如,该事务处有责任——与日本其他军种或世界其他军队里相关部门的职能不无二致——发布一些微妙问题的信息,如有关牵涉日本海上自卫队人员的事件,包括事故、自杀或者腐败以及重大违抗命令事件。② 同样,该事务处也负责协调各种重大事件的筹备、宣传及新闻报道工作,包括检阅、重大节日庆典及海军阅兵。如果举办这些活动是日本海上自卫队打造其自身形象的工具,那么公共事务局则是为这一切行动提供动力的发动机。

在东京的办公室里,公关计划由大约九名身着制服的军人负责制订,其中包括在役及非在役军官。他们的工作由一名大佐负责协调,一名中佐进行辅佐。③ 该岗位军官每两至三年轮换一次,而非在役人员的在岗时间则可能更长一些,因为他们通常都接受了更为细致的公关培训。在很多方面,他们堪称公关部门的顶梁柱,比广播公司及营销公司人员具有更精湛的专业特长,因为他们都熟练掌握了出版、广告及大众传播领域的技巧和先进技术。据报道,为了实现以上目标,截至 1993 年,防卫厅启动了有关报纸文本分析的特别培训项目。④ 这些项目不仅向从业人员提供正规教育,还经常通过前辈与后辈之间的互动形式,邀请导师(通常是以前在公关系统类似岗位工作过的人员)来提供反馈信息并传授相关经验,这是日本各社会阶层的一种惯例。⑤

截至本世纪头十年,由平均四名工作人员来负责协调与报纸及电视记者之

---

① 20 世纪 90 年代,日本防卫厅的民事与军事公共事务部门得到了加强。Katzenstein, *Cultural Norms and National Security*, 108。

② Fruhstuck and Ben-Ari, 'Now We Show it All', 18.

③ 伊藤,"伊藤接受本书作者的访谈",2005 年 5 月 20 日;日本海上自卫队 Ōseto Isao 舰长,"Ōseto Isao 接受本书作者的访谈",2007 年 6 月 20 日。

④ Fruhstuck, *Uneasy Warriors*, 118.

⑤ 日本海上自卫队海曹长,"日本海上自卫队海曹长接受本书作者的访谈",2007 年 8 月 14 日。

间的关系。其中三名负责与电视网络及制作人之间的联络，为越来越多的短剧及电影播放申请提供专业咨询。其余两名人员负责网站及图像文档的更新及管理，①在此方面，日本海上自卫队的公关方式似乎已经取得了积极成果。2004年11月，该网站负责官员对其进行了重大改造，仅在次年的头几个月里，该改造就初见其效，其用户数超过了日本陆上自卫队。同年末，日本海上自卫队的点击率达到了1.83亿次，陆上自卫队的点击率为1.81亿次，而航空自卫队仅为1.34亿次。② 海上自卫队网站平均每月点击率达到37万次至42万次之间。③

古庄大将与传承帝国传统的海军

20世纪90年代，由于需要传达新的、更为清晰的信息，策划工作的重担落到了日本海上自卫队军官队伍中的精英分子的肩上。20世纪90年代至本世纪初，古庄幸一大将是将帝国海军传统与海上自卫队公众形象嫁接起来的真正幕后推手。古庄大将对公共信息倾注了大量心血。他坚信，有关帝国过去的记忆会成为塑造日本海上自卫队公众形象的有力工具。古庄大将的这一观念是他不平凡军官职业生涯的自然产物，他最终成为了海军第26任幕僚长（2003—2005）。④ 这位大将于1946年出生于日本西部九州岛东北的大分县，年轻时候的他对日本海军并没有任何特殊情感。九州岛以作为日本群岛现代海军传统主要守护者而著称。但是，航海及海军惯例并不属于大分县居民文化遗产的一部分。这对于古庄大将的家庭来说也不例外，他的父亲甚至还在帝国陆军服过役。⑤

古庄大将家庭里的军人传统激发了他对日本军事历史的好奇心，他开始

① 伊藤，"伊藤接受本书作者的访谈"，2005年5月20日。

② 'SDF's 3 Arms Battle for Hits on Web Sites'，Yomiuri Shinbun，6 January 2006，http://www.yomiuri.co.jp/dy/national/20060106TDY02002.htm.

③ Data concerning the period from January to July 2007，courtesy of the JMSDF's PAO，Tokyo.

④ Bōei Nenkan，577.

⑤ Furushō，"Furushō接受本书作者的访谈"，2005年9月2日。

津津乐道地研究日俄战争中武士般的英雄人物,如乃木将军,特别是该海战中最伟大英雄之一、来自大分县的同乡广濑大佐。① 对日本军事传统的敬重以及对明治时代海军形象所代表价值观的赞赏是促使他 1965 年最终决定报考国防大学的关键因素。在随后的四年中,他将自己的全部精力和热情都投入到后补干部训练中,成为国防大学第 13 届优秀毕业生之一。一年后,他又在江田岛以同样成绩完成了学业。② 1970 年,年轻的古庄正式服役,并开始专攻一项基础却不同寻常的专业技能:水雷战。

对于一名年轻有才气的军官来说,成为一名固定翼飞机飞行员或者驱逐舰上的前线军官是成名的最佳途径,不仅能获得令人怦然心动的机会成为"海上斗士",③也更有希望成就一生的军旅生涯。水雷战在过去和现在都是一种复杂、耗时及危险的战事,目的主要是为了使潜在敌人不能靠近沿海地区。因此,它不太可能为人提供足够机会以实现职业上的快速发展。但是,在日本海上自卫队,专修水雷战具有特殊意义。水雷战悠久的历史要追溯到 1945 年盟国占领日本之初。海上自卫队水雷支队的先辈们曾身着帝国军服在太平洋战争中为日本而战,随后他们完成了清除通往重要港口的水道上水雷的工作,使这支部队在日本被占领之初仍然得以保留。④ 再后来,他们于 1950 年参加了朝鲜战争,并继续进行日本岛各处的扫雷工作直至 20 世纪 60 年代末。⑤ 至古庄少尉

---

① 海军少佐广濑武夫在死后被追升为中佐并列入海军军官纪念堂的时候只有 25 岁,小笠原大佐(后来升为海将补)力求要追封他为军神。广濑是一个魅力非凡的官员,他不仅热衷于自己的工作,也很关心下属的福祉安危,与他们建立了兄弟般的情谊。他惨死于一场爆炸,这是他爱兵胜于己的典型写照。当时他正在即将沉没的"福井丸"号船上寻找杉野孙七兵曹,"福井丸"号是 1904 年 3 月 27 日第二次尝试封锁旅顺港时用的一艘闭塞船。Shimazu,'The Making of a Heroic War Myth in the Russo-JapaneseWar',83-96。

② Bōei Nenkan,577;Furushō,"Furushō 接受本书作者的访谈",2005 年 9 月 2 日。

③ 基于作者与日本海上自卫队几位中高级官员的访谈及对话的思考,2005 年 5 月、8 月和 9 月。

④ Auer,*The Post-war Rearmament of Japanese Maritime Forces*,49-52。

⑤ Auer,*The Post-war Rearmament of Japanese Maritime Forces*,62-68,159;NHK Special Selection,Kaijō jieitaiwa Kōshite Umareta,250-255;Hirama,'Japans Value inthe Korean War:Issues Surrounding the Dispatch of Minesweepers',http://www.bea.hi-ho.ne.jp/hirama/yh_e_top.html。

加入水雷部队时,其专业技能及军备质量代表了帝国海军最突出的专业遗产之一。①

古庄 1984 年晋升为中佐,1989 年晋升为大佐。其间,他分别在海上和陆上幕僚监部行政部或人事教育部工作过。当古庄大佐于 1990 年 8 月负责公共事务局工作时,已经是一名经验丰富、备受尊敬的军官了。关注日本帝国海军传统、在指导初级军官方面的出色能力以及与下属间的兄弟般情谊都使这位具有非凡洞察力人物的职业生涯非常与众不同。② 在负责建立海军公众形象这个新的岗位上,古庄大佐平易近人,坚定地认为联结帝国海军与日本海上自卫队的文化遗产具有重要价值,所有这些都成了海军的宝贵财富。现在回想起来,在一系列事件为海上自卫队提供了契机以重塑媒体对日本军队职业精神看法的时候,一位擅长水雷战的军官受命负责公共事务局,这一切并不是一种恰逢其时的巧合。

1990 年 8 月 2 日,伊拉克入侵科威特,后来由美国主导、联合国支持的多国联合部队采取了军事行动,这些事件暴露了日本战后在安全事务上低调的姿态及危机管理系统中存在的局限。③ 由于有些国家期待日本能为联军提供某种形式的军事支持,随即开始了枯燥乏味的政治谈判,最终日本政府做出了战后首次向外派遣自卫队的决定。1991 年 4 月,一个由五艘扫雷舰及"常磐"号补给舰组成的小型舰队被派往波斯湾。④

正如一项较为权威的研究指出,自危机爆发以来,在波斯湾进行某项军事部署并未使日本海上自卫队感到意外。⑤ 早在 1987 年夏天,美国就试图让日本海军参加在西欧的护航及扫雷任务,但日本并未同意。当时,海上幕僚监部、一个与海上自卫队有密切联系的私人智库以及执政党对派遣自卫队去该

---

① Maeda, *The Hidden Army*, 43-44.

② 基于作者与日本海上自卫队几位中高级官员的访谈及对话的思考,2005 年 5 月、8 月和 9 月。

③ Samuels, *Securing Japan*, 66-67; Hughes, *Japan's Re-emergence as a 'Normal' Military Power*, 41-42; also, Takashi, 'Japan's Response to the Gulf Crisis: An Analytical Overview', 257-273.

④ *Asahi Shinbun*, 26 April 1991. Also, JMSDF, *Kaij jieitai Gojū Nenshi*, 474-480。

⑤ Woolley, *Japan's Navy*, 89-109.

地区参加行动的意义制订了一系列的研究计划。1990 年该地区的形势进一步恶化之后,海上自卫队计划及项目处人员意识到,派遣扫雷部队可能会成为一个真正的选择:对于拥有必要的法律知识、操作技术及风险评估能力的海上自卫队来说,它是一项低风险、恰当的海外行动。① 由于充分意识到首次海外行动所蕴含的政治及社会复杂性,日本海上自卫队需要一位令人放心的人物来策划有关内容的宣传。由于古庄大佐不仅拥有水雷战专业知识也对海军职业特征有着正确理解,他不仅完全具备胜任该工作的能力及名望,更重要的是,也符合海军高层的要求。② 他是在恰当的时间负责恰当任务的恰当人选。

对于日本海上自卫队来说,1991 年受派前往波斯湾是一次重大考验,因为自 1952 年成立以来,这是它的舰队编队首次在海外参加不仅技术复杂且政治上颇有争议的行动。在日本,除了有关武装部队合法性的争论之外,人们对海上自卫队及水雷部队知之甚少。③ 这次行动的成功形成了巨大推动力,不仅提高了公众对日本军队在未来发挥更大维和作用的信心,也为它在整个 20 世纪 90 年代参加其他维和及救灾行动铺平了道路。④ 古庄大佐撰写了一篇技术性很强的文章,发表在日本关于海洋事务最重要期刊的 1991 年第 7 期上。该文章不仅探讨了对未来水雷部队的要求,也对海上自卫队在波斯湾完成任务情况进行了首次评估,它为宣传日本军队做出了重

---

① Kaneda 海将,"Kaneda 海将接受本书作者的访谈",2005 年 10 月 19 日;Woolley, Japan's Navy,101;Woolley,'Japan's 1991 Minesweeping Decision',813–814。

② Admiral Sakuma, JMSDF, *Chakunin ni Saishi Kunji*, 31 August 1989.

③ 值得注意的是扫雷舰在日本是日本海上自卫队的一种公共使用率很高的武器,用于清扫太平洋战争期间埋在恐怖水域的地雷。据报道,99% 的群岛已经没有地雷了,尽管该舰船仍在当局的要求下不断参与毁灭和排除危险性爆炸。2004 年,扫雷舰清除了 32153 个爆炸物,包括两个地雷(基本上每周 618 次爆炸),总计 100 吨爆炸物。JDA, Defence of Japan 2005,397。

④ Midford, *Japanese Public Opinion and the War on Terrorism*,16–17.1992 年,日本通过了一项立法(国际和平合作法),允许日本自卫队参与联合国维和行动。自实施起,自卫队人员参与了联合国 1992 年在柬埔寨,1993 年在莫桑比克,1994 年在扎伊尔,1996 年在戈兰高地和 2002 年在东帝汶的任务。近几年来,自卫队在 2004 年被派遣至印度尼西亚参加印度洋海啸之后的国际紧急援助任务,2010 年被派往海地参加地震后的国际救灾任务。

要贡献。①

　　在随后的几个月中,古庄详细分析了海军成功的原因。他认为,日本海上自卫队常用的公关策略——邀请民众精英出席江田岛军校毕业典礼仪式——是传达信息的理想平台。他的目的是要让这批观众了解在海军圣地举行的最重要的仪式。在那里,对海军历史的记忆与海上自卫队的今天完美地融合在一起;在那里,他能将历史传统与海军成功实践之间的内在联系传达给公众。② 正如1992年他的一位访客所言,古庄大佐"抽时间向我们讲授了很多海军传统";他向我们解释了海军传统的作用以及它们如何提高了后补干部们的社交专业技能。正如他所说,"古庄的言语中充满了对海军传统的无比自豪。"③在一个正式场合,古庄大佐不仅展示了其教育本能及发自内心的激情,也展示了其用通俗易懂及令人信服的语言诠释海军对于日本安全重要性的无人能及的能力。④ 日本海上自卫队公共事务的历史已经揭开了新的一页。

诠释人及传统：博物馆及其他

　　在随后的四五年中,有了类似于古庄这些军官们的参与,日本海上自卫队开始专注于能够提升其形象的具体措施。其中一项特别的措施是,海军对其两大博物馆认真进行了重新布置以实现提升其形象的目标。⑤ 首先进行重新

---

　　① 　Furushō,JMSDF,'Kaijōjieitai no Kirai Senbutai:Sono Genjō to Syōrai',141 – 145;Hino,'Chūmoku no Perusyawan Haken Sōkaibutai',168-171.

　　② 　在解释江田岛的海军学院和博物馆对于海军认同的精神价值时,将它们称为"圣地"在与日本海上自卫队的舰队司令的谈话与访谈中多次出现。Kaneda,"Kaneda 海将接受本书作者的访谈",2005 年 8 月 5 日;日本海上自卫队 Kōda,"Kōda 接受本书作者的访谈",2007 年8 月 17 日。

　　③ 　Agawa,Umi no Yūjō,4.

　　④ 　阿川,"阿川接受本书作者的访谈",2007 年 7 月 20 日。

　　⑤ 　重要的是,尽管它们被正式列入教育"基地名录",事实上,展览的组织和表演的安排是由海上幕僚监部的教育与规划部监管的。

布置的是位于鹿儿岛县鹿室市的海军航空博物馆。顾名思义,该馆关涉日本海军航空史。它始建于 1972 年,1993 年进行了重新布置和大规模扩建,20 世纪 90 年代初的修缮使该博物馆得以形成现在的模样。博物馆向公众重新开放时,占地面积达 27000 平方米,比邻海军航空基地,每月接待游客超 7000 人,包括一些主要来自中国台湾及东南亚其他地区的外国游客。① 博物馆内气势宏伟的日本厅里陈列着日本海上自卫队使用的各式飞机及直升机,这进一步增加了该厅的吸引力。其中最具吸引力的当属一架零式舰载战斗机的原机,它是在附近的海岸发现的,后来由基地技术人员用原始零部件组装而成。大部分展品都与帝国海军有关,两个陈列室展示的内容各不相同:其一展示的是,曾经造就了历史上那支优秀作战部队的技能在战后时代如何得以继承;另一个展示的是日本海上巡航、反潜战及搜救的具体方式。

人们的第一印象是,这些展览厅为博物馆营造了一个平静及超越时空的氛围。建筑物风格及丰富的展品使鹿屋向外界直观形象地展示了日本海军在"激情燃烧"的岁月里所取得的技术成就。这些都是深思熟虑的设计,因为博物馆详细地研究了日本战前的"军事文化",对其中最富争议的文化层面之一也并未回避,因为涉及日本海军航空方面内容的博物馆不可能回避对战时自杀性攻击特战队这一问题的处理。②

与附近基地官员保持紧密合作的海军航空博物馆的馆长们没有回避处理上述问题。有一副题词显示,"绝对利他主义"及"坚定不移地献身于大善"主宰了日本海军官兵们的文化。这一现象很好地诠释了身着白色军服的人士的各种行为为何与众不同的原因。在博物馆所有陈列室里,人们都可以发现有关诸如大田实海将这样的海军指挥官的各种展示,旨在用事实来证明他们真正的献身精神以及对日本人民的敬意。大田实海将曾致信海军省,盛赞冲绳

---

① 本段使用了 2005 年 8 月 27 日和 28 日以及 2010 年 4 月 10 日和 11 日在鹿屋市参观海军航空博物馆和海军航空基地时收集的信息。

② 不能混淆海军航空博物馆和附近知览的博物馆,虽然知览博物馆也纪念特攻队的历史,但与日本自卫队官方无关。

人民在保卫该岛过程中做出的巨大贡献。① 另一方面,在展示零式战斗机的主馆里,展览进入了高潮,它表明个人最终必须服从组织命令。在那里,博物馆意欲表达的主题清楚明了。特攻队成员的牺牲同样表达了军事文化中的献身精神,尽管其方式很极端。对西乡隆盛敢死队精神的浪漫诠释更突显了上述意欲表达的主题。日本"军事文化"中的献身及无私精神使海军官兵凝聚在一起,取得了海军过去的成功,诠释了曾经的艰难选择和失败,激发了今天日本海上自卫队的团队精神。② 由于日本海上自卫队在战后时代将履行完全不同的空中使命,上述主题表明,帝国精神得以传承,尽管它并不包括战时的那些极端方式。

如果说海军文化的复杂程度可以借助于海军航空得到诠释,那么日本海上自卫队位于佐世保的海军历史博物馆,也称"帆塔",却强调了另一个完全不同的主题。该博物馆于 1997 年 3 月开放,其物品陈列关涉水面部队及日本两个不同时代的海军。③ 两大军队之间的联系被直观地"刻在石头上"。今天的博物馆曾经是帝国海军当地军官俱乐部。④ 战后,它被征用来作为美国海军军官的"城镇俱乐部";20 世纪 90 年代,当地政府再次征用该建筑并建议日本海上自卫队将其改造成博物馆,⑤之前 20 世纪初的俱乐部建筑因此而得到了彻底的翻新。在原有的建筑物上方又建造了六层玻璃建筑,旨在利用阳光来减少能源浪费。这两种建筑在风格上形成了巨大反差,为了减少这种反差需要付出同样巨大的努力。这座新"帆塔"的建造旨在揭示日本海上自卫队的本质:"传统与进步"。

在这座建筑内,精心布置了白色大理石、地毯、大型液晶平面屏幕以及高保真扬声器以营造一种迎宾气氛,现代高科技使其显得优雅简洁。站在顶层

---

① For the content of the letter, Auer, *Who Was Responsible?*, 164-165.

② 海军航空博物馆馆长,"海军航空博物馆馆长接受本书作者的访谈",2005 年 8 月 27 日。

③ 本段材料是 2005 年 7 月 31 日和 2010 年 4 月 8 日在佐世保海军历史博物馆一日游时收集的。根据带我参观博物馆的官员,游客量差不多等于鹿屋,但游客主要为日本人。

④ Japan Defence Agency(1999), *Defence of Japan*(Tokyo:Urban Conditions,1999),170.

⑤ 日本海上自卫队 Ōtsuka Umio 舰长,"Ōtsuka Umio 舰长接受本书作者的访谈",2005 年 3 月 14 日。

观光厅，整个港口一览无余，进一步加深了人们对该建筑的印象。该博物馆对海军进行了充分展示，与鹿室博物馆相同的是，馆内每个角落都能反映出历史与当下的融合。与其不同的是，佐世保博物馆的设计旨在利用历史来吸引年轻一代，而并非让他们铭记历史。陈列室展示的各式按比例缩放的过去及现在的战舰模型、武器及驾驶模拟装置、互动式的计算机辅助测试、视频、灯光甚至展品的摆放顺序都是为了能详细展示两大海军的风采以及选择海军职业的积极意义。在具有强大航海传统的佐世保这样的城市，传递上述信息并不是一件困难的事。

该建筑物有三层全部用于展示帝国海军丰富的历史，有两层用于海上自卫队的展示。整个展览的主要目的在于使参观者们充分注意海战的复杂性以及成功操作舰船所必备的无数技能和必须完成的任务操作。这种设计进而表明，为了维持舰队正常运行、保养以及升级，海军人员必须做到技术高度娴熟，潜心付出并愿意竭尽所能去完成每一项任务。这座博物馆强调的主题如其说是个人加入海军必须具备的精神素质，不如说是海军职业要求具备的实际操作技能。实际上，展示帝国海军成功史也旨在强调这一主题。不断训练和演习为娴熟操作、精准射击及高效战力打下了坚实基础。帝国海军史的展示也为展现日本海上自卫队做了成功的铺垫：海上自卫队如何继承帝国先辈追求娴熟技能及尖端科技的品质，以及又如何要求海军为了实现国防目标而招募在智慧及技术上都最为出类拔萃的人员。

佐世保和鹿室博物馆在两个方面颇为相似：它们都将诸如东乡及山本大将这样的海军关键人物与一些诸如大田大将这样的独特人物一起结合起来，以更好体现日本海军名人的本质；它们都利用经过战争考验及洗礼的帝国军事史来达到增强日本军事传统的目的。这两座博物馆都同时利用有关军事装备及作战技能的图片来解释海军人员与海军之间的关系，这一点并非巧合。根据柴田三雄的观点，古庄倡导的日本海上自卫队宣传策略与之前的区别在于它更强调"人"的层面。① 战后时期的宣传工作一直都集中于宣扬作战能力

① Shibata，"Shibata 接受本书作者的访谈"，2005 年 6 月 2 日。

及有效性，通过图片及阅兵来凸显海军装备的尖端科技。古庄接管公共事务部门时，日本人对军队的看法正在悄悄发生重大改变。他意识到这一趋势正在不断加强，随即第一个提出要进行工作重心的转移；他对帝国遗产的利用不是通过将当今高科技装备与象征过去强大军事能力的战舰及战机联系起来的方式，而是通过围绕操作舰船的军事人员及诸如东乡、山本及广濑这样备受尊敬的战争英雄的人员素质来进行的。正是后者为日本军官树立了标杆。

有关公共事务局在古庄大将出任幕僚长期间为电视连续剧及科幻电影提供专家咨询时所奉行的原则，该处主管发表过评论。他指出，日本海上自卫队希望人们"将注意力集中于海上自卫队队员身上"①。他们力求利用好民众对战前海军的既定认知，即海军官兵拥有各方面都很均衡的素质：既崇尚传统价值观也具备现代技术能力；既爱国也具有全球视野；既拥有强大的主观能动性也拥有铁一般的纪律。由此，过去海军人员所具备的价值观似乎表明，当今日本海上自卫队的能力取决于其人员的素质，而这些人员的教导依从的是上述帝国传统。出于此原因，2004 年，古庄大将强烈支持制作一部有关江田岛海上自卫队后补干部生活的纪录片。重要的是，该片重点介绍了对古庄大将的访谈，其间他诠释了"海军文化"的主要内涵。他身后背景里一尊东乡大将的小型雕像清晰可见，为访谈内容起到了很好的支撑及示范作用。②

1997 年古庄晋升为海将补，2001 年晋升为大将，2002 年先出任海上自卫队司令后回到海上幕僚监部任副幕僚长，2003 年出任幕僚长。在他受命负责公共事务局 13 年后，关于武装部队的使用在日本再次成为公众激烈争论的话题。其中的核心内容包括两个方面：日本自卫队参与多国军事行动；他们解决

---

① 伊藤，"伊藤接受本书作者的访谈"，2005 年 5 月 20 日。伊藤进一步解释了这一方法的采纳最终使他与两部电影的主角密切相关，这两部电影是《守卫者》和《男人们的大和》。它们的票房都很好。前一部是 2005 年最佳电影的第 12 名，后者是 2006 年最佳电影的第 6 名（Motion Picture Producers Association Japan, http://www.eiren.org/boxoffice_e/2005.html, http://www.eiren.org/boxoffice_e/2006.html）。伊藤大佐是 2005 年 TBS 黄金时段电视剧中主人公的原型。'Jieitai Tōjō Suru Kono Shīn', *Securitarian*, 2005:5, 12-15。

② JMSDF, *Kanbu Kōhosei: Etajima no Seishun*(DVD).

地区安全关切的能力，主要涉及朝鲜的核武器及中国军事现代化。① 具体说来，2001 年 9 月，政府制订了有关派遣海上自卫队 P3-C 海上巡逻机以及一艘宙斯盾级驱逐舰去印度洋为联军提供后勤支援的初步计划，围绕该计划的争论使海军成为举国上下关注的焦点。② 由此，作为海军最高统帅且经验丰富的古庄大将牢牢控制了海军的交际策略。

好几次重大场合促成了海军利用公共事件进一步强化帝国海军与海上自卫队之间的关联。2002 年 10 月，恰逢日本海上自卫队庆祝成立 50 周年，日本历史上第一次成为国际海上阅兵的主办国。这是一次"里程碑式的事件"，它使"日本海上自卫队庄严地亮相"于世界舞台。为了庆祝该事件，日本邮政公司决定发行印有"白根"号驱逐舰及"鸟海"号驱逐舰的邮票，这是日本战后首次发行有关防卫厅及日本自卫队的邮票。③ 同时，日本海军在东京、横须贺及横滨组织了长达一周的系列宣传活动，包括舰队检阅、音乐会、一次夜间停泊舰船的"灯光亮化"，以及第八次西太平洋海军论坛和一次多国联合搜救演习。④ 在形象推广层面，这次事件的设计旨在给予日本海军最大程度的公开报道，并通过展示其在帝国时代强大的组织、作战及外交能力来提高它的声誉。一家日本专门制作与战争相关的纪录片的公司为本次舰队阅兵制作了特殊的 DVD，里面包含了一些战前帝国舰队阅兵的原始视频片段，对推广形象起到了潜移默化的作用。⑤

2005 年，正值日本日俄战争胜利 100 周年及太平洋战争结束 60 周年，日本海军又获得了两次通过开展各种丰富多彩、影响广泛的活动来宣传自己的契机。日俄战争对于日本海上自卫队来说具有非凡意义，因为它造就了日本最闻名的海军英雄。该次战争中的战斗人员及战争本身铸造了一种特殊的道

---

① Midford, Japanese Public Opinion and the War on Terrorism, 20-45；关于公众对日本自卫队及有关针对朝鲜和中国的防御政策认知的转变，参看 Kliman, Japan's Security Strategy in the Post-9.11 World, 55-60。

② Midford, *Japanese Public Opinion and the War on Terrorism*, 24-28.

③ JDA, *Defence of Japan 2003*, 295-296.

④ JMSDF, *Kaijō jieitai Gojū Nenshi*, 681-682.

⑤ JMSDF, *Kokusai Kankan Shiki 2002*.

德精神,战后的日本海军认为这种精神已经传承至他们的血脉及形象之中。因此,他们举行了多场庆祝活动,5 月 28 日(在对马岛取得胜利的日子)举行的两场官方庆典仪式使活动达到了高潮:一场在陆上的三笠号战列舰博物馆举行;另一场在海上举行,由经验丰富的比睿号驱逐舰作为旗舰的小型舰队编队在俄日战争爆发的海区进行实地航行。① 由于 2005 年也是英国取得特拉法尔加海战胜利 200 周年,日本海上自卫队将其训练编队派往欧洲参加在朴茨茅斯港举行的舰队检阅仪式,试图在纳尔森与东乡、特拉法尔加与对马岛以及皇家海军悠久历史和遗产与日本海军传统之间建立起象征性的联系。这些事件得到了主流媒体的广泛报道。另外,整个 2005 年中还有其他一些活动为之摇鼓助威,包括相关纪录片、宣传视频及科幻电影的发布。它们要么是由海军亲自制作,要么得到了海军的大力支持。在内容上,它们都充分利用了日本海上自卫队长期以来一直大力宣传的主题,即帝国海军与海上自卫队在文化及职业技能上存在着紧密联系。②

结　论

至退休前,古庄大将对这支与过去有着密切联系的海军部队已充满信心,这一信心不只是来自公共事务领域。③ 他对战后日本海上自卫队交际策略的贡献离不开下列观念:只有日本人民对海军有信心了才能提高其社会信任度,并与不断增加的海军报道相吻合。古庄大将指出,通过提高公众对人员、装备及使命的理解,日本海上自卫队就能够加强与日本人民之间的纽带,提高他们

---

① 作者于 2005 年 5 月 28 日在"雾雨"号驱逐舰上出席日本海上自卫队的对马战争纪念活动。

② 《男人们的大和》的 DVD 版本中有一段采访伊藤上尉的片段,他解释了日本海上自卫队对制片的贡献,更重要的是,他说到了战前与战后海军在军纪、团队合作及战友情谊方面的道德及文化传承。

③ Nao Shimoyaki, 'Admiral Proposes SDF less Run by Civilians', *The Japan Times*, 3 July 2004, http://search.japantimes.co.jp/cgi-bin/nn20040703a1.html.

对海军社会作用的认知。① 正因为如此,他鼓励海上自卫队在公共关系上进行更多的投入。② 他强调说,战后国内及国际环境的改变使海军有必要进一步拓宽公共关系领域。既然海军的行动节奏加快了,它行动的可见性及"国民对它的关注"也随之增加。③ 如同古庄大将所言,海上自卫队必须适应这种新环境,以便为自己奠定一个良好的社会基础。④

帝国海军在公共关系上起到了双重作用。在新海军建立之后,过去的实践为它既提供了公关主题——海军是一个现代化及睿智的机构——也提供了公关策略,包括海上阅兵及基地造访。公众的怀旧情绪及将帝国海军与现代日本之崛起联系在一起的情感纽带为新海军提供了一个有效的选项,尽管它当时所处的社会只关心经济复苏而对军事兴趣寥寥。庆典仪式及公共关系活动使日本社会认识到,帝国海军成功的支柱——海军专业技能及强大的武器装备——是新海军的生命线。现代性及持续进步推动了日本战后复苏及海军崛起。至 20 世纪 70 年代末,聚焦于部队装备及职业技能的大型公开展示发挥了重要作用:它们既凸显了美德及道德精神也将人们注意力从预算、结构及规范的局限性中转移开来。在人们对防卫政策兴趣寥寥的时期,这些展示还弥合了海军与市民社会之间的隔阂。利用这一时期,海上自卫队精心打造自身的公众形象,使其成为战后帝国专业遗产的"守护者"。

冷战期间打下的基础是之后创造杰出成就的先决条件。数十年目的明确的公关活动以及为这些活动精心创造的舰船和基地环境使日本海上自卫队向外传递了一个明确信息。由此,20 世纪 90 年代随着公众关注度的增加,日本海上自卫队指派了一些富有信心及远见的人员来加强公共关系部门——公共事务局。一些个人贡献,特别是古庄大将的贡献,对于丰富公关策略及实施方法十分关键。在此方面的主要变化是,更多的重心转移到了海军人员上——

---

① Furushō,"Furushō 接受本书作者的访谈",2005 年 9 月 2 日。

② Admiral Furushō, *Chakunin ni Saishi Kunji*, 28 January 2003.

③ Admiral Furushō, *Chakunin ni Saishi Kunji*, 28 January 2003.

④ Admiral Furushō, *Chakunin ni Saishi Kunji*, 28 January 2003.

相比于装备来说,海军的道德风范得到了更多的重视。在此过程中,各种重大公关活动都充分利用了帝国海军遗产,它是日本海上自卫队作为一个政府机构获得成功的源泉。海军专业技能及职业精神同样被解释为基于相同传统,正是这些传统确保了日本在世纪之交的崛起。这些因素又进而确保了海军有能力应对日本国家安全所面临的越来越多的挑战。与日本自卫队其他军种不同的是,海上自卫队一直都能成功利用其帝国历史来塑造和保持它的公共世界观,并为此努力赢得社会的支持。

图 5.1　恢复旧传统:二战后第一次海上阅兵

图 5.2　惯例事件:现代海上阅兵(2006)　作者拍摄

图 5.3　建立与民众的联系：横须贺日本自卫队音乐会

图 5.4　传统与现代：佐世保"帆塔"　作者拍摄

图 5.5　日本的军事文化：鹿屋海军航空博物馆　作者拍摄

第六章 战略与政策:太平洋上的 "海军强国"

战争如何展开,最终皆取决于统帅的战略视野及个性……重要的不是一定要找出解决问题的唯一方法。①

——日本海上自卫队内田一臣大将

(第八任海上幕僚长,1969—1972)

在制定2010财年新版《国家防卫计划大纲》时,至关重要的是,日本作为一个海洋国家,必须增加防卫预算,在宪法许可的范围内尽可能加强海上防卫,密切与美国的联盟关系。一个更加强大的日本海上自卫队能赢得中国同行们的更多尊重,建立更加可靠的双边互信。②

——西原雅史

(日本东京和平与安全研究所所长)

---

① Jun Tsunoda, Admiral Kazutomi Uchida, JMSDF(Ret.), 'The Pearl Harbor Attack: Admiral Yamamoto's Fundamental Concept with Reference to Paul S.Dull's, A Battle History of the Imperial Japanese Navy(1941-1945)', Naval War College Review, Vol.31, 1978: Fall, 88.

② Masashi Nishihara, 'Maritime Japan Should Reinforce Maritime Defence Capability', The Association of Japanese Institutes of Strategic Studies(AJISS)–Commentary, No.37, 17 July 2008, http://www.jiia.or.jp/en_commentary/200807/17-1.html.

海军战略，科贝特范式

  1950 年 10 月 6 日清晨，横须贺的日本海军当局有足够理由感到忧虑。由 24 艘扫雷舰和 1 艘母舰组成的海上编队即将加入由美国海军理查德·T·斯波福德舰长指挥的国际任务小组进行元山登陆作战。① 在随后的两个月里，共计 46 艘悬挂联合国旗帜的扫雷艇将会完成对朝鲜港口周围 327 公里地区的水道及船舶停泊处进行清雷的任务，涉及区域包括元山、镇南浦以及仁川。② 对于任何海军来说，这都是一项危险的任务。对于缺乏正式名分，特别是本不该前往该地区的海军来说，尤其如此。这次任务使日本海军损失了两艘舰船，在其中之一的 MS14 号舰触雷后，年轻舰员中谷坂太郎不幸身亡，他是日本战后唯一为人所知的"战死沙场"的士兵。③ 随着朝鲜战争的不断推进，美国多次提出的扫雷要求使日本当局充分意识到，他们的国家被推到了美苏在东亚持续角逐的风口浪尖。在此背景下，海军的重新武装注定会成为有关安保这一更大话题争论的核心内容。正如野村吉三郎大将所言，日本的海军需要"足够强大，能完全遏制来自俄国或中国共产主义分子的侵略"，以保卫包括通往日本的海上通道在内的日本沿海地区及海上空域，控制宗谷、津轻和对马海峡。④ 海军的重新武装是国家战略的关键组成部分。

  本章将探讨帝国海军经验如何不仅帮助日本海上自卫队形成了条理清晰的战略视野，也同时为相关海军政策提供了足够支持。对于海上自卫队领导层来说，理解过去不是一个"假如……"的问题，而是一个"哪段过去"及"如何做"的问题。正如内田大将所言，它是一个有关寻求恰当方法的问题。对过

---

① Kaijōjieitai Sōkai Butai, Nihon no Sōkaishi: Chōsen Dōran Tokubetsu Sōkaishi, 13–19.

② Kaijōjieitai Sōkai Butai, Nihon no Sōkaishi: Chōsen Dōran Tokubetsu Sōkaishi, 12; Auer, The Post-war Rearmament of Japanese Maritime Forces, 66.

③ Kaijōjieitai Sōkai Butai, Nihon no Sōkaishi: Chōsen Dōran Tokubetsu Sōkaishi, 46–49. 也可参看 NHK Special Selection, Kaijōjieitai wa Kōshite Umareta, 250–253。

④ Nomura, 'Memorandum 6', 31 January 1951, Mauch, The Occupation-era Correspondence of Kichisaburo Nomura, 135–136.

去的重新评估必须有助于确定海上自卫队在国家防卫中的新角色及使命,它的目的"不是罗列出历史教训,而是确定哪些问题是需要认真思考的"①。重要的是,对过去的审视主要集中在下列方面:一是上次战争中相关战略及政策失败,以打消对旨在建设足够军力的官僚政治的相关顾虑;二是对反潜战能力的顾虑。上述措施使日本海上自卫队发展成了一个与其帝国先驱完全不同的机构。它在追求机构利益时将其作为国防政策的内在组成部分,而不是将后者作为实现前者的手段。与帝国海军追求马汉式目标不同的是,海上自卫队发展成了一个特别具有科贝特式特色的机构。科贝特认为,海洋战略的"最大关切"是"在战争计划中定位好陆、海军之间的相互关系"。② 在制定海洋战略时,需要解决的关键问题是,"战争的目的是什么?"以及如何使海军契合这一目标。③ 海上自卫队在论证自己有关国防的立场时,其策略就是利用帝国经验努力成功回答上述问题。

破碎的三叉戟

对于战略设计者来说,机构记忆是一种价值连城的资产。就日本来说,战后战略及海军政策所基于的基本理念要追溯至对帝国海军太平洋战争中溃败的事后理解。最高领导层的评判是,战前计划及战时指挥中的失误是导致失败的主要原因。在战争计划的大战略方面,"高层领导从一开始就对现代战争的性质有严重误解",他们认为该战争会在短时期内结束。这种误解进而使海军领袖们对石油及钢材这些原材料的需求量产生了严重的误判。④ 同样,在制订夺取太平洋制海权的计划时,没有对随后的维持制海权所需的战斗行动进行适当的评估。野村人将指出:

---

① Till, Maritime Strategy and the Nuclear Age, 224-225.

② Corbett, Some Principles of Maritime Strategy, 14.

③ Corbett, Some Principles of Maritime Strategy, 15.

④ USSBS, Interrogations of Japanese Officials, 318.这些评估后来得到了其他著作的进一步证明,例如:Evans and Peattie, Kaigun, 398-401;Asada, From Mahan to Pearl Harbor, 287-289.

> 他们（日本海军战略家）在制订战争计划时，必须为防御做好规划；也就是说，必须守住攻城略地的成果，这些都需要精心盘算。但是，他们只顾向前推进，很少在意守住战果。他们没有考虑海洋运输过程中的损耗、需要提供的各种原料以及守住业已攻下的阵地。①

需要将野村对日本后勤支援战略缺陷的反思置于具体背景下进行审视。在珍珠港袭击发生后的几个月里，野村一直在美国，他亲眼见证了美国经济完全具备为这场"全面战争"做好充分动员的巨大潜能。在整个 1942 年的上半年，野村对有关美国海军扩建项目的报道深感忧虑，这些建设项目旨在迅速增加美国舰队的快速巡洋舰、航空母舰及潜水艇的数量。野村特别惧怕美国潜水艇数量的双倍增长，因为它是"威胁日本海上交通线"的最理想的武器。② 这种经历有可能影响了战后他对日本海战策划及指挥失败的看法。他的这一观点远非孤立无援，因为学术界随后给予了它颇多支持。③

另一位退役大将认为，导致这一问题的原因是，自 1907 年以来，日本海军发展计划受到预算政治的严重影响。④ 对装备采购问题的担忧源于两大因素：在国内，它受到与陆军竞争财政资源所带来的限制；国际上，特别是在后来的 20 世纪 20、30 年代，装备采购受到了华盛顿及伦敦海军条约规定的军舰数量及总吨位占比的限制。⑤ 海军领袖希望弥补装备材料及数量上的不足，于是对诸如航速、装甲防护以及火力配置这些技术问题非常倚重，因为它们能形成"一流"的海上平台。在海军内部的争论中，有关"谁""为什么"以及"为了什么目的"等问题逐渐被搁在了一边。另外，1937 年后，日本不断增

---

① USSBS（美国战略轰炸调查团），Interrogations of Japanese Officials，394。

② Mauch，Sailor Diplomat：Nomura Kichisaburō and the Japanese-American War，218.

③ 例如，可参看 Evans，The Japanese Navy in World War II。

④ Yokoi "Thoughts on Japan's Naval Defeat"，68.

⑤ Schencking，Making Waves，8，125–128，145–160；Asada，From Mahan to Pearl Harbor，47–51，178–182，293–295；Asada，Culture Shock and Japanese-American Relations，106–136；Yokoi，"Thoughts on Japan's Naval Defeat"，71–72.

加对中国的介入，使海军与陆军之间的关系更趋紧张，两者对物质资源的争夺成为有关国家防卫问题辩论的核心。至 20 世纪 30 年代末，"如何"打造一支能成功给予太平洋主要竞争对手——美国海军致命一击的海军舰队日益成为人们关心的首要问题。[1] 为申请经费找理由需要一个"假想"敌；有了"假想"敌，就能限制有关海军战略的争论，将其仅集中在一系列有关战术及技术层面问题上，其最终目的是进一步完善各种战舰的质量，使其能战胜数量上占优的对手。由此，"陆、海军的战略规划与国防理论之间几乎没有任何联系"[2]。

在战后的反思中，前帝国军官强调了帝国海军行动中存在的第二个问题：帝国海军缺乏根据不断变化的战争形势调整自己战略及战斗行动的能力。[3] 在整个战争期间，帝国海军只顾准备那些与美国海军具有决定性的水面战事，而忽略了海上运输这一关键因素。保卫日本运载自然资源及原材料的海上通道对于日本战争机器十分关键。[4] 海上运输是日本帝国的生命线，也是它的"阿喀琉斯之踵"。当同盟国军队开始利用日本人的这一缺点时，他们却没能意识到这种战略变化，仍然继续一味以敌人的作战舰队为目标。至 1943 年末，日本在海上已经损失了 200 万多吨货物，与前一年相比，大宗货物减少了300 万吨。1944 年及 1945 年，这种形势急剧恶化，日本石油进口从 1943 年高峰期的 74 万吨减少至区区 17.8 万吨（1944 年第三季度）；1945 年，从东南亚进口的石油只有 9%最终到达日本的目的地。[5]

随着战争的推进，同盟国军队对日本商船发动了强大的攻势，其中潜水艇造成了毁灭性的打击。1944 年 6 月至 7 月间，在南海，美国水面巡航舰艇平

---

① Evans and Peattie，Kaigun，第七章和第八章。同时可参看，Hirama，"Japanese Naval Preparations for World War II"，63–81。

② Yokoi，"Thoughts on Japan's Naval Defeat"，69.

③ Yokoi，"Thoughts on Japan's Naval Defeat"，74–75.Toyama，"Lessons from the Past"，62–69.

④ 直到 1945 年，日本帝国海军每年仍需要大约 300 万吨的燃料。例如，在莱特湾战役中日本舰队在不到一周的时间内共消耗了 1.5 万吨的石油。该记录可参看 Parillo，"The Imperial Navy in World War II"，in Sadkowich，Reevaluating Major Naval Combatants of World War II，64。

⑤ Parillo，The Japanese Merchant Marine in World War II，215，247.

均每月击沉约二十艘日本船只,损失货物达 6 万吨。[1] 同年的 9 月至 10 月,"葬身海底"的货物数量翻了一倍(达到近 13 万吨),而在 1944 年 11 月至 1945 年 8 月间,包括海军舰船及商船在内的共计 58 艘船只被击沉,损失货物数量达到了最多的 178320 吨。[2] 以下三大失策使日本注定要遭受海战的失败:日本反潜策略存在着固有缺陷,没有派遣足够战舰执行护航任务;没能及时调整潜水艇作战任务,如派遣它们去侵扰美国船只。[3] 做一项对比分析就能证明这一观点是正确的。在大西洋,德国的 U 型潜艇在海上击沉了 60% 的同盟国海运物资,总计达 1457 万吨,使同盟国军队共计损失 781 艘潜艇、39000 名船员。在太平洋,美国潜艇击沉的日本海运物资达到其总量的 55%(达 48000 吨),使日本损失 55 艘潜艇及 3500 名船员。[4] 在日本商船船号尾字统一为"丸"后,在海上对其商船发动袭击被称作"丸"战。战后美国战略轰炸调查团认为,"丸"战"也许是造成日本经济衰退及军方和海军后勤支援失败的唯一最具决定性的因素"[5]。

战争中幸存的高级将领们认为,对海军作为治国工具的过于狭隘的理解造成了两次世界大战期间及战时政策上的失误。20 世纪 30 年代,海军在外交上遭受孤立,在预算问题上与陆军不断产生纷争,这些都制约了海军将自己的角色置于一个更大国家安全背景下进行思考的能力。对角色的狭隘定位又进而影响了海军战略设计者们制定合理战略的能力,这种合理的战略不仅要符合 20 世纪 30 年代后期的国家政策,也要契合 20 世纪 40 年代战争爆发后的战场形势。[6] 最终,日本的"三叉戟"被彻底摧毁。

---

① Blair, Silent Victory: The U.S. Submarine War against Japan, 900−983.

② Blair, Silent Victory: The U.S. Submarine War against Japan, 966−975.

③ Toyama, "Lessons from the Past", 68−69; Atsushi Oi, "Why Japan's Antisubmarine Warfare Failed", in David C. Evans, The Japanese Navy in World War II, 385−414. 同时可参看 Nomura, Kai-senshi ni Manabu, 236−250; Graham, Japan's Sea Lane Security, 77−89。

④ Goralski and Freeburg, Oil & War: How the Deadly Struggle for Fuel in WWII Meant Victory or, 246−247; Winton, Convoy: The Defence of Sea Trade, 1890−1990, 314; Blair, Silent Victory, 878−879.

⑤ 该处引自 Blair, Silent Victory, 879。

⑥ Koda, "A Commander's Dilemma", 70−74; Parshall and Tully, Shattered Sword, 402−415.

海军政策与国家安全

战后第一代海军将领不会忘记这些惨痛"教训"。自从海军省被废除以来,在整个机构的解散过程中,战前高级将领与即将成为日本海上自卫队第一代高级军官之间形成了一个强大的纽带。就在海军省被废除之前的 1945 年 11 月,海军大臣米内光政指派野村大将参加未来的日本海军重建工作。① 米内知道,在日本被占期间,有关其重新武装的任何决策都是由华盛顿而不是东京来做出的。因此,他之所以希望像野村这样的退役高级军官能参与其中,主要出于专业及实用主义的考虑。② 从实用主义角度看,像野村、米内及山梨这些军官被美国视为帝国海军内部对英语国家更为亲善的群体,他们态度温和、专业能力强,③而且在美国都有私人朋友。特别是野村,他在战前还在华盛顿担任大使。战后,野村与美国政界及军界重要人物保持着定期书信往来,旨在就海军重新武装进行讨论和游说。④

利用这些有利条件,诸如野村一类的退役军官与负责军队复员工作的军官们一直保持着接触,以确保这些年轻军官在参加制订战后海军发展前期计划时能够借鉴"上一次战争"失败的教训。1951 年秋,"Y 委员会"的建立尤其证明了在整个过渡时期,帝国海军与战后海军的专业发展道路是多么紧密联系在一起,该委员会的任务是研究如何使用美国为日本提供的一套舰船。⑤ 由一位学者领导的研究小组就野村对这段时期的影响发现了新证据,该学者指出,尽管野村大将不是该委员会正式成员,但他"一直在幕后给予建议、鼓励和支持"⑥。帝国经验的价值在于它在整个过程中所应发

---

① Mauch, Sailor Diplomat, 227.

② Mauch, Sailor Diplomat, 227.

③ Auer, The Post-war Rearmament of Japanese Maritime Forces, 70.

④ Mauch, The Occupation-era Correspondence of Kichisaburo Nomura, 129−155, 185−189.

⑤ Auer, The Post-war Rearmament of Japanese Maritime Forces, 83−89.

⑥ Mauch, Sailor Diplomat, 247.

挥的幕后作用。

自1952年至1954年,日本海上自卫队的先辈们一心努力要理解帝国经验,特别是失败背后的原因,并且基于这些理解制定出了更加有效的政策来应对当前的挑战。海军的一个设想是,冷战形势的发展可能要求海军成为国家军力的关键组成部分。日本群岛所处的地理位置使其在限制苏联在东亚的海军扩张中占据一定的战略优势。日本诸岛上的海军基地对于遏制战略的实施至关重要,它周边的海峡是重要的海洋通道。苏联战略策划家们好像也惧怕日本地理上的战略优势,在旧金山和约签署时,这一点得到了证明。据报道,当时苏联代表建议,只有在禁止日本增强其周围海岸线防御的前提下,才能限制苏联海军舰船使用日本周边海峡。[1] 随着冷战政局的发展,有关日本战略地理位置的思考变得更加重要。

日本国内政局对军队策划者如何重新考虑战前有关国家防卫的诸多想法也产生了同样重大的影响。1947年出台的"和平"宪法第九条禁止日本使用战争手段解决国际争端,因此,日本不得拥有陆海空三军。[2] 在海军策划者讨论重新武装时,必须考虑该宪法带来的诸多影响。从军事行动角度看,该宪法意味着日本海军策划者不能再考虑用进攻手段来获取制海权并以此作为海军战略的基石。从政治角度看,国民对军事事务的监督意味着,在战后,军队不能再使用求助天皇作为强行推行其采购计划的手段。从战略角度看,在吉田首相的支持下,日本举国上下皆一致同意将经济恢复作为优先任务,因而赞成与美国建立安全同盟,以便在军事事务上保持低调。[3] 就海军事务来说,吉田首相将与美国的合作视为最佳选择,以此来发展海洋经济,获取世界资源及市

---

[1] Nomura Kichisaburō, "Japan After Independence", 3 July 1952, in Mauch, TheOccupation-era Correspondence of Kichisaburo Nomura, 213.

[2] "日本和平宪法"可参看链接 http://www. kantei. go. jp/foreign/constitution _ and _ government_of_japan/constitution_e.html。

[3] 吉田认为,尽管并没有正式形成,但是这足以告知其继任者他的政策,这也是后来被称作"吉田主义"或"吉田道路"的原因。该部分可看 Hughes, Japan Re-Emergence as a 'Normal' Military Power, 21-27; Samuels, Securing Japan, 29-37; Graham, Japan's Sea Lane Security, 92-98; Nakajima Shingo, Sengo Nihon no Bōei Seisaku. 'Yoshida Rosen' wo Meguru Seiji, Gaikō, Gunji。

场,在无须建立一个强大海军的前提下确保其海上通道的安全。①

在上述背景下,帝国海军失败的教训在保安厅成立后不久得到了初步的借鉴。1952年9月,保安厅成立了一个由三个分委员会(防卫,经济及行政机构)组成的被称作"制度调查委员会"的顾问机构,以对日本防卫的未来需要进行前期研究。② 新近成立的海上安保部队的军官们帮助确定了海上安保部队的规模。

海军专家们在撰写建议时,特别注重上次战争中出现的问题,即如何确保重要原材料能源源不断地运入日本群岛,这种关切与日本正在酝酿中的安保计划非常契合。分委员会提出了一个十三年期的海军建设规划,目标是使舰船总吨位达到475000吨。国家安全的核心目标之一是保护海上运输安全,确保海上护航及反潜战的成功是指导军队采购的重要原则。③ 该文件确定的第二个重点任务是提高军队阻止外国入侵日本领土的能力。④ 对新海军角色的定位非常符合诸如野村之类前海军将领在之前各种场合所表达的观点。⑤

在1954年日本海上自卫队正式成立后的两年里,上述观点仍然继续主宰着海军政策规划。东京和华盛顿的海军规划者在战略层面都坚持要从过去的错误中吸取教训。正如由新近建立的日本安保厅委托的一项1956年官方研究成果显示,由于日本领土及主要海上贸易通道容易遭受苏联最终发动的军事攻击,重建及维持一支现代化的海军舰队是非常必要的。⑥ 日本海军建设

---

① Masataka Kosaka,"Japan's Major Interests and Policies in Asia and the Pacific",Orbis,Vol. 24,1975:3,793-808.

② Auer,The Post-war Rearmament of Japanese Maritime Forces,154.

③ 必须指出的是,由于当时日本还在战后恢复期,海上运输保护并不是当务之急。1955年,日本经济只有美国的7%,低于欧洲主要国家的经济水平。Gordon,A Modern History of Japan,246。

④ Auer,The Post-war Rearmament of Japanese Maritime Forces,154;Graham,Japan's Sea Lane Security,100.

⑤ Nomura,'Memorandum 6',31 January 1951,in Mauch,The Occupation-era Correspondence of Kichisaburo Nomura,136.

⑥ Military Assistance and Advisory Group Japan(MAAG-J),"Requirements for the Naval Defence of Japan",14 November 1956,in Ishii and Ono,Documents on the United States Policy towards Japan.Documents related to Diplomatic and Military Matters 1956,Volume 4,398-405.

的政策导向是提高其防御能力，即完成护航任务的能力，而不是向外投放实力。但是，鉴于日本战后经济凋敝，这一目标仍然显得十分宏大。

实际上，制度调查委员会原始报告里列出的一系列雄心勃勃的数字并未受到拥有很大影响力的大藏省的待见，它驳回了该委员会提出的计划，声称该计划给当时政府严峻的财政状况平添了不必要的经济压力。① 海军重新武装的希望可以寄托在执政党内部一小群富有影响力的支持者身上，其中最显要的人物当属该党安保政策研究委员会主席保科善四郎海将，他是一位退役帝国海军军官。但是，对于当时的日本政府来说，海军建设并非当务之急。除了考虑到 20 世纪 50 年代初日本经济及造船潜力十分有限之外，从短期来看，相比于加强陆军实力，海军政策并不是那么紧迫的一个问题。②

政府的上述立场基于两个原因。在国内，加强陆军建设向日本人民展示了政府要加快美国大部分驻军撤出日本的决心。在外交上，它意味着，日本决心维持与美国间的安全同盟关系，但同时在其国外不会发挥任何真正的战略作用。③尽管当时的局势不利于海上自卫队施展抱负，但这些早期规划的重要性不容低估。它们体现了海上自卫队在早期通过反思过去以应对不断迅速变化时局的尝试，在此变化过程中，日本的经济发展对海上贸易的依赖性在不断增加。④ 这些规划表明，海军对有必要将其实力纳入整个国家安全战略之中的做法十分欣赏。而且，海军对海上防卫的重视符合新宪法的规定，尽管寻求建

---

① 1955 年之后的草案中海军吨位不断增长，从 8.1 万吨上升至 14.3 万吨。该内容可参看 Auer, The Post-war Rearmament of Japanese Maritime Forces, 155。

② 从一个更广阔的策略角度来看，两个超级大国（例如美国和苏联）将卷入下一次世界大战。这场大战将会原子化且时期短，因此海军将几乎无用武之地。另一方面，即使战争时间延长（尽管这不太可能），日本也将严重依赖与美国海军行动来维持航线开放。JMSF, Kaijōjieitai Gojū Nenshi, 26；Baer, One Hundred Years of Seapower, 332-333。

③ William J. Sebald to Secretary of State, 28 January 1955, and MAAG-J to Secretary of State, 18 March 1955 in Ishii and Ono, Documents on the United States Policy towards Japan. 也可参看 Documents related to Diplomatic and Military Matters 1955, Volume 2, 27, 95。

④ 从 1955 年到 1973 年，日本的经济迅猛增长，迅速成为继美国和苏联之后的世界第三大经济体，国民生产总值几乎达到美国总量的三分之一。该部分可参看 Gordon, A Modern History of Japan, 246-247。

立一支具备保护地区海上通道能力的海军昭示了海军的勃勃雄心：寻求掌握制海权，而并非放弃制海权以专守岸上防卫。

1956 年，《第一次防卫力量整备计划》提出了将日本海上自卫队建成一支中等级别海军部队的最后决定，即总吨位为大约 124000 吨，包括 20 艘主要水面舰艇以及各式飞机 180 架，计划于 1958 年至 1960 年间装备完毕。① 该计划有效地将海军事务置于次要地位，规定日本海上自卫队需要严格执行的唯一任务是"保护日本大陆免遭外国直接入侵"。尽管海上自卫队的策划者没有停止尽力为海军防务争取利益，但《第二次防卫力量整备计划》的起草仍旧基于同样的基本理念。②

上述决策决定了在战后政策制定过程中，军队领袖需要在何种程度上服从文职官员。同样，这些决策的出台也证明，海军规划者已经找到了为以海洋为导向的军事主张进行论争的正确方法，而且他们已开始从初步尝试中获得经验。海军在政治上的不成熟并未妨碍它在进行自我评估及舰队建设目标制定时仍旧雄心勃勃。他们认为，最初的规划在政治及经济上都不符合日本的时代需要。有关此问题，有一位熟谙当时日本海上自卫队规划研究的高级军官解释说，在重新武装的初始阶段，海上幕僚监部的海军策划者在勤勉工作的同时对重建海军舰队充满焦虑和不安。③ 他们曾在帝国海军开始自己的职业生涯，希望新海军的发展不只局限于几艘巡逻艇及扫雷艇这样的规模。海上自卫队似乎已经认识到，在海军战略理念与国家政策之间，前者决定着后者的边界，而且帝国经验能够为弥合两者间的分歧提供有效手段。

表 6.1 日本海上自卫队采购计划，1953—2000

计划	时期	DD	SS	MSC	总数	飞机	直升机	总数
	1953—1957	15 *	1	14	30	156	13	169
第一次整备	1958—1960	5	4	8	17	78	15	93

---

① Masuhara, A Review of Japan's Defence Strength, 19.

② JMSF, Kaijōjieitai Gojū Nenshi, 29–30.

③ 可参看 2008 年 5 月 27 日日本海上自卫队海军大将香田洋二与本书作者的会谈。

续表

计划	时期	DD	SS	MSC	总数	飞机	直升机	总数
第二次整备	1962—1966	9	4	11	24	71	29	100
第三次整备	1967—1971	13	5	12	30	56	43	99
第四次整备	1972—1976	8	3	14	25	81	40	121
第四次整备后	1977—1979	8	3	6	17	36	18	54
中期	1980—1982	9	3	6	18	26	16	42
中期	1983—1985	8	3	6	17	27	29	56
中期	1986—1990	9	5	10	24	60	60	120
中期	1991—1995	8	5	10	23	68	63	131
中期	1996—2000	7	3	6	15	18	42	60

来源：日本海上自卫队，《海上自卫队五十年史及资料汇编》，东京：海上幕僚监部，2003。278-279，302-303。

一个"贸易国"的战略

自 20 世纪 60 年代后五年至 20 世纪 70 年代初，三个因素改变了有关日本防卫事务的政治大辩论。一方面，人们认为，理查德·尼克松总统 1969 年宣布的关岛主义学说给美国能否真正承担东亚安全义务投下了阴影，它是对吉田及其继任者所施行的安保政策的理论基础的一个巨大挑战。[1] 另一方面，20 世纪 50 年代日本经济实现了惊人的复苏，加上小笠原群岛以及琉球群岛分别在 1968 年及 1972 年回归日本，使其海上领地得到了扩展，这些都促使日本国内就什么是国家安全的核心利益及最好的保护手段展开了更为广泛的辩论。[2]

---

[1] Akihiro Sadō, Sengo Seiji to Jieitai(战后政治与自卫队-Post-war Politics and the JSDF, Tokyo: Yoshikawa Bunkan, 2006), 84-87。

[2] 在自民党内部，如保科海将这样的政治家们长期支持加强日本海空防御力量这一目标。保科海将的相关观点可以追溯至 1957 年，且该观点在 1969 年由船田中重申。尽管船田中的重点是在如何从整体上建设高质量的日本军事能力。Hoshina Zenshiro, "Opinion Regarding Adjustment of American-Japanese Relations from the Strategic Standpoint of the East and West", 12 February 1957, in Ishii and Ono, Documents on the United States Policy towards Japan. Documents related to Diplomatic and Military Matters 1957, Volume 5, 134-135。

　　船田中议员接替保科大将在自民党安保政策研究理事会的职位后，解决"后冲绳回归"时代的日本防卫问题成为他的当务之急。他回忆了上次战争时期美国潜水艇在日本海肆意妄为的痛苦经历，并借此表达对于日本贸易航道的深深忧虑，一语道破该时代的核心问题。[①] 过去数年积累的经验使日本海上自卫队信心百倍地努力利用好千变万化的政治形势。在《第三次防卫力量整备计划》里，海上自卫队调整了自己的要求，它只提出了适度增加装备的建议，但却能为未来更大、更均衡的发展打下基础。[②] 海军提出了将舰队总吨位增加 2 万吨的要求，不仅在财政上可行，在政治上也可以接受。此计划使海军不再将国家防卫地位之争的重点放在"数量问题"上，目的是努力实现一个具有更长远意义的目标。1966 年，由于贸易额的不断增长，日本海上自卫队成功地将"保护领海内海上运输通道"也列入其主要职责范围。[③]

　　随着其职责范围扩大至监视和保卫日本的重要海峡通道，提高海军效率、发展有效战略成为重中之重。针对前者，海上自卫队利用周边海峡较为狭小的海域进行更加复杂的水上、水下及空中装备的战术训练。[④] 针对后者，海上自卫队对保护日本海上贸易通道的应急预案进行了评估。根据一份未发表的官方文件，《第三次防卫力量整备计划》中详细描述了一种应急预案：海上运输必须沿着两条"航路带"进行，分别通向日本西南和东南方向的太平洋中心地带。西南航路带包括从琉球群岛和西南诸岛至巴士海峡的 840 海里（1512 公里）长、150 海里（270 公里）宽的海域；东南航路带则

---

① Embassy Tokyo to Department of State, "The Funada Plan for Post-Okinawa Reversion Security", 22 August 1969, in Ishii, Gabe, and Miyazato, Documents on the United States Policy towards Japan.Documents related to Diplomatic and Military Matters 1969, Volume 7, 29.

② 在一位美国权威海军观察员看来，日本的海军政策影响有限，因为"舰艇建设数量和财政占比都没有太大变化，而且还在继续强化已有的扫雷舰队"。该部分内容可参看 Auer, The Post-war Rearmament of Japanese Maritime Forces, 161。

③ JMSDF, Kaijōjieitai Gojū Nenshi, 31.在 1968 年，日本消耗的原油中 99.4% 都依赖进口，其中 91% 来自中东。原油进口占日本进口总量的 30%。该部分内容可参看 Sekino, "Japan and her Maritime Defence", US Naval Institute Proceedings, 115。

④ Nagata, "Shīrēn Bōei", 78.

包括从小笠原诸岛至关岛以南的长1000海里(1800公里)，宽240海里(432公里)的海域。①

当几年后日本经济面临第一次严重威胁时，建立一支能够满足国家经济安全需要的海军舰队的必要性开始变得不言自明。1973年爆发的石油危机撼动了日本社会经济制度的根基，使防卫政策制定者更加明确地意识到"保证海上运输安全"的重要性。② 这次"石油冲击"凸显了日本战后以海洋为导向的经济实力中所蕴含的严重脆弱性。在20世纪60、70年代，京都大学教授、前首相大平正芳(1978—1980)的顾问高坂正尧首次使用"海洋国家""贸易国"来描述日本工业得以重振的过程中所凸显的鲜明特色。③

作为一个资源贫乏的岛国，日本出口导向型发展模式直接导致了其对国外市场及原材料的依赖，这同时也增加了"日本自身的脆弱性及对世界的影响力"。正如高坂正尧所言：

> 也许二十或者十年前，日本还可以在世界上独自默默生活；但现在它的大量出口给其他国家带来了问题。由于日本现在需要更多的原材料，一旦这些原材料难以获得，它将会痛苦不堪。④

海上贸易是日本崛起为经济大国的重要途径，但同时它也将愈发成为其阿喀琉斯之踵——从某种意义上说，战时经历已经揭示了这一道理。高坂的著作并未直截了当地论述军队及海军在安全领域中所发挥的作用，但他的观点反映了日本一部分有影响力的学者开始逐渐意识到日本未来将面临的经济

---

① Sadō，Sengo Seiji to Jieitai，146；Graham，Japan's Sea Lane Security，101.因为由海军大将中村良三首先提出，这些论述后来被称作"中村道路"。该部分内容可参看Agawa，Umi no Yūjō，214。

② JDA，日本防卫省1977，100。

③ Kōsaka，"Kaiyō Kokka Nihon no Kōsō"，Chūō Kōron，48-80；Kōsaka，"Tsūshō Kokka Nippon no Unmei"，116-140.

④ Kōsaka，Options for Japan's Foreign Policy，3.

安全挑战。① 高坂还加入了负责起草冷战时代主要安保政策文件——《1976年国家防卫计划大纲》前期研究报告的咨询委员会,他有关日本经济特征的观点可能对当时的政策制定过程产生了一定的影响。② 其他一些有见地的观察家注意到了有关日本海军问题辩论背后的经济因素。防卫分析家前田哲男强调,包括食物及能源在内的海上进口产品的运输问题对于日本国内有关保护海上通道的辩论产生了至关重要的影响。他指出,"主要问题是如何将工业原材料及生活必需品运到日本港口,如何保护航道,如何组建护航编队"。他还总结道,在他看来,"对于一个经济大国来说,保护海上通道可以称得上是个商业问题"③。

民间其他一些海军支持者,尤其是前帝国海军军官、海上自卫队退役中佐关野秀夫,认同高坂观点所蕴含的战略意义。④ 像关野这样的海军支持者都希望日本能打造一支更加庞大的海军,以便在战时能够建立一个"海上安全区",为从日本海岸驶往印度尼西亚以及穿越东海、南海的日本船只保驾护航。关野预计,为了保护船队免遭苏联海军航空兵及陆上空军部队的空中打击,日本需要一支舰船吨位达50万吨、拥有570架飞机的海军舰队。⑤ 但是,在防卫厅的文职官员中,也有一些诋毁以保护海上交通为战略基石的人。⑥由高级文职防卫官员海原治为首的一群人对保护大面积水域内的海上通道战略进行了驳斥,称其不仅难以实施,且没有顾及财政上的负担。鉴于此,海原提出了一个仅基于应对苏联入侵、更为保守的防卫建议。⑦ 在有关军队在国

---

①　小坂教授是吉田首相的权威传记作者之一,也是第一个使用"主义"一词来指代吉田首相的政治遗产。该部分可看 Saishō Yoshida Shigeru ron。

②　JMSDF,Kaijōjieitai Gojū Nenshi,121.

③　Maeda,The Hidden Army,230.

④　Sekino,"Japan and her Maritime Defence",98–121.Sekino,"Waga Kuni no Kaijō Goei Monday",Sekai no Kansen,64–66.

⑤　Sekino,"Japan and her Maritime Defence",103.

⑥　该处辩论更详细的总结可参看 Graham,Japan's Sea Lane Security,102–109。

⑦　Kaihara,"Shīrēn Bōei Mondai wo Kangaeru:Jissai Mondai Toshite Fukanō",Sekai no Kansen,130–131.

家安全中作用的理解和诠释上，这两种观点大相径庭。海军至上主义者强调使用军事实力来保护更加宽泛的国家安全利益以及国家的经济和贸易命脉。其主要设想是，制海权不仅对于实现上述目标必不可少，还会阻止可能对日本的入侵。但是，像海原这样的文职官员认为要将军事实力的作用最小化，提倡"极简主义功能"，即将军力的使用仅限于保卫日本的海岸线、领空以及陆上的领土免遭苏联可能发动的两栖攻击。

在《国家防卫计划大纲》正式实施后，关于海洋战略对于日本国家安全的决定性作用，人们达成了越来越广泛的一致。像中曾根康弘这样政治人物的支持给予了海军很大帮助。在 1970 年至 1972 年间，中曾根担任日本防卫厅长官。他赞同下列观点：为了增加日本在安保事务中的"自主权"，必须加强以海洋为导向的防卫策略。[1] 20 世纪 70 年代中叶，海洋战略开始在日本的防卫及安全政策中占据一席之地，即为了保卫日本岛必须挫败各种旨在部分或完全切断日本海上经济命脉的图谋。正如一位作者所言，保卫海上贸易成为"一种既冠冕堂皇又十分实用的手段，用以消除围绕日本战后海上重新武装所产生的争议"。就公众的反响而言，鲜见其他能为日本自卫队进行辩解的理由。[2] 但是，这并不意味着日本政客们完全支持以下主张：大幅度增加海上活动，以保护远海的海上通道。1972 年，日本政府明确表达了如下立场：宪法不允许行使集体自卫权，从而为日本政策行动设置了界限。[3]

未来的挑战：舰队的发展，敌人的演变

在上述背景下，《国家防卫计划大纲》并未将战后防卫政策进行大幅度调

---

[1] 在文学作品中，随后担任首相的中曾根被视作标新立异的政客，评估其对海军事务的贡献有些难度。在太平洋海战中，中曾根在帝国海军中担任尉官。他从不曾否认自己和帝国海军的联系，和日本水交会也保持联系。该部分内容参阅 Sadō, Sengo Seiji to Jieitai, 87-96; Graham, Japan's Sea Lane Security, 102-104. Watanabe, "Has Japan Crossed the Rubicon", 239。

[2] Graham, Japan's Sea Lane Security, 121.

[3] The Advisory Panel on Reconstruction of the Legal Basis for Security, Report of the Advisory Panel on Reconstruction of the Legal Basis for Security (Tokyo, 14 May 2014), 7.

整。虽然它并未提出进行无限制军队扩建的计划,却为实施日本海洋战略创
造了条件。为什么这么说?该计划大纲首次将注意力从日本军队的数量问题
转移至其质量的提高上。采购质量先进的装备以提高日本部队装备质量,可
在现存法律许可范围内最大化地发挥在日本海及东海的震慑作用。对质量的
高度重视致使海洋战略的实施指日可待,实际上海洋战略在 20 世纪 70 年代
关于日本防卫策略的政治辩论中就已经初现端倪。确实,一个具备更强实
力——而不仅仅是更大规模——的舰队才是日本真正所需要的。通过支持该
战略,东京的政治精英们还能同时获得一些独立于华盛顿太平洋战略之外的
日本防卫政策"自主权"。①

从海军角度看,《防卫计划大纲》的核心观念,即"基本防卫部队"概念,体
现了对质量的新追求。该观念寻求通过强化海军实力来确保拥有一支有效部
队掌握日本海(特别是日本三个主要海峡的周边海域)的制海权,从而阻吓苏
联海军的冒险行径以及对日本航运的袭扰。在诸如日本海这样的狭窄海域,
和平时期对咽喉要道的控制对于确保阻挡苏联符拉迪沃斯托克海军舰队至关
重要。鉴于同样考虑,它也是一旦军事冲突升级时确保控制临近海域的最基
本的前提条件。这就是海军的主要使命。在东海航道上进行水面、空中及水
下巡航是对控制咽喉要道的有效补充,这些巡航必须覆盖离日本海岸 500 海
里的海域。② 一旦军事危机爆发,这些和平时期的军事行动将可能成为组织
护航编队的基石。为了满足这些使命的要求,日本必须努力建立一支各项实
力均衡的海上舰队,既能在和平时期进行侦察、震慑对狭窄海域的入侵,又具
备一定在远海广阔海域的反潜能力,以保护来往于日本岛的货物。③ 由此,海
军当局经过二十年的不懈努力,试图使海军在日本国家战略中占据核心地位,
至那时终于获得了回报:新的国家政策将海军的命运与日本生死攸关的海上

---

① Watanabe,"Has Japan Crossed the Rubicon?".241–244.Also,Hughes,Japan Re-Emergence
as a'Normal'Military Power,67–68.

② 关于各种任务的描述可参看 Turner,"Missions of the U.S.Navy",94。

③ Watanabe,"Has Japan Crossed the Rubicon?",242–243.

利益紧密地联系在一起。①

自 20 世纪 60 年代下半叶以来,关于海军政策的内部辩论为海上自卫队应对 70、80 年代的诸多挑战打下了基础。海军心系帝国历史使这些讨论及评判受益匪浅。有一个事例特别能证明这一点。1973 年,日本海上自卫队指派其最富经验的军官之一、仙翁中佐前往日本防卫研究所历史研究室进行项目研究,该项目研究的是 1941 年的一份备忘录,撰写者是当时海军省海军航空本部长井上成美大将。在发表"论现代武器采购规划"一文后,井上成美大将成为首位为海军提出以下忠告的军官:为了给舰队提供能够确保运输通道安全的武器装备,海军有必要对其采购政策进行大刀阔斧的调整。同时,他还对以下教条主义思想可能会产生的灾难性后果进行了斥责:全力以赴打造一支通过一次决定性战役就能夺取制海权的部队,无须考虑为了维持该制海权而必须采取的其他努力。② 仙翁中佐是海军学校 1944 年的毕业生,他曾是井上大将的学生,接受过有关在微型潜艇上服役的训练,战后被指派到国内海域的扫雷舰上进行服役。③ 他是该项任务的理想人选,因为他不仅拥有分析该领域问题的专业技能,也对"论现代武器采购规划"的原文作者非常熟悉。④

石油价格上涨使西方民主国家的能源供应政策面临威胁,作战及侦察系统中的技术革新使各国海军不得不重新考虑其装备采购及其策略,特别是海军、潜水及空中装备。源自海军内部的支持表明,选择仙翁中佐执行该项任务非常符合时局。美国海军战争学院院长斯坦菲尔德·特纳中将基本赞成这一观点,正是他为仙翁中佐提供了在学院杂志上发表其研究成果的机会。特纳上将曾在日本执行公务活动期间见过仙翁一次,他在写给仙翁的一封信中对

---

① 想要深入研究日本在 20 世纪 70 年代中期到 80 年代后期对贸易和能源安全运输的依赖程度,可以参阅 suneo Akaha, "Japan's Response to Threats to Shipping Disruptions in Southeast Asia and the Middle East", Pacific Affairs, Vol.59, 1986:2, 255-259。

② Senō, "A Chess Game with no Checkmate: Admiral Inoue and the Pacific War", 26-39. Also Evans and Peattie, Kaigun, 482-486.

③ Senō, "Senō 接受本书作者的访谈", 2005 年 8 月 5 日。

④ 井上成美在世时与濑野中佐保持着友好关系。Senō, "Senō 接受本书作者的访谈", 2005 年 8 月 5 日。

他的研究成果赞赏有加，因为：

> 从抛弃井上大将具有前瞻性的思想中所汲取的教训仍然适用于今天的现实。井上大将指出，战列舰不再是海军主要武器。对于航空母舰今天是否仍然是海军主要武器这一问题，我们认真思考过吗？井上大将不同意以下观点：下一场战争的方式是大规模海军舰队之间的作战。对于我们当前有关海战的理念是否符合未来形势的发展这一问题，我们考虑过吗？我特别喜欢他的如下见解：在潜水艇时代，对制海权的控制已经不像过去那样是绝对必要的了。该观点似乎超前于他的时代。我认为，我们直至今日仍未完全领会这一观点。[1]

在一个制海权已不再具有过去那样绝对重要地位的时代，日本海上自卫队深知，购置新的装备将会非常有助于它对海洋的控制。基于 1974 年苏联的评估，海军规划者认为，舰队所拥有的反潜能力应该占去确保日本周边海域安全所需海军实力的半壁江山。次年在大岛町沿岸举行的演习再次证明了日本海军在此方面的不足。[2] 为了让日本海上自卫队成功完成其使命，《国家防卫计划大纲》确定了舰队建设目标：约 60 艘水面舰艇和 220 架飞机用于巡航日本领海，16 艘潜艇用于搜索潜在敌方的海军装备。[3] 海军界有些人士认为，这种装备水平无法满足确保海上通道安全的需要。还有其他人士也具有同样的担忧。直到 1981 年，在与美国海军举行的一次高级别会晤期间，一些美国海军将领才建议将日本海军舰队扩大至如下规模：70 艘水面舰船、25 艘潜艇、125 架 P-3C 海上巡逻机（《国家防卫计划大纲》只规划了 100 架）。[4] 观察人

---

[1] Vice Admiral Stanfield Turner, USN, letter to Commander Senō, 1973. Courtesy of Commander Senō.

[2] Graham, Japan's Sea Lane Security, 127.

[3] JDA, Defence of Japan 1977, 64–65.

[4] Graham, Japan's Sea Lane Security, 136; also Matsumae, The Limits of Defense: Japan as an Unsinkable Aircraft-Carrier, 38.

士随后发现,这些数字与日本海上自卫队在准备《国家防卫计划大纲》时所设想的数字非常接近。

日本专家一直将苏联在东亚的军事部署视为日本岛所面临的主要安全挑战,它的不断演变增加了日本对于自己战略实施盘算的复杂性。[①] 自从20世纪60年代后期以来,苏联海军的"蓝水"[②](远海)能力不断增强,这使西方掌控的海洋领域不断被蚕食。苏联太平洋舰队是其海军所有舰队中拥有最大活动区域的舰队。20世纪70年代,它增加了对南海及印度洋的巡航及临时部署。[③] 它早就开启了在东南亚的活动,通过部署舰船和潜艇以及指派巡航飞机从南海的岘港起飞进行侦察,来观察越南战争的进程。在整个20世纪70年代,东南亚地区不稳定的政治局面及非洲东部沿岸地区持续的动荡都加速了苏联的现代化及扩张进程。它的舰队增加了前沿部队,开始对东北亚以外能提供海军补给的地区进行定期造访,如越南的金兰湾。[④] 1979年6月,明斯克号航空母舰、苏联海军最大型的两栖舰伊万·罗戈夫号、四艘导弹巡洋舰及数艘潜艇被调往符拉迪沃斯托克,它标志着苏联在该地区部署的进一步升级。[⑤] 至20世纪80年代,苏联同样加强了其岸基空中力量,致使美国太平洋战区司令罗伯特·朗上将表达了他对苏联轰炸机对航母战斗群所形成威胁的担忧。[⑥] 同样,在日本,拦截飞临日本空域的苏联飞机的次数从1975年的281次增加到1981年的939次。

总之,有证据清楚地显示,苏联增加了其在日本周边的海、空军活动。1976年,有20多艘苏联战舰被发现在日本油船航行区域活动,超过300多艘

① Kimura, "The Soviet Military Build-up: Its Impact on Japan and its Aims", in Solomon and Kōsaka, The Soviet Far East Military Build-up. Nuclear Dilemmas and Asian Security, 107. Also, Maeda, The Hidden Army, 199-200.

② 该词一般被用来描述能够在公海的深海水域执行任务的海军舰队,与只能执行据海岸200海里任务的绿水海军和褐水海军相对。

③ Polmar, Guide to the Soviet Navy-Third Edition, 20.

④ Polmar, Guide to the Soviet Navy-Third Edition, 21.

⑤ Polmar, Guide to the Soviet Navy-Third Edition, 21.

⑥ Polmar, Guide to the Soviet Navy-Third Edition, 25. 更多关于隆大将的内容可参看 Graham, Japan's Sea Lane Security, 126。

各式战舰被发现通过了日本重要海峡。① 当时另一个富有权威性的评估是，苏联太平洋舰队一直得到稳定发展，拥有三分之一至一半左右的苏联海军全部水面及水下装备。② 这一增长趋势一直延续至 20 世纪 80 年代，至 1984 年，苏联太平洋舰队又将新增一艘新罗西斯克号航空母舰和一艘核动力战列舰，致使该舰队拥有苏联全部主战水面舰艇的 28% 以及所有海军飞机的 32%，它是苏联各大舰队中拥有飞机数量最多的舰队。③ 除了增加装备数量之外，定期训练的次数也明显增加，包括 20 世纪 70 年代由全部苏联海军参加、在世界不同区域举行的代号为"海洋"的两次演习。据报道，在"海洋-75"演习中，苏联太平洋舰队承担了四项演习任务，其间有 126 架次飞机被发现曾接近日本空域。④ 虽然有一些小型特遣舰队前往太平洋进行了特殊演习，但是所有大型的演习都被限制在日本海及鄂霍次克海进行，这些演习活动门类多样，包括远距离空中打击行动等。⑤

就日本来说，一直掌握着日本海及西南航道制海权的目的是阻击苏联可能发起的"贸易战"。通过袭击日本海上运输船，苏联军队既可以使往来于日本的货物遭受重大威胁，又不触发《日美安保条约》第五条，即不会迫使美国采取行动。⑥ 日本必须有的放矢地采取行动以最大限度地减少以上事件发生的可能性，这一点至关重要。因此，包括侦察、情报收集、海峡控制及东海航道安保在内的各种行动成为日本海上自卫队和平时期安保的主要任务，目的是要阻吓"敌人潜艇在远海及全球海洋中的部署"。水雷、潜艇及巡逻机在封锁日本海周边海峡方面所起的作用至关重要。在确保航道安全方面，以反潜为中心任务的搜索分队价值重大。一旦阻吓失败并发生冲突，海军舰队的目标便是封锁苏联太平洋舰队，反潜部队对于猎杀试图通过日本守卫的海峡

① JDA，Defence of Japan 1977，17，29.

② Ranft and Till，The Sea in Soviet Strategy，120.

③ Polmar，Guide to the Soviet Navy-Third Edition，20-21.

④ Uchida，"Naval Cooperation and Security in East Asia"，in Alford，Sea Power and Influence：Old Issues and New Challenges，107.

⑤ Polmar，Guide to the Soviet Navy-Third Edition，40-41，43.

⑥ Sekino，"Japan and her Maritime Defence"，119.

的苏联舰艇至关重要。在实施此战略的过程中，日本海上自卫队实际上扮演了西太平洋的"盾牌"角色（这一比喻后来经常被使用，而拥有多个航母战斗群的美国海军则被描绘成"矛"）。① 1980年，内田大将（一位在20世纪70年代仍然很具影响力的退役海上幕僚长）解释说，日本海军在这个时期的战略如下：

> 任何一个国家一旦遭受敌人封锁就有可能面临挨饿及资源耗尽的威胁，那么使用反潜能力来保护其资源必定成为第一要务。东亚最基本的军事理念应该是：建立一个基于美国综合打击部队及各国地区防御部队的统一武装力量架构。②

制海权与同盟要求

本节着重探讨日本海上自卫队在处理其战略实施问题时所体现出的第二个重要特征。在整个行动规划过程中，与美国海军的紧密合作是不可更改的前提条件。在海军战略实施过程中，日本海上自卫队的高级将领们深知，虽然他们拥有一支能够进行反潜作战的舰队，但它并不具备海上军事投送能力。《1978年美日防卫合作指针》的签署充分体现了这一点，它为两国海军的合理分工建立了一个法律框架。该《指针》明确规定了日本的义务包括：获得日本海及东海的制海权；与美国海军一起协作，"为保护周边海域及海上通道展开必要的海上军事行动"③。该《指针》强调两国海军的互补性，指出美国海军

---

① 当交谈对象是美国人时，日本海军军官通常使用这个暗喻来描述日本海上自卫队在冷战中的作用。该例可参看 Ishikawa，"A Half-Century's Partnership"：Japan Maritime Self-Defence Force's Enduring Relationship with the U.S.Navy'，Sea Power，32。

② Uchida，"Naval Cooperation and Security in East Asia"，107。

③ Sadō，Sengo Seiji to Jieitai，144。

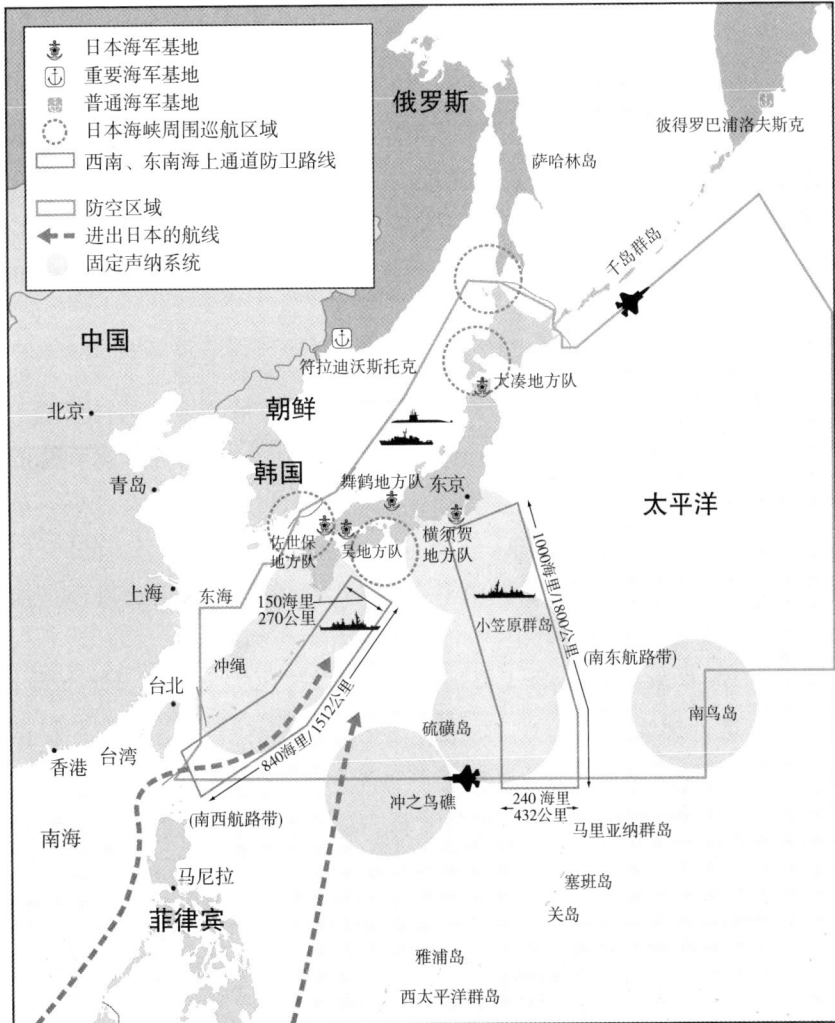

图例:
- 日本海军基地
- 重要海军基地
- 普通海军基地
- 日本海峡周围巡航区域
- 西南、东南海上通道防卫路线
- 防空区域
- 进出日本的航线
- 固定声纳系统

俄罗斯

彼得罗巴浦洛夫斯克

萨哈林岛

千岛群岛

中国

北京

符拉迪沃斯托克

朝鲜

大凑地方队

青岛

韩国

舞鹤地方队

东京

太平洋

上海

东海

佐世保地方队

吴地方队

横须贺地方队

150海里/270公里

小笠原群岛

1000海里/1800公里

(南东航路带)

南鸟岛

冲绳

台北

台湾

840海里/1512公里

硫磺岛

香港

南海

冲之鸟礁

240海里/432公里

马里亚纳群岛

(南西航路带)

马尼拉

塞班岛

菲律宾

关岛

雅浦岛

西太平洋群岛

地图2 冷战策略

167

务必"弥补自卫队不具备的功能"，包括"海上移动打击能力"①。同样需要强
调的是战时指挥机构问题，日本海军并不是要对其强大的盟友言听计从。虽
然该《指针》将建立恰当的合作机制描绘成一个需要解决的敏感问题，但它却
明确指出，两国海军在战时的行动"服从各自的指挥体系"②。

　　因此，在上述《指针》的法律框架内，日本海上自卫队不仅拥有在特定情
况下实施自己战略的自主权，还拥有美国海军做出的补齐海上自卫队短板的
额外承诺。实际上，一位经验老到的日本防卫分析家曾这样说过，该《指针》
的实施促使了一些研究及联络机构的建立，这些机构专门负责联合军事行动、
规划及演习。从海军角度看，该《指针》使安保条约的实施趋于合法化，如同
"一个两国版本的小北约"③。

　　在日本海军领袖们看来，《美日防卫合作指针》框架下的日美海军更加紧
密的伙伴关系为他们提供了另一个重要优势：海军质量的提升不再仅基于框
架下实施战略任务的需要。为了证明任何战略的有效性，必须提高训练的复
杂性以测试各种平台及战法，这些成了日本海上自卫队的重中之重。早在
1975 年 3 月，当海军仍在为起草《国家防卫计划大纲》而不懈努力的时候，其
策划者就曾设想利用联盟关系达到这一目的。④　其中一个主要目标是加入
"环太平洋军演"，该军演是自 1971 年以来一直举行的多国军事演习，参与者
包括美国海军、皇家海军、加拿大及澳大利亚皇家海军。对于日本海军来说，
这是一个重要的训练机会，《美日防卫合作指针》为支持日本参与其中提供了
必要的条件。⑤　该《指针》的最后签署使日本海军战略及政策获得了重大成
功。通过在西太平洋为美国海军提供支持，日本海军现在能够在日本海及东

---

　　①　Maeda，The Hidden Army，207–208.

　　②　Maeda，The Hidden Army，208.

　　③　Maeda，The Hidden Army，209.

　　④　从这个方面来说，早在 1973 年，内田大将就在美国海军战争学院的一次演讲中提出日
本海上自卫队和美国海军之间关系的重要性，并提出加强联系的意图。Uchida，"The Rearmament
of the Japanese Maritime Forces"，Naval War College Review，41–48。

　　⑤　JMSDF，Kaijōjieitai Gojū Nenshi，141–142.

海战略区域内实现自己的海上战略。①

美国海军界对日本的策略也给予了积极的评价。实际上,它为被乔治·贝尔称为 20 世纪 70 年代的"混乱时期"提供了喘息之机。在那之后,"同盟退化"——需要对整个海军进行大规模换装——以及越南战争高昂代价和新海军采购体系的确立等所带来的影响让美国海军规模迅速减小,使其在承担全球责任的过程中深感捉襟见肘。② 海军舰队规模从 1968 年的 976 艘舰船减少至 1976 年初的 477 艘,至 1982 年,美国国防部长卡斯帕·温伯格向国会报告说,太平洋舰队的规模已经减小至 1965 年的一半。③ 而且,至 1979 年,参谋长联席会议已经将美国在西太平洋的主力舰队即第七舰队的作战区域扩展至整个印度洋,从而进一步延伸了美国海军的战线。④ 在战略层面,这意味着在上述整个时期,制海权逐渐演变为一个越来越相对的概念,海军不得不将其理解为"在有限时间内使用有限区域"⑤。在此背景下,一个在任务及区域上都有明确作战范围的强大盟国海军的存在尤为重要,它为帮助美国控制西太平洋的制海权做出了不小的贡献——这一事实最近在首部第七舰队全史中得到了确认。⑥ 1979 年,美国海军作战部长托马斯·海沃德上将曾强调过日本在美国太平洋军事行动中所做的贡献,他指出:

> 美国海军和海上自卫队之间的合作使它们免去了重复劳动,这样美国军舰就可以独立行动,海上自卫队则部署 P-3C 反潜机完成它应有的职责。⑦

---

① Sadō, Sengo Seiji to Jieitai, 160–162; Watanabe, "Has Japan Crossed the Rubicon?", 248; Graham, Japan's Sea Lane Security, 132.

② Korb, "The Erosion of American Naval Pre-eminence, 1962–1978", in Hagan, In Peace and War: Interpretations of American Naval History, 1775–1978, 338; also, Korb, The Fall and Rise of the Pentagon: American Defense Policies in the 1970s, 34, 37.

③ Korb, The Fall and Rise of the Pentagon, 42.

④ Marolda, Ready Seapower: A History of the U.S. Seventh Fleet, 89.

⑤ Baer, One Hundred Years of Seapower, 404.

⑥ Marolda, Ready Seapower, 89–90.

⑦ 引自 Maeda, The Hidden Army, 234。

在 1978 年出版的名为《海洋计划 2000》的一项海军策划研究报告里,海沃德上将指出,美国海军在太平洋需要采取一种进攻性姿态,因为苏联舰队和基地在后勤补给上孤立无援,完全暴露在迅速火力的打击之下。这种进攻性姿态能够牵制住苏联舰队,使其无法全力对付北约侧翼,因此具有重要的全球意义。① "太平洋模式"为 20 世纪 80 年代美国"海洋战略"的形成打下了坚实的基础,该战略提出要打造一支拥有 600 艘舰船的海军,重点在于提升美国海军的进攻实力。② 实际上,在太平洋,这一战略的实施依赖于日本对地区制海权的追求。至 20 世纪 90 年代初,美国海军即将重新称霸全球,但在西太平洋,其重点仍然是维持一支强大的进攻性部队、一个母港位于横须贺的航母战斗群以及有限的海上巡逻力量。拥有 64 艘主力水面舰艇、13 艘潜水艇、66 架 P-3C 和 10 架 P-2J 反潜巡逻机的日本舰队主要负责日本海的安保。③

日本寻求拥有一支更强大的海军舰队是要做出一定牺牲的。虽然海军成功设计出了能解决国家安全当务之急的战略,但它却掩盖了该时期海军政策的一个重大缺陷:舰队缺乏足够的防空能力以进行远海作战。在岸基防空力量能覆盖的范围之外,日本海上自卫队不得不依赖美国的超视距空中支援。为了减少人们对《国家防卫计划大纲》的批评,日本政府明确指出,新政策没有对大幅度重新武装大开绿灯,而且获得诸如"攻击性"航母这样的"进攻能力"是宪法不允许的,这一宪法解释今天仍然有效。④ 至 1978 年,所有与美国海军类似的航母都被划为"攻击性"航母,这使日本除了寻求拥有反潜这样的小型平台之外别无选择。⑤ 由于日本的国防预算不能超过国民生产总值的 1%,上述诠释得到了进一步的强调。⑥

以上因素造成的海军实力上的明显短板和差距使日本海洋战略在冷战余

---

① Baer, One Hundred Years of Seapower, 424-426.

② Baer, One Hundred Years of Seapower, 430.

③ IISS, The Military Balance 1992-1993, 150-151.

④ Hughes, Japan's Remilitarisation, 24-25; JMoD, Defence of Japan 2009, 119.

⑤ Nishikawa, Nihon no Anzen Hoshō Seisaku, 163-164.

⑥ Hughes, Japan's Remilitarisation, 25.

下时期遭到了来自国内的不断诟病。一些防卫分析家及官员坚持认为，如其说控制海上通道及区域性海权是实际战略的重要组成部分，不如说它们是为了经营与美国的盟友关系。① 建立一个海、空军实力均衡的防卫思想并不意味着在保卫日本北部领土时不需要考虑地面作战问题。在整个 20 世纪 80 年代，苏联的两栖作战实力不断提升——实际上，至 20 世纪 80 年代中期，苏联唯一的步兵师就部署在东亚。以下假设加剧了日本人的担忧：战时，苏联军队会尽力占领北海道，以消除日本对附近海峡的控制，为其海军作战提供便利。② 当时国外的一些评论也表露出了对以上假设的同样担忧。③

　　尽管存在以上顾虑，由于最终获得了足够的政治支持，海军在确保国家经济安全中的核心作用于 1981 年得到了确认，正是在当年，铃木善幸首相（1980—1982）承诺，日本要保护其 1000 海里内的海上通道安全。在最高政治层面，日本政府为海上自卫队的行动明确地界定了地理范围，在过去这一范围的界定都是含糊不清的。在 20 世纪 80 年代剩下的时间里，中曾根康弘首相（1982—1987）一直努力奉行 1000 海里防卫政策。在 1983 年访问华盛顿时，他曾说道，日本的主要目标之一是"完全、彻底地控制跨越日本岛的三个海峡，使苏联潜艇及其他舰船无法从此通过"④。日本对海洋的依赖，以及包括东海巡航在内的区域性海权控制为经营与美国的盟友关系所做出的积极贡献，都为海军政策获得了长久的政治支持。

后冷战过渡期

　　两极世界对抗的结束使日本安保及军事界——以及西方阵营内其他国家

---

① Kaihara, "Shīrēn Bōei Mondai wo Kangaeru: Jissai Mondai Toshite Fukanō", 131–133; Matsumae, The Limits of Defense, 139–140.

② Yamaguchi, "Balancing Threat Perceptions and Strategic Priorities: Japan's Post-war Defence Policy", in Patalano, Maritime Strategy and National Security in Japan and Britain. From the First Alliance to Post 9/11, 89–90.

③ 引自 Yamaguchi, "Balancing Threat Perceptions and Strategic Priorities", 90。

④ 引自 Kimura, "The Soviet Military Build-up: Its Impact on Japan and its Aims", 110。

中的同行——在有关如何最有效地确保未来安全的问题上深感迷茫。① 日本在第一次海湾战争中未能提供任何形式的军事支援，这不仅沉重打击了防卫政策制定者，②也使很多人开始质疑日本消极的防卫立场所带来的优势，这种立场是以苏联为中心、威慑为导向的。③ 这些人指出，为了能够参加国际社会授权下的军事行动，使作为国家行为体的日本的行为"正常化"，东京必须消除宪法中的一些限制性条款。④

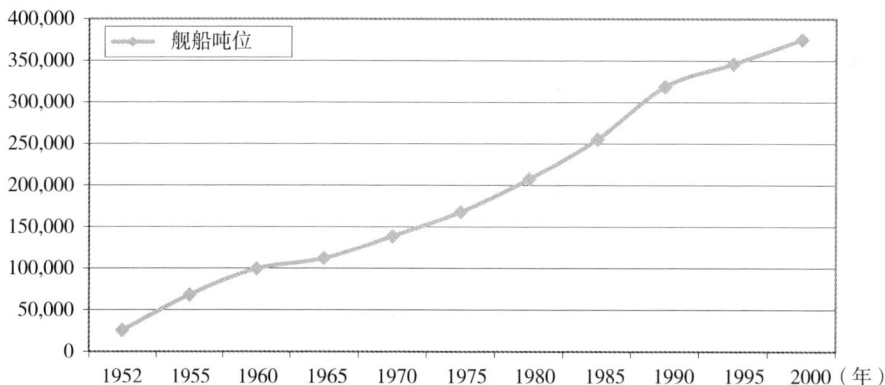

图6.2　日本海上自卫队舰队吨位的增长情况，1953—2000

来源：日本海上自卫队，《海上自卫队五十年史及资料汇编》，东京：海上幕僚监部，2003，272-273。

日本海军内部也感到需要做出相应的调整，但这种调整如其说是为了使其行动"正常化"，还不如说事关在"何地"部署海军来展开相关行动。实际上，海湾战争爆发并未使日本海上自卫队感到震惊，因为它对可能需要进行的新部署已经有所准备。在并不遥远的过去，海军就曾有过先例，同样为偶发事

---

① Watanabe,"Has Japan Crossed the Rubicon",239.

② 佐道明广坚持认为国际社会对日本缺乏主动性的批评代表了日本政治圈的"创伤"。Sadō,Sengo Seiji to Jieitai,170。

③ 作为处理这个问题的第一步，日本国会于1992年8月通过了一项法案（国际安全合作法），允许日本自卫队参与联合国维和行动。不久之后，日本政府派遣自卫队至柬埔寨（联合国驻柬埔寨临时权力机构，1992年9月）和莫桑比克（联合国莫桑比克行动，1993年5月）。

④ Samuels,Securing Japan,66-67;Pyle,Japan Rising,290-293.

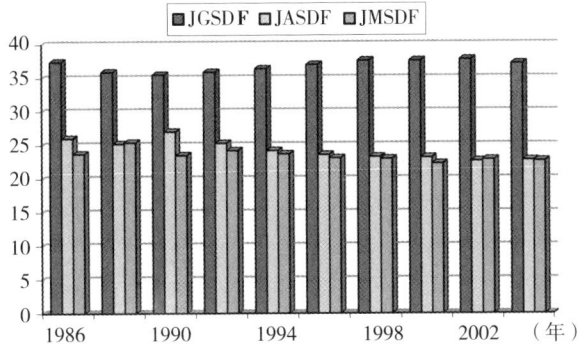

图 6.3　日本国防开支,1986—2006

(JGSDF:日本陆上自卫队;JASDF:日本航空自卫队;JMSDF:日本海上自卫队)
来源:日本防卫厅,《日本国防》,东京:日本时报出版集团,1986—2006。

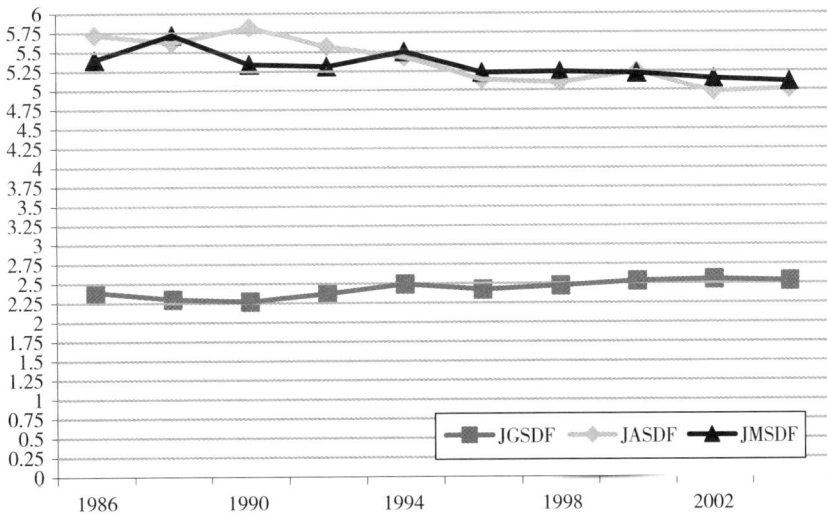

图 6.4　日本人均国防开支

(JGSDF:日本陆上自卫队;JASDF:日本航空自卫队;JMSDF:日本海上自卫队)
来源:日本防卫厅,《日本国防》,东京:日本时报出版集团,1986—2006。

件做好了准备。1987 年,美国曾与日本政府探讨派遣其军队参加海湾地区安全保卫活动的可能性。① 尽管日本政府最终决定不部署海军,但海上自卫队仍然完成了一项可行性研究——强调派遣扫雷艇是一个恰当的应对举措,因为它既能为上述军事行动提供重要帮助,又不违反日本宪法的限制条款。在对海湾行动进行评估的过程中,日本海上自卫队从两名退役海军大将的研究成果中受益匪浅,他们当时在东京一家智库供职。②

两年后,乔治·布什总统以及包括澳大利亚总理罗伯特·霍克和英国外交大臣道格拉斯·赫德在内的其他外国官员开始在私下和公开场合先后指出,十分欢迎日本派遣扫雷艇提供军事支援——日本海军已经制订了应急计划,只需要稍加修改即可。③ 1991 年 4 月,在战争结束后,日本政府同意部署一个 6 只舰船编队,包括 5 艘扫雷艇及"常磐"号补给舰。④ 从行动计划到公共关系,日本海上自卫队都做了精心准备。由于这次任务执行人员共有 511 名,舰船吨位都比较小(其中四艘只有 510 吨),航程达 7000 海里,重中之重是要解决后勤补给上的困难。⑤ 5 月底,日本海上自卫队的扫雷艇到达波斯湾,之后与美国军队在 10 号雷区一起进行了 4 个月的军事活动。同时,比利时、荷兰、法国、意大利及德国军队被派往附近的 7 号雷区。⑥ 9 月10 日,军事活动全部结束。尽管日本海军销毁的水雷数量只有 31 枚,与其他联军比较起来只是一个小数目,但他们所展现出来的专业技能毋庸置疑。⑦ 他们的编队最后遇到的问题主要是后勤补给方面的。在到达指定区域后,日本编队——正如一位日本海军大将所言——亟须为排雷进行

---

① Woolley, Japan's Navy, 101; Woolley, "Japan's 1991 Minesweeping Decision: An Organizational Response", Asian Survey, 804-817.

② Woolley, Japan's Navy, 101.

③ Woolley, Japan's Navy, 101.

④ Editorial Department, 'Sōkaitei Kyō Syukkō', Asahi Shinbun, 26 April 1991.更全面的描述可参看 JMSDF, Kaijōjieitai Gojū Nenshi, 474-480。

⑤ JMSDF, Kaijōjieitai Gojū Nenshi, 469-470.

⑥ JMSDF, Kaijōjieitai Gojū Nenshi, 478-480.

⑦ Marolda and Schneller, Shield and Sword: The United States Navy and the Persian Gulf War, 322-325.

"磁场校正"。尽管当时没有相关的外交安排，但皇家海军还是同意让部署于迪拜的扫雷支持分队前去给日本海军提供力所能及的支援。①

《华尔街日报》这样描述日本派遣扫雷艇前往海湾的决策："向前迈出了谨慎但重要的一步，旨在努力将日本的国际角色界定为不仅仅是一个银行家和商人。"②虽然在日本海军内部，有关体系变化对日本海洋战略的影响，仁者见仁，智者见智，但海军战略的核心仍然是保卫国家的海洋利益。在冷战期间，该战略意味着掌握日本海的制海权，在东海主要航道部署反潜分队为海上运输护航。在上述地区之外，海上贸易及航运的保护任务主要由其更强大、更具全球性的盟友来承担。

日本海上自卫队在海湾的行动不仅凸显了其行动范围的局限性，也表明它有必要考虑要在东亚水域之外做出自己的贡献。③ 早在 1991 年 7 月，日本海上自卫队幕僚长冈部文雄大将就曾指出，未来会出现一些新型的地区冲突，它们会对支撑超级大国间奉行的威慑战略的核心理念提出挑战。第一次海湾战争是这种新型战争的一个典型范例。对于日本来说，这意味着它要面对两个问题：其一关涉该国即将及能够卷入此类新型军事冲突的程度；其二涉及部署在相关地区的军队最终将发挥何种作用。虽然现在无法给出问题的答案，但冈部预计海上自卫队将比过去发挥更加积极的作用，而且为了维护国际安全将可能要求日本军队承担更多责任。④ 在此背景下，海军在以下方面的能力缺失显露无遗：两栖及海上投送装备。海军对冷战时期政策所做的第一次调整非常迅速，这主要得益于在柬埔寨部署工兵营时所经历的各种艰难困苦，

---

① Vice Admiral Yōji Kōda, "From Alliance to Coalition, then Where? Japan and the US Navy Cooperative Strategy for the Twenty – First Century", in Patalano, Maritime Strategy and National Security in Japan and Britain, 218.

② "Japan, by Sending Minesweepers to the Gulf, Takes Step Toward Broader World Role", Wall Street Journal, 25 April 1001, 10.

③ Akaha, "Japan's Response to Threats to Shipping Disruptions in Southeast Asia and the Middle East", 270–275.

④ Admiral Okabe Fumio, Chakunin ni Saishi Kunji, 1 July 1991.

当时的柬埔寨是经由联合国授权的过渡当局掌管。① 1993 年,在允许日本参与维和行动的新立法获得通过后不久,海军就采购了第一艘两栖舰,它为在未来执行海外任务创造了条件。②

1995 年 11 月,新《国家防卫计划大纲》得到了落实,它从更宽泛的层面就后冷战形势对日本防卫政策的影响进行了评估。③ 该《大纲》强调,安全合作模式决定了未来国际关系的主旋律;《大纲》还提出了旨在倡导更加"积极和富有建设性的安全政策"的安保议程。④ 日本关注国际稳定之势以及其军事贡献之道,意味着要采取与其冷战时期不同的防卫策略,但这只不过是日本战略规划者的核心任务之一。对此,日本海上自卫队位高权重的官员都有着一致的看法。⑤ 在东北亚,超级大国的撤出造成了权力真空以及局面复杂多变,朝鲜半岛及台湾海峡两岸的紧张局势不仅没有得到解决,还可能进一步升级。其他一些国家行为体的行为对地区稳定的影响同样难以应对。例如,中国似乎在后冷战过渡期收获颇多,不仅其影响力不断增加,而且为了提升影响力,该国正在推进全面经济及军事现代化。⑥

《国家防卫计划大纲》第一次尝试将两种不同要求结合起来:一是明确了在国际上表现出更高军事参与度的需要;二是提出了应对造成军事(海军)顾虑的地区因素的要求。⑦

---

① Mulloy,Japan Self-Defense Forces' Overseas Dispatch Operations in the 1990s,134.

② JMSDF,Kaijōjieitai Gojū Nenshi,441.

③ 在日文中,1995 年的 NDPO 被称为"新防卫计划大纲",以此来区别之前的版本。在本文中,"新"版本是指最新版本的"新防卫计划大纲",于 2004 年出版。

④ Advisory Group on Defence Issues,The Modality of the Security and Defence Capability of Japan,6;JDA,Defence of Japan 1996.Response to a New Era,70,78-79.

⑤ Kawano,"Japan's Military Role:Allied Recommendations for the Twenty-First Century",Naval War College Review,9-21.

⑥ Advisory Group on Defence Issues,The Modality of the Security and Defence Capability of Japan,4-5;JDA,Defence of Japan 1996,29,42,45;Kawano,'Japan's Military Role:Allied Recommendations for the Twenty-First Century',10-11;Watanabe,'Has Japan Crossed the Rubicon',239-241;Hughes,Japan Re-Emergence as a'Normal'Military Power,68-70.

⑦ JMSDF,Kaijōjieitai Gojū Nenshi,568-570.

　　《大纲》没有显示有必要放弃"基本防御力量"这一概念，但它提出了一系列旨在增强日本军队机动性及海外"部署能力"的措施。用防卫机构的官方语言来说，日本军队必须变得"精干、高效、灵活机动"。① 但是，国际体系变化并不是促使防卫改革的唯一因素。更多国内的关键因素，如相当长时期严重的经济萧条、自民党主宰政治时代终结后的政治过渡等，也都从 20 世纪 90 年代初开始就对日本产生了重大影响。

　　日本海上自卫队参与海湾战争相关活动使其对防卫政策改革有了一定程度的感悟：海军政策及战略调整并非意味着完全背离海军在冷战期间所遵循的一些原则。《国家防卫计划大纲》对以下事实的陈述可以反映上述理念："为了确保国家赖以生存之本的安全，对临近海域及海上运输安全的防卫至关重要。"无论在和平时期还是在紧急情况下，海上安全都是关乎"生死存亡的问题"。② 拥有必备实力以掌控地区制海权、确保远程机动性以保护东亚海域日本航运安全以及在远离本地区海岸的区域为盟军提供支援，都是一个行之有效的海洋战略的应有之义。③

　　除了打造一支各方面实力均衡、以反潜为导向的舰队之外，海军高层还寻求提升其部队的另一项实力：对远离本地区海岸的战事做出灵活及准确反应的机动能力。海上后勤补给、两栖运输以及舰队防空能力的提高是重中之重。但是，为了确认海军在多大程度上能获得控制东北亚海域制海权所需的资金，必须开展一些相关调研项目。④ "大浦洞冲击"（朝鲜于 1998 年进行的导弹试验）加速了地区威慑战略的发展，使得日本政府加入到美国有关弹道导弹防御的研究中。⑤ 在此背景下，日本海军也必须深入其中，因为宙斯盾驱逐舰的武器系统及传感器都是弹道导弹防御系统中的核心组成部分。⑥ 在规范层

---

① JDA, Defence of Japan 1996, 81.

② Advisory Group on Defence Issues, The Modality of the Security and Defence Capability of Japan, 22.

③ Kawano, "Japan's Military Role: Allied Recommendations for the Twenty-First Century", 18.

④ Natsukawa, Chakunin ni Saishi Kunji, 25 March 1996.

⑤ Hughes, Japan Re-Emergence as a 'Normal' Military Power, 108-111.

⑥ Hughes, Japan Re-Emergence as a 'Normal' Military Power, 109-110.

面,如同 20 世纪 70 年代末期一样,1996 年 4 月美日联盟的重新定义以及 1997 年《日美防卫合作指针》的修订都为日本正式确立大约四十条合作项目 提供了契机,项目范围包括情报收集、侦察、维和和救灾等,以满足不断增加的 安保需求。[1] 由此,为什么《指针》里颇具争议的表述 —— "在日本周边地区 的合作" —— 后来被诠释为一种"事态"而不是"地理"概念便得以澄清。关 键在于日本在合作中具体做了什么。[2]

参与有关海军辩论的人都很厌倦冷战后过渡时期更为紧缩的预算要求, 但明确亟须加强的关键领域并未阻止海军舰队总体规模的萎缩及造舰速度的 下降。其结果是,与《1976 年国家防卫计划大纲》所规定的军队规模相比,新 防卫大纲要求在其基础上减少约 16% 的水面舰艇以及约 23% 的空中力量。 由于舰艇吨位的不断增加,上述限制得到了一定的弥补。[3] 在现代海战的具 体领域,对于控制海峡、日本沿海诸岛及东海制海权所需至关重要的海军装 备,尤其是潜艇部队,并未受到预算削减的影响。[4]

至 20 世纪 80 年代末,日本海上自卫队实现了至少增加一艘大型两栖船 的目标。同样,海军成功保持了相对于其人员规模来说较高的支出,它与海军 采购技术密集型装备的成本密不可分。尽管 20 世纪 90 年代面临诸多不确定 因素及财政紧缩的局面,但是在 70、80 年代所形成的战略仍然有效。海上自 卫队为了适应新形势也做了一些调整,包括试图在现存的政治、法律及经济框 架内引入新平台以及进一步巩固行动范围。虽然海军无法阻止其武器数量被 削减,但它还是确保了除以反潜为核心的部队之外,在最小程度上增补一些用 于护航及远征的特遣分队,以实现日本处于变革中的安保议程所赋予的国际 使命。

实际上,之前所做的政策调整在 1999 年得到了落实。在当年,那艘新建

---

[1]　Yamaguchi,"Balancing Threat Perceptions and Strategic Priorities",96-99.

[2]　Yamaguchi,"Balancing Threat Perceptions and Strategic Priorities",100.

[3]　JDA,Defence of Japan 1996,87,93.

[4]　Patalano,'Shielding the"Hot Gates":Submarine Warfare and Japanese Naval Strategy in the Cold War and Beyond(1976-2006)',The Journal of Strategic Studies,886.

两栖船在服役一年后就参与了在土耳其的国际救灾行动。该船帮助运送诸如用于搭建临时住所的各种材料，这些都是那些土耳其地震灾区的灾民们所需要的物资。这次救灾行动持续了三个月（9月23日—11月22日），参与人员达426名。① 与过去一样，这些决策都是以牺牲提升舰队防空实力为代价的。缺乏防空能力正是日本海上自卫队战时的主要短板，特别是在岸基装备或国际盟友不能提供空中保护的区域。另一方面，海军认为，日本在超出双边或多边协议之外的区域进行军队部署的可能性不大。同样，日本在海外战区进行部署的可能性也不大。随着苏联威胁的迅速消失，控制东亚海域以及将海军作为实现地区安全的工具仍然是日本海洋战略的核心原则。在此方面，海上自卫队在20世纪80年代所打造的实力仍然足以应对。

结　　论

2004年，正当20世纪90年代发起的结构改革如火如荼开展之际，防卫厅战略规划者决定开始修改《国家防卫计划大纲》。主要目标是应对"9·11"美国遭受袭击、朝鲜的政治边缘政策和核计划以及中国军事现代化投入达到两位数增长等所带来的体系变化。修改过的大纲于2004年12月被批准为新的《国家防卫计划大纲》，它在一定程度上回顾了之前对多边合作的重视，但仍然寻求坚持总体平衡的路径。日本的军队必须保持先进的防御能力以及以远征和多方面实力为导向，努力完成向一支"多功能、灵活机动的防御部队"的转变。② 日本军队将继续审视其内部机构及采购政策，以最大限度减少国家所遭受的威胁，并能在危急时刻果断决定"在何处以何种方式"使用国家军事力量"以取得最佳效果"。尤其是，统合幕僚会议重组为统合幕僚监部是朝此目标迈出的关键一步，前者只提供咨询，后者却负责各种行动，包括导弹防

---

① 　JMoD, Defence of Japan 2009, 481.

② 　The Council on Security and defence Capabilities, Japan's Visions for Future Security and Defence Capabilities, 11–13; JDA, Defence of Japan 2005, 118–119; NIDS, 'Japan–Responding to the Changing Security Environment', East Asian Strategic Review, 228–229.

御及救灾等联合行动。①

对于日本海上自卫队来说，在不同地理环境下，新战略的实施都会使其陷入司空见惯的两难境地。在冷战时期，日本海的制海权——特别是对咽喉要道的控制——对苏联的挑战进行了有效的应对。新的安全环境凸显了中国有可能带来的安全挑战，因此日本必须追求更大区域内的制海权——东海制海权——而且对临近的南海海上安全问题也要进行公开探讨。除了在日本海岸附近地区执行各种传统任务之外，日本海军的功能正在经历一种改变，从冷战时期专注于地区制海权以及防御海上强国的侵入到能够善用制海权并完成相关的国际任务。另一方面，相比于安全威胁性质的改变以及任务的增加，可以利用的资源却捉襟见肘，这使海军领袖颇感忧虑。② 就此问题，海上自卫队幕僚长石川亨大将（2001—2003）曾指出，对于海上自卫队来说，"考虑到巨大的预算限制，其装备现代化会面临真正的挑战"。"如果海上自卫队希望在未来继续保持其有效防御能力"，海军必须克服上述问题。③

尽管如此，日本海上自卫队在建立50年后，已经不再仅仅生活在其帝国先驱的阴影里。无论是在政策还是战略层面，它都在帝国海军曾经失败过的领域获得了成功。它审视过去既不是为了证实某些预设的观念，也并非只为了在诸如战术及采购等狭隘的技术问题上寻求一些借鉴。在20世纪50、60年代，海军政策的历史充满了演绎推理的逻辑，它主要通过学习和借鉴战前海军的经验来解决一系列有关海军何以发挥其国家政策工具的作用问题。由于战后日本的福祉依赖于其海洋经济的发展，日本海上自卫队支持那些旨在提升海军舰队保卫国家主要海上航道的能力的政策和理念，以便努力将自己打造成一支目标明确的专业化部队。上述立场进而又能充分利用美国在太平洋

① NIDS, "Japan-Responding to the Changing Security Environment", 229-230.

② 2001年3月，即"9·11"事件之前，石川大将召集了日本海上自卫队的成员重点研究帝国海军遗产的专业建设，以面对升级的地区安全挑战。在他的演讲中，他指出能登半岛的一次可疑船只事件。日本海上自卫队和日本海上保安厅的部队对可疑船只发射了警告信号。Ishikawa, Chakunin ni Saishi Kunji, 27 March 2001。

③ Ishikawa, '"A Half-Century's Partnership": Japan Maritime Self-Defence Force's Enduring Relationship with the U.S.Navy', 33.

地区的战略目标,即遏制苏联海军实力,从而进一步落实以下合理的战略盘算:在有限手段与更大政治目标之间寻求平衡。海上自卫队在汲取了帝国先驱战时失误的教训之后,已经形成了一个符合国家安保要求的战略。

尽管在后冷战时代帝国海军不再是辩论的核心主题,但是,重新审视过去不仅能够在政策层面加强对其遗产的理解,还能继续影响日本海军的思想。在苏联威胁消失的同时,却出现了新的、地区之外的国际使命以及附近大陆上的另一个潜在海上对手——中国。在此过渡时期,虽然为了扩大干预的地理范围不得不对海军政策进行一些调整,但日本的战略并未进行太多的改变。随着日本国际形象的拓展,海军对当下的研究进行了重新评估,以发展其新的实力,如更强的战略运输能力以及舰队更大的战术"机动性"等。正如在之前的几十年一样,海军正在再次寻求调整海洋战略在国家安保中的作用,做到以史为鉴,着眼现在。

第七章　理论学说与能力建设：打造一支实力均衡的海军舰队

作为海上幕僚长，我的任务就是要让"精强"和"即应"的信念扎根在海上自卫队的精神中。这么做的原因有两个。一是为了同我的前任们保持政策的连续性；二是为了承袭前辈们从帝国海军时期就遗留下来的海军文化和优良传统。①

> ——日本海上自卫队大将古庄幸一
>
> （第 26 任海上幕僚长，2003 年 5 月）

您认为帝国海军和海上自卫队的主要区别在哪里？

规模。

> ——日本海上自卫队少校北川敬三
>
> （日本防卫大学）

规模更小，体系相似

自 1954 年以来，有关日本海上自卫队和有关国家防卫的著作所呈现的内容都没能形成一套系统连贯的海上理论学说。在 1957 年颁布的《国防基本方针》，1976 年和 1995 年两次颁布的《国家防卫计划大纲》以及随后出台的一系

---

① Admiral Furushō, Chakunin ni Saishi Kunji, 28 January 2003.

列《国家防卫计划指南》中,都只是简要阐明了军事政策的基本原则,并没有涉及任何具体军种是如何通过他们提出的理论学说来实现他们的目的。[1] 这并不奇怪,因为避免在专门的正式出版物中发表任何理论学说是日本海上自卫队一直遵循的惯例,并且这种做法在各国海军中也屡见不鲜。[2] 海上自卫队的领袖希望不仅能降低一套包罗万象、过于细化苛刻的指令及规章制度可能带来教条主义、独断专行的风险,也能给军中在实施核心价值理论过程中留有自己评判的余地。[3] 同时,海上自卫队的主要任务和使命也决定了它不需要颁布书面文件来加强各军种间的合作或参与跨国军事行动。[4] 但这并不意味着海上自卫队没有自己的理论学说,事实上,它的确有,并且其核心就是从日本帝国海军继承下来的。

本章试图介绍海军的专业模式,剖析理论学说的发展是如何与军事决策相一致,以打造和维持一支精良的海军舰队。对于海上自卫队而言,帝国海军的历史为其提供了久经沙场考验的作战理念,以培养出一支协同一致的作战力量。在重整军备的初期,海上自卫队对其恪守的"精强"(被视为战斗力的一种)和"即应"的作战原则都提出了高标准。随着海上自卫队军事能力的日益提高,帝国海军遗留下来的作战风格和观念也在不断演变,并得到丰富和发展,使其得以进一步壮大,并同美国海军一起展开行动。理论学说为海军的设计和装备采购提供了指导,而海上自卫队也一直参考着帝国海军的传统做法,名正言顺地通过最大限度地增强火力,来弥补其在数量上的不足。但是,在这些方面,新建海军并没有完全照搬旧舰队的模式,因为它已不再是昔日帝国的

---

① JMoD,Defence of Japan(东京,2013),151-154.

② Grove,'The Discovery of Doctrine:British Naval Thinking at the Close of theTwentieth Century',in Till,The Development of British Naval Thinking.Essays in Memory of Brian Ranft,182;Hattendorf,US Naval Strategy in the 1990s.Selected Documents,3.

③ 日本海上自卫队 Kawano Katsutoshi 海将补,"Kawano Katsutoshi 海将补接受本书作者的访谈",2007年6月26日。

④ 例如,加强各军种间的合作和理解就是英国皇家海军1995年出版的 The Fundamentals of British Maritime Doctrine(BR1806)中提出的一个基本目标,也是其当前的理论学说提出的两个目标之一。Grove,'The Discovery of Doctrine',189;DCDC,British Maritime Doctrine,v.

那只需要在公海水域同敌军殊死较量的海上盾牌了。事实上，在舰队的建构和设计方面，帝国海军的作战经验是一部反面教材，因为在最大限度增强火力的过程中，可能会冒着丧失多任务执行能力的风险。这一教训证明，应当把理论学说同装备采购和军事战略联系在一起。因此，帝国海军的经验存在的意义并非是再造其昔日的历史荣光，相反，它突出了建立实力均衡舰队的重要性，并为实现这一目标奠定了理论基石。

"大舰巨炮"

在战争前夕，日本海军当局就得出结论：由于国力有限，海军应集中力量为胜算最大、最有可能在短时间内速战速决消灭敌人的战争制订参战计划。1941 年 7 月 24 日，日本帝国海军军令部总长、海军大将永野修身对日本海军作战计划的优势和风险概括如下：

> 虽然我们现在有机会赢得胜利，但随着时间的推移，胜算只会越来越小。到明年（1942 年）下半年的时候，我们就很难再对付美国了。在那之后，情况会越来越糟糕。如果我们不打仗就可以解决问题，真的再好不过了。但如果我们断定冲突从根本上已经无可避免的话，我也希望你们明白，随着时间的推移，我们会渐渐处于劣势。①

事实上，在之前的十年间，海军的政策制定者们已经在理论学说、能力建设和装备采购方面做了一系列的优先安排，为他们实施这一计划做足了准备。"联合舰队"作为日本最主要的作战力量，是专门用来防止持久的战争拖垮海军的有力武器。一直以来人们都公认，要想在关键时刻给敌人致命一击，海军的武器和部队必须更加精锐才行。因此，在 20 世纪 30 年代，从舰船的设计和采购到海员培训，以及用以在白天尤其是晚上执行水面交战任务的前线装备，

---

① Ike, Japan's Decision for War: Records of the 1941 Policy Conferences, 106.

都是海军优先考虑的方面。① 的确,一项学界研究也表明,在自 1941 年参战到 1943 年 10 月间的十三场舰对舰的交战中,日本海军凭借其拥有"超强夜间作战能力"的豪华舰队取得了十场水面对决的胜利。② 但是,对于日本不得不进行的大规模海战,这支舰队却难以应付。③ 关键在于,它在危急关头以应战时之需的武器装备一直都数量不足,例如为舰队提供后勤保障的空中加油机,以及护航舰等,并且海军也没有充分将这些武器装备整合在自己的作战体系当中。④ 用一位退休的海军舰队司令的话来说,这样的作战舰队完全是一个"震慑与恐吓"海军学说的理论产物。⑤

前任军官们在反思那场败仗时认为,他们的理论学说、装备采购政策存在着和军事战略相似的问题。他们认为海军的理论学说也非常死板、僵化,并且过于把注意力集中在决战上。从大体上说,在理论学说中把决战置于中心地位并不是日本独有的做法。⑥ 但是,从日本的情况来看,帝国海军一味地关注决战的做法,是根植于它由来已久的"贫困情结"的,或者说是源于面对敌人时"在武器和装备上甘拜下风的自卑心理"。其实,日本在同帝制时期的中国和俄国交战时,它的海上战术家们已经确立了基于"进攻—防御"路径的作战行动。但当他们痛苦地认识到他们的舰队在质与量上都无法同对方抗衡时,帝国海军的军官们在策划上述两场战役时,试图通过发动进攻来迅速控制主

---

① Hirama,'Japanese Naval Preparations for World War II',64-71;Koda,'ACommander's Dilemma:Admiral Yamamoto and the"Gradual Attrition"Strategy',Naval War College Review,66-69;Evans and Peattie,Kaigun,282-285.

② Dull,A Battle History of the Imperial Japanese Navy,1941-1945,353-354.

③ Peattie,'Japanese Naval Construction,1919-1941'in O'Brien,Technology and Naval Combat in the Twentieth Century and Beyond,103.

④ Peattie,'Japanese Naval Construction,1919-1941'in O'Brien,Technology and Naval Combat in the Twentieth Century and Beyond,103-104.

⑤ Koda,'Introduction',in Bresnaham,Refighting the Pacific War:An Alternative History of World War II,3.

⑥ Yokoi,'Thoughts on Japan's Naval Defeat',71.Asada,From Mahan to Pearl Harbor,26-44;Asada,Culture Shock,71-80.Also,Dingman,'Japan and Mahan',in Hattendorf,The Influence of History on Mahan:Proceedings of a Conference Marking the Centenary of Alfred T.Mahan's'The Influence of Seapower upon History',49-66.

要海上战场。这一计划失败后，他们又转而去对付驻扎在港口的敌军，想要把他们引至战场。① 直到 1907 年，日本将建立一支强大的作战舰队的目标概括为了"六六舰队"方案，即购置六艘战列舰和六艘装甲巡洋舰。② 在 1907 年至 1922 年间，这一原始方案升级成为"八八舰队"计划，两者合并成为后来人们所熟知的"大舰巨炮主义"。③

在两次世界大战期间，海军的军备控制协议加剧了日本的恐慌，他们害怕一旦爆发战争，他们有限的舰队力量会不敌英国和美国。但有一点很明确，那就是在 1936 年 1 月日本代表撤出有关《第二次伦敦海军条约》的谈判时，它的策划者们已经找到了弥补他们在数量上处于劣势的办法——在一条规模更大的战线上凭借射程更远的优势来击败敌人。④ 几个月后，日本授权建造"大和"级超级战列舰，这一举动也成为他们决心以质量优势来抵消敌方数量优势最具标志性的象征。帝国海军的核心理论文件之一"海战要务令"⑤也同样印证了这一策略。在 1934 年的文件版本中，他们也明确提出"战列舰编队是整个舰队的主要作战力量，它们的任务就是同敌军的主要力量交战"⑥。

这种状况在裁军条约施加的限制得以解除时也未得到改善。事实上，在 1934 年、1937 年和 1939 年起草的造舰计划，以及 1939 年至 1941 年间制订的补充计划，仍然受制于国家有限的财力、物力和工业实力。在 1939 年至 1941 年间任海军省舰政本部长的海军大将丰田副武曾指出，即使海军不再受条约中对于吨位的限制，"我们的造舰专家们仍旧抱着同样的想法，一心想着提高战舰的质量，并且我们过去也常常接到来自不同海军部门的命令，要求我们提

---

① Yokoi, 'Thoughts on Japan's Naval Defeat', 71. Also, Evans and Peattie, Kaigun, 38-41, 92-93.

② Evans and Peattie, Kaigun, 59-60.

③ Evans and Peattie, Kaigun, 150-151.

④ Yokoi, 'Thoughts on Japan's Naval Defeat', 73. 也可参阅 Itō, The End of the Imperial Japanese Navy, 3。

⑤ "海战要务令"的首次提出是在 1901 年，随后在 1910 年、1912 年、1920 年、1928 年和 1934 年进行了修订，使其涵盖了战术理论的核心。Evans and Peattie, Kaigun, 550 footnote 44。

⑥ 转引自 Evans and Peattie, Kaigun, 282。

高舰船的作战效率"①。如果自己的舰船无法在数量上超越敌人的话，海军就只能通过建造威力巨大的舰船以求在火力上压倒他们。海战要务令再一次明确了这样做的原因——因为"既然已经宣战，就必须展开猛烈的攻势"②。

这就意味着其他的作战武器如巡洋舰、驱逐舰，以及诸如潜水艇、飞机这样的"新式武器"，都主要是用来辅佐战列舰编队这样的舰队主力的。直到1939年，日本海军确立了"渐减邀击"战术，旨在先削弱比己方更为庞大的美军舰队的力量，再通过以"大和"号超级战列舰为首的一系列主力舰的引诱，同其展开决战。③ 日军的远程潜水艇会乘美军舰队横渡太平洋之机伏击他们，以此来弥补自己在最初的行动中所损失的物资，同时，"夜战群"中的重型巡洋舰和驱逐舰不断在夜间发动鱼雷攻击偷袭敌军，为航空母舰，尤其是战列舰，同其展开最后的决战做足准备。④ 在1936年，由于海军将他们的夜间行动视为实施"决战"战略的重要前奏，他们专门组建了"夜战部队"。⑤ 空军力量也最终发展起来，以求增加日本舰队摧毁主要对手美军的概率。⑥ 正如海军海将大西泷治郎（"神风特别攻击队"之父，随后任日本海军第1航空舰队司令长官）在1937年写道，有了强大的陆基航空兵力量，敌军舰队就不太可能在距基地1000英里范围内占据海上优势了。在他看来，在战术上将空军力量整合进来将有助于海军实施"邀击"和"渐减"的策略。⑦

这种理论思想的形成也同样影响着指挥和兵力结构，海军装备被分配于

---

① USSBS, Interrogations of Japanese Officials, 325.

② 转引自 Asada, From Mahan to Pearl Harbor, 163。

③ Hirama, 'Japanese Naval Preparations for World War II', 63-64; Koda, 'A Commander's Dilemma', 66; Asada, From Mahan to Pearl Harbor, 281; Asada, Culture Shock and Japanese–American Relations, 143-144; Hata, 'Admiral Yamamoto's Surprise Attack and the Japanese Navy's War Strategy', 58-62; Evans and Peattie, Kaigun, 479-482.

④ Yokoi, 'Thoughts on Japan's Naval Defeat', 73; Hirama, 'Japanese Naval Preparations for World War II', 64-71; Koda, 'A Commander's Dilemma', 66-69; Evans and Peattie, Kaigun, 282-295.

⑤ Evans and Peattie, Kaigun, 275-276.

⑥ Peattie, Sunburst.The Rise of Japanese Naval Air Power, 1909-1941, 79-85.

⑦ Hirama, 'Japanese Naval Preparations for World War II', 73.

"外线"舰队和"内线"舰队。[1] 前者(即"外线"舰队)由所有的一线水面、水下和空中部队组成,受联合舰队指挥。它们是日本海军之剑的剑刃,海军也把大部分的资金、资源和能力用来支持它。而"内线"舰队则起辅助作用,其装备通常是较为老式、相对逊色的军舰,用以防卫日本各沿海地区和偏远岛屿,以及防御靠近他们的商船队。[2]

日本把对海上运输的防卫放在了次要位置,这种做法和其他海军截然不同,尤其和英国皇家海军不同。整个20世纪30年代,英国海军部实际上已经开始建造护航舰,整合像反潜侦测系统/潜艇探测器和高角、低角高射炮这样的作战系统了,以此来侦察潜水艇和来自空中的威胁。[3] 而另一方面,在1943年之前,帝国海军却几乎没有采购过什么保护海上运输的装备,并且专门用于此类保护的海岸防舰也远不适用于反潜作战。[4] 从某种程度上来说,出现这种情况是因为,日本所预想的战争,与英国海军部设想的同德国之间的战争,是截然不同的。[5] 然而,这两种策略真正的不同还是在于两种理论学说不同的灵活性。日本海军所实施的战略背后,其理论体系、采购政策和舰队结构都太过于把注意力集中在了舰对舰的交战上,而忽略了采取不同的作战行动给敌军舰队致命一击。

对战前准备和战时行动的评价,海军大将野村这样总结道,日本海军当局"错误地将攻击视为最好的防御"[6]。帝国海军的理论学说对作战系统的

---

① Nagata, 'Shīrēn Bōei', Sekai no Kansen, 76.

② Far East Command, Military History Section, Special Staff, General Headquarters, The Imperial Japanese Navy in World War II: A Graphic Presentation of the Japanese Naval Organisation and List Of Combatant and Non-Combatant Vessels Lost or Damaged in the War, 1.

③ Lambert, 'Seapower 1939-1940: Churchill and the Strategic Origins of the Battle of the Atlantic', Journal of Strategic Studies, 86-108.

④ Oi, 'Why Japan's Antisubmarine Warfare Failed', 396. Also, Evans and Peattie, Kaigun, 438-440.

⑤ Maiolo, 'The Knockout Blow against the Import System: Admiralty Expectations of Nazi Germany's Naval Strategy, 1934-9', Historical Research, 202-228. Also, Lambert, 'Seapower 1939-1940', 90-95.

⑥ USSBS, Interrogations of Japanese Officials, 394.

设计起到了帮助作用，使其可以和其他海军的作战系统相媲美，在很多情况下甚至超越了它们。"大和号"本身就是有史以来起航的吨位最大、火力最猛的战列舰。在1941年的时候，三菱零式舰载战斗机无论在速度还是在机动性方面都是无可匹敌的，在射程和速度方面也几乎没有轰炸机可以超越三菱九六式陆上攻击机。同样，日本的九三式氧气鱼雷以其最高航速36节和4万米射程的性能，一直到战争进行得如火如荼之时，都远超其他同类武器。[1]

这些成就的获得是付出了巨大代价的。那些被海军理论设想为较为次要的技术，诸如防空作战和反潜作战技术，要么彻底成为了泡影，要么也只得到了极为有限的关注。之所以这样取舍，是日本资源基础的缺陷决定的。因而，在开战前，日本的技术资源为其研制出的诸如鱼雷、光学器件和军械等"第一阶段"技术带来了优势。但是，随着战争的进行，日本海军便无法再保持它的领先地位，并且同样重要的是，在诸如雷达、虚拟终端近炸引信和反潜作战武器等"第二阶段"技术的研发过程中，日本也无法与美国抗衡。[2] 正如一位著名学者所指出的那样："对于日本海军来说，正是它的理论学说，尤其是'质优于量'的观念，相比其他任何方面，对推动技术发展起了更大的作用。"[3]从这一点上来说，如何弥补物质条件的不足，作为日本长久以来面临的一大难题，使得一代又一代海军领导人对于舰队的构想愈发教条、武断，"要想实现战略上的灵活性，不仅需要可靠的理论，需要开放且明智的领导人，还需要一定的装备数量作支撑"，而日本海军正是一个反面教材。"若不能保证武器数量，就无法实现作战的灵活性。"[4]

在1950年之前，前任海军军官们仔细研究过他们的战前战略和理论学说，并对它们的优缺点展开了争论。如今的日本已经和从前大不一样了，它有

---

① Hirama,'Japanese Naval Preparations for World War II',67;Koda,'A Commander's Dilemma',68;Evans and Peattie,Kaigun,266-272.

② Peattie,'Japanese Naval Construction,1919-1941',102-103.

③ Peattie,'Japanese Naval Construction,1919-1941',103.

④ Gray,The Leverage of Seapower:The Strategic Advantages of Navies in War,21.

了自己的宪法,防止今后的任何海军机关再采取帝国海军的"进攻性"战略。那么昔日的经验教训是如何助力战后理论学说的发展的呢? 虽然舰队需要彻底重建,但是,帝国海军没给新海军机关的建立留下一些值得借鉴的东西吗?

新的名字,相同的班底,不同的建构

从组织结构的角度上来说,海军的核心领导人诸如海军大将野村和山梨都很清楚,旧的海军舰队在结构上的致命缺陷是他们必须解决的问题。为了全方位地解决理论学说和能力建设方面的问题,必须要满足两个前提。对内来说,必须确保新海军有一个全然不同的指挥系统。在战前时代,海军及其舰队的管理委托给了两个机关,即海军省(负责行政事务和政策制定)和军令部(负责作战行动和战术事宜)。海军大臣"在和平时期掌控着海军机关,这种安排确保了海军内部的和谐,也培养了官兵们之间兄弟般的情谊"①。1933年,当涉及"军备规模"的决定权和和平时期的舰队指挥权被移交给军令部时,原有的海军体系受到了挑战,加之1934年时,对那些支持海军条约的主要高级军官进行的大清洗,都预示着一批激进的军官将在核心政策的制定和军事地位上将占据统治地位。② 海军大将野村和山梨就都是"条约派"中的一员,都亲身经历了这场内斗,山梨在1934年的大清洗中被迫退役。③

然而,在1952年之前,相比这些问题,还有一个更为紧迫的问题摆在面前:首要问题是要建立一个独立的海军机关。到1947年,军官遣散和复员的工作已经完成,但组建新海军仍旧是一件遥不可及的事情。从军事行动上来说,一小部分用于扫雷、海防和运输的舰船自1945年起不断地在国内水域行动。④ 从军队结构上看,自1948年4月30日起,新成立的海上保安部(后改称海上保安厅)整合了这些装备,成为国土交通省的一个民用机关。在美国

---

① Asada, From Mahan to Pearl Harbor, 161. Also, Evans and Peattie, Kaigun, 26–27.

② Asada, From Mahan to Pearl Harbor, 169–174.

③ Asada, From Mahan to Pearl Harbor, 173.

④ Auer, The Post-war Rearmament of Japanese Maritime Forces, 49–52, 69–70.

海岸警卫队人员的协助下,在借鉴美国一些职业机构提供的咨询和建议的基础上,日本实际上已经建立了它的首个海岸警卫队,虽然扫雷舰的存在意味着它的职能已经超出了同类机关的职能范畴。更重要的是,给这支部队配备的人员都是海军军官,而他们最初的任命都是海军大将米内光政在海军省解散之际批准过的。① 这支部队作为一个民用机关而创立,实则以军队的形式在运作,并且配备的都是以前的军队人员。

在朝鲜战争初期,对这支海岸警卫队参与联合作战的要求,在很大程度上暴露了它职能的矛盾性:一支日本的海岸警卫队却使用着军事武器,这让在日本的美国高级军事部门开始警醒:很可能会成立一个独立的"海军"。事实上,以海军大将野村为首的海军游说团的确把美国海军少将阿利·伯克当成了他们的一位重要盟友。② 在朝鲜战争爆发后,伯克将军时任美国驻远东海军部队副参谋长,出于职务之便,他与当时的海上保安厅长官大久保武雄和首相吉田茂进行了磋商,制定了在朝鲜半岛部署日本扫雷艇的细则,这也是在元山开展两栖作战的步骤之一。③ 正如他向大久保解释的那样,朝鲜沿岸存在着布雷区,而美国军队的扫雷手段又十分有限,这就意味着日本的支持是至关重要的,尤其日本在列岛进行排雷过程中的经验,对美国具有重大借鉴意义。④ 日本的兵力最终成为了国际海军特遣队"不可或缺的一份子","部署在海外参加作战行动(旨在表示强调的原始表述)"。⑤ 但是整个作战行动证明,海岸警卫队并非适合控制此类行动。

---

① Auer,The Post-war Rearmament of Japanese Maritime Forces,39-41,52.

② Naoyuki Agawa,James E.Auer,'Pacific Friendship',US Naval Institute Proceedings,Vol. 122,1996:10,http://www.vanderbilt.edu/VIPPS/VIPPSUSJ/publications/friendship.htm,于2004年8月10日访问。

③ Auer,The Post-war Rearmament of Japanese Maritime Forces,64.Also Maeda,The Hidden Army,45-46.

④ Maeda,The Hidden Army,45.Kaijōjieitai Sōkai Butai,Nihon no Sōkaishi:Chōsen Dōran Tokubetsu Sōkaishi,13-19,46-49.Also,NHK Special Selection,Kaijojieitai wa Kōshite Umareta,250-253.

⑤ Maeda,The Hidden Army,8,Auer,The Post-war Rearmament of Japanese Maritime Forces,72-73.

直到 1951 年 7 月，日本关于"国家警察预备队"（于 1950 年 8 月 10 日成立）和海上保安厅的职能的争论，如今与关于未来如何让日本这个独立的国家实现军事防卫的一系列问题紧密联系在一起。① 首相吉田茂在听取了辰巳荣一海将（前任陆军军官，是吉田茂在 1936 年任驻英大使期间在伦敦结识的）的建议后，接受了将"警察预备队"改组为一个军事机关的想法。② 但是，关于海上保安厅是否继续作为唯一的海军机关的问题仍旧争论不休。于 1951 年 5 月接管保安厅的文职长官柳泽米吉希望安保厅能发展为一个成熟健全的海岸警卫队，③但是海保官们都不同意。到 1951 年夏天，这一僵局出现了决定性的转机，通过美国驻远东海军司令特纳·乔伊中将，野村大将无意中得知，苏联归还给美国的 18 艘巡逻护卫舰正在横须贺进行整修，并且它们本可以为日本所用的。④ 在同伯克将军协调之后，华盛顿当局于 1951 年 10 月 19 日向日本政府递交了一份正式的转让协议，转让包括那 18 艘巡逻护卫舰在内的共 68 艘舰船。首相吉田茂接受了这一转让，并和他的 Y 委员会开始研究如何把这些武器装备同海上保安厅整合起来。⑤ 这个 Y 委员会的终极目标就是要建立一个新的、独立的海军。⑥ 要想实现这个目标，有一个关键性的前提就是，这些新的武器装备要在组织上和功能上保持一个不可分割的整体，在作战中要独立于海上保安厅的指挥系统之外。⑦ 这支新部队被命名为"海上警备队"，它将更大程度地保证"海上安全"，正如伯克将军在 1951 年 4

① Maeda, The Hidden Army, 8, Auer, The Post-war Rearmament of Japanese Maritime Forces, 72-73.

② Auer, The Post-war Rearmament of Japanese Maritime Forces, 72-73.

③ Auer, The Post-war Rearmament of Japanese Maritime Forces, 80.

④ Auer, The Post-war Rearmament of Japanese Maritime Forces, 73.

⑤ Auer, The Post-war Rearmament of Japanese Maritime Forces, 83-84; Maeda, The Hidden Army, 50-51; Masuda, Jieitai no Tanjō, 129-136; NHK Special Selection, Kaijojieitai wa Kōshite Umareta, 158-180. Also, Suzuki, Kikisho: Kaijojieitai Shiwa, 59-62.

⑥ Auer, The Post-war Rearmament of Japanese Maritime Forces, 80-82; Maeda, The Hidden Army, 51-52; NHK Special Selection, Kaijojieitai wa Kōshite Umareta, 157; Suzuki, Kikisho: Kaijojieitai Shiwa, 68-74.

⑦ Suzuki, Kikisho: Kaijojieitai Shiwa, 73-76; JMSDF, Kaijōjieitai Gojū Nenshi, 56.

月的华盛顿备忘录中概括的那样,"海上警备队"的职责包括为海运护航、巡逻海上通道和执行扫雷任务。① 柳泽长官反对这一计划,但是长泽长官等海保官们却不肯让步,美国海军同僚的支持更加坚定了他们的信心。同时,在1952 年 1 月,30 位未来军官组成了一个小组,开始在警卫队即将接手的其中一艘巡逻护卫舰上跟随美国的教官进行训练。②

这一计划稳步推进,并且海上警备队也将在《海上保安厅法》修正案出台后,于 1952 年 4 月 26 日正式成为现役部队开始服役。至此,它为未来组建一支独立的海军奠定了基石。然而,正当这一切得到落实的时候,一个新的问题出现了。首相吉田茂在《日美安全保障条约》中承诺日本会加强对群岛的防卫,这使得"国家警察预备队"在完成这一使命的过程中势力不断扩大,它的职能范围几乎扩展到了陆地和海上作战。吉田茂意识到,尽管让未来的防卫部队兼具海军的职能仍会遭遇其他亚洲国家的质疑,但这一"受控的军备重整"是必要的。③ 在这个问题上,文职长官增原慧吉和部队官员林敬三都深感这支部队在这种新形态下,必须有统一的指挥和总部,这样才能防止曾经破坏帝国军队的那些内部纷争卷土重来。海保官们自然是反对这种意见的,伯克将军甚至亲自去找吉田茂,向他分析这样做的困难和危险所在。但是,海上保安厅长官柳泽却把这种变革视作一次可能成为新机构海上部门领导的个人机遇,所以游说官员们将海上安保厅也合并进去。文职干部和军官们之间的关系变得越发紧张,只有首相吉田茂出面才能够觅得一个解决方案了。他决定把海上警备队从海上保安厅中分离出去成立一个新的机关,将其命名为海上保安队。④ 这支新部队如愿朝着海保官们几年来一直努力和游说的方向发展,作为一支海上力量,它有着自己的健全的指挥系统,控制着民政机关下一支由巡逻护卫舰组成的小舰队、扫雷艇和登陆舰,这个民政机关在 1952 年 8 月 1 日变身为国家保安厅。

---

① Maeda,The Hidden Army,49.

② Auer,The Post-war Rearmament of Japanese Maritime Forces,86.

③ Maeda,The Hidden Army,68.

④ Auer,The Post-war Rearmament of Japanese Maritime Forces,85-86.

两年之后，也就是 1954 年 7 月 1 日，国家保安厅进一步扩大，发展出了日本防卫厅以及三支独立的陆勤、海勤和空勤。同时，还设立了一个联合参谋部（统合幕僚监部），提供咨询、统筹行动。新的海军已然在组织上成型，关于其指挥系统的问题也当即得到了解决。他们又成立了海上幕僚监部作为海军的主管部门，凌驾于各层级之上。① 在这一新的组织结构下，"舰队"与"行政"间的官僚斗争和发生内讧的可能性被降到了最小。幕僚长在其职权范围内坚定地履行着管理、政治和调度的责任。在 1954 年的时候，这还不算是一项非常复杂艰巨的任务，因为那时的舰队规模相对较小。但是到了 1961 年，自卫舰队任命了总司令，由总司令负责指挥舰队的作战行动，但是总司令的地位却屈居幕僚长之下。②

这一系列事件表明，这样一个体制结构的出现，完全是前任军官们出于避免内部官僚冲突的考虑的结果，也是当时正值海上警备队成立的历史环境下的产物。他们需要把所有的职权都集于一身，独立于海上保安厅之外，这就意味着舰队指挥权和行政管理权必须紧密相连，因为后者的职责正是明确和统筹前者的作战需求。在 1954 年日本海上自卫队成立之前，幕僚监部对于新海军的集权政策一直都遵循着这一最初的方式。从内部来说，幕僚监部由一系列的部门组成。1954 年，其下属的五部（总务部、防卫部、调查部、经理补给部、技术部）负责管理海军、设立目标，舰队则负责具体落实和执行。③ 在其后的几十年中，部门的数量偶有轻微调整，直到 2000 年初，增至六个部门。在这个体制结构中，一个在整个战后时期始终没有变动过的部门就是防卫部，它在海军发展理论学说和推行核心政策的过程中扮演着最有影响力的角色，过去是这样，现在依然如此。正是在这个部门中，海军军官们在政策、战略和理论学说之间进行管控和协调，并且监督着它们在整个舰队中的落实情况。

---

① JMSDF, Kaijōjieitai Gojū Nenshi, 56.

② JMSDF, Kaijōjieitai Gojū Nenshi, 58. 如今，自卫舰队受一位海军海将指挥（三星），而海上幕僚长是大将（四星）。Editorial Department, 'Kaijōjieitai 2008－2009' （海上自衛隊 2008－2009－Ships and Aircraft of the JMSDF）, Sekai no Kansen 世界の艦船, 2008：7, 162。

③ JMSDF, Kaijōjieitai Gojū Nenshi-Shiryōhen, 66-67.

　　强调海上幕僚监部在海军中的中心地位的这一理念，也很符合那些在遣散军事人员局成立后被列入军备重整计划之中的军官们的观点。海军大将米内亲自挑出了一批在行政管理方面有内讧倾向的中层军官，比如长泽浩大佐和中山定義中佐（两人后来分别成为第一任和第三任海上幕僚长）。长泽浩大佐和中山定義中佐二人在蒙受屈就之时恰好一起共事，分别是海军省军务局课和分课的课长。① 但他们受命要遣散人员力保海军并助其逐步实现军备重整时，他们基于自己对省内工作模式的理解，组建了日本海上自卫队。从这个角度上来说，业已成型的新海军和战时的旧海军有着天壤之别。在新的海军领导人眼中，旧日本帝国的范例就是 1933 年前的帝国海军，正如一位学者描述的那样，它是"传统海军"，是一支"训练有素、团结一致"的部队，它培养出了一批像野村和米内这样令人肃然起敬的军官，他们不仅是日本，也是全世界的楷模和典范。②

表 7.1　海上幕僚监部的组织结构

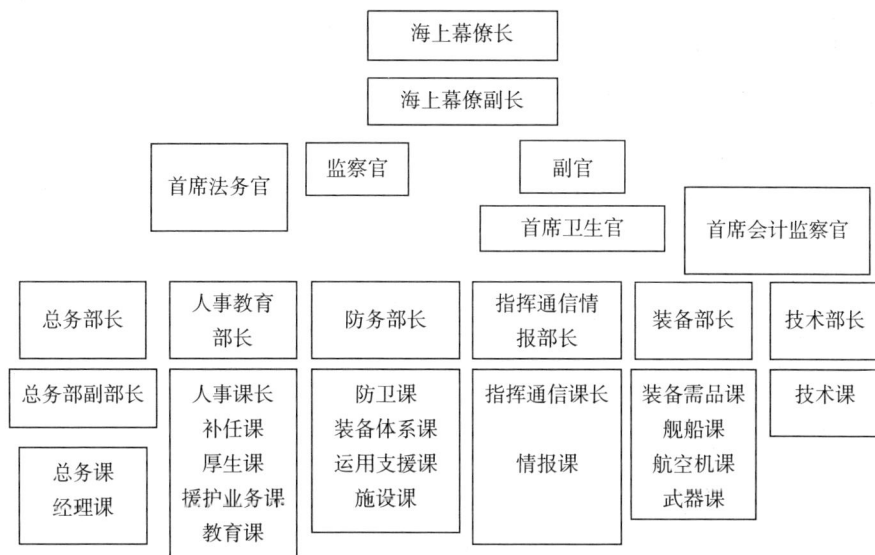

来源：编辑部，"日本海上自卫队舰船及飞机：2008-2009"，《世界舰船》，2008：7，161。

---

① Auer, The Post-war Rearmament of Japanese Maritime Forces, 40.

② Asada, From Mahan to Pearl Harbor, 161.

理论学说的基础：
一支训练有素、团结一致的海军

力求组建一支"训练有素、团结一致"的部队，有一个非海军本身的外部因素。回归到 1933 年之前的体系并非是完全退回原点。在战后的日本，职业机构和首相吉田茂都认为，应当对军事事务进行严格的民政监督，因此，吉田茂对内阁法制局作出了指示，要求他们安排一批文职官员对军队进行监督。① 这一理念和明治时期的做法截然不同，在明治时期是"军人治军"的。到 1952 年，首批一百位民政人员诞生了，当时大多数公务员都是从警务部门转业到自治省的，由他们来协助国家保安厅厅长对政策、预算、总务和人员进行管理。② 在 1954 年，这一部门被划至内部部局，其人员均为文职顾问。前任帝国军官以及后来自卫队的退休军官们，都不得在这一部门任职。③ 内部部局和统合三军的幕僚监部作为最高层，共同为制定政策配置资源，控制人事调动。其影响力也受到陆海空三军长官的认可。

军事事务和民政事务的分离意味着，像新日本海上自卫队这样的集权组织可以在涉及自身军队的具体问题上保有一定程度的自主权。正因为军队只有在确保相关平台发挥作用的基础上才能够正常运转，所以形成一个坚强的领导核心来对民政机关提出明确的要求并监督其落实情况就变得至关重要了。正如一位日本作家指出的那样，与其说成立内部部局是为了实行文明统制，不如说是在国防问题上确立了文官优位，以此来确保日本的国家制度不被军队所破坏。④ 在这一系列的安排下，日本海上自卫队以它的

① Sadō，Sengo Nihon no Bōei to Seiji，82.欲知具体的行政层级管控，参看 Hirose，Kanryō to Gunjin。

② Maeda，The Hidden Army，27.

③ Nakajima，Sengo Nihon no Bōei Seisaku，34–36.

④ Nakajima，Sengo Nihon no Bōei Seisaku，38–39. Nakajima 区别了"文民统制"（'Civilian Control'–Bunmin Tōsei）和"文官优位"（Bureaucratic Supremacy–Bunkan Yūi）。Feaver，Hikotani，and Narine，'Civilian Control and Civil–Military Gaps in the United States，Japan，and China'，Asian Perspectives，233–271。

统帅机关海上幕僚监部及其下辖的防卫部为首，同公务人员们进行互动和磋商，这也使海上自卫队的高级军官们更有理由相信，他们的部队能够发出团结一致的声音。

为了增强海军内部的凝聚力和协作精神，日本海上自卫队的第一代领导人恢复了帝国海军时期针对军官个人的军衔晋升制度。在海上幕僚监部尤其是防卫部，对军官的评价是基于其在位于江田岛的"海上自卫队第一术科学校暨干部候补生学校"的毕业期数及其整体表现和态度而定的，并且这一评价机制一直沿用至今。① 反过来讲，正是这些因素决定了一位军官在海军部队中的晋升速度，也决定了会把什么样的岗位分配给他。在军官们的整个职业生涯中，那些展现出颇具海员精神的军官在海上工作的时间相对较多，在帝国海军时期也是如此。而那些更有管理才能的军官则一半时间在海上一半时间在岸上履行自己的职责。通过对帝国海军的人力资源管理体制进行研究，人们得出一个直接的结论，那些晋升较快的军官都决心在自己的职业道路上力求一种平衡，这使得他们形成了在海陆两栖定期工作的模式。② 表 7.2 所示的例子说明了日本海上自卫队军官们的职业晋升路径是有所不同的。它展示的这些个人档案，都是有关 2006 年环太平洋联合军事演习中日本小型舰队各作战单元的指挥官的。这些指挥官们都有着丰富的指挥经验，这也能从侧面反映出部署的那些武器装备价值不菲。而他们的资历，也和被安排在导演部辅佐演习指导参谋们的海军大将的履历形成了鲜明的对比。由此可见，日本海上自卫队当时派出了它一流的舰长、现代化的驱逐舰和最得力的参谋之一。这并不让人感到意外，这种体制下的做法是根植于有着百年之久的传统的。

---

①　在海军兵学校的毕业期数排位也是帝国海军的职业晋升制度中所考量的一个重要因素。Evans，'The Satsuma Faction'，210–212；Asada，From Mahan to Pearl Harbor，163。

②　日本海上自卫队 Kōda 海将补，"Kōda 海将补接受本书作者的访谈"，2007 年 7 月 5 日。

表 7.2　参加 2006 年环太平洋军演的日本海上自卫队高级军官履历

	"雾岛"号驱逐舰	"五月雨"号护卫舰
海将 X(1955)	一佐 Y(1955)	二佐 Z(1955)
1978:干部后补生学校 1992:二佐 1994:仙台号驱逐舰舰长 1995:海上幕僚监部规划课 1997:一佐 1998:海上幕僚监部人事课长 2000:第三护卫队司令官 2001:海上幕僚监部人事课长 2003:幕僚长,第一护卫群 2004:海将 2004:第一护卫群司令官	1978:干部后补生学校 1989:三佐 1989:山梨县招聘官 1990:山雪号驱逐舰装备官 1992:海上幕僚监部教育课长 1994:泽风号驱逐舰副舰长 1995:干部后补生学校教官 1996:二佐 1997:金刚号驱逐舰副舰长 1998:吉野号驱逐舰舰长 1999:朝雾号驱逐舰舰长 2000:第一干部学校教官 2001:大波号驱逐舰参谋 2003:大波号驱逐舰舰长 2004:雾岛号驱逐舰舰长	1979:干部后补生学校 1992:三佐 1993:横须贺测试站 1995:山雾号驱逐舰作战处处长 1997:海上幕僚监部规划处 1999:藏马号驱逐舰作战处处长 2000:吴市指挥部参谋 2002:涌别号驱逐舰舰长 2003:舞鹤护卫队作战规划处 2004:二佐 2005:五月雨驱逐舰舰长
"有明"号护卫舰	"比睿"号直升机驱逐舰	
二佐 B(1960)	二佐 A(1956)	
1982:干部后补生学校 1993:三佐 1993:卷云号驱逐舰副舰长 1995:夕雾号驱逐舰作战处长 1997:大凑指挥部参谋 1999:第四护卫队群指挥部参谋 2001:二佐 2001:海上幕僚监部教育课长 2003:峰雪号驱逐舰舰长 2004:日本海上自卫队参谋 2005:有明号驱逐舰舰长	1979:东海大学 1990:三佐 1997:二佐 1997:TS 鹿岛副舰长 1998:能代号驱逐舰舰长 1999:节目中心首席执行官 2001:高波级驱逐舰见习舰长 2003 高波级驱逐舰舰长 2004:护卫队群参谋 2005:比睿号驱逐舰舰长	CO:舰长 Pers.Div:人事课长 Com.:二佐 CS:幕僚长 Recr.Off.:招聘官 WO:装备官 EO:副舰长 Intr.:教官 OPO:作战处处长 OPD:司令官 Pros.CO:见习舰长

从人事层面上来说,这样的体制是有其深意的。那些被分配到行政部门各课的军官们都有着相似的背景和工作履历,并且他们在学校时的同学,也有

在海上幕僚监部其他部门的相应岗位上任职的,和他们级别相当。对长泽浩大佐和中山定義中佐二人的人事安排不仅不是个例,恰恰相反,它体现出领导层抓住了这一任命体制的精髓所在。海上幕僚监部的军官们,尤其是防卫部的军官,均是从顶尖的海军院校毕业生中遴选出来的,并且随着他们的职位晋升,把他们安排在部门的各个层级进行锻炼。这种人力资源管理方法,可以有效地选拔出年轻有为的军官,服务于组织的整体利益。[①] 这不仅能培养军官认识到海军政治和总务工作的复杂性,也通过日本这种"先辈后辈"制度将他们凝聚在一起。海上自卫队在多大程度上回复到帝国海军的"传统"模式,从这种形式的任命机制上就可见一斑了。这一体制确保了那些升至组织最高层的军官在他们的晋升过程中,都担任过防卫部的课长和部长二职,同时,他们的导师也在这一等级体系中的更高层任职相似的岗位。正如表7.3所示,在海军大将中山定義任海上幕僚长期间,海军海将补西村友晴(后为第六任海上幕僚长)和板谷隆一(后为第七任海上幕僚长)二人先后就任过防卫部长一职。这种情状一直延续了数十年。在半个世纪中,这种人员的均质性、集体利益意识和任免机制都在一定程度上塑造了日本海上自卫队。

这种上下级间相互依存的"共生性结构",将历任海上幕僚长同部门内关键职位上的一批得力部下紧密联系在一起,也成为日本海上自卫队运转的核心机制,为日本提出自己更高层次的理论学说奠定了基调。在日本海上自卫队中,海上理论学说是通过历任海上幕僚长颁布的《新要务令》得以发展并进行传播的。新任幕僚长在受命之日的就职典礼上会发表口头讲话,而这些讲话的书面文本就囊括在这些文件里。采取这样的形式和程序有着特殊的意义,一方面它确保了这短短几页书面文字的权威性,而另一方面,这种礼节性的仪式和口头演说也强调了这些"要务令"的非正式意味。日本海上自卫队幕僚监部的高级官员解释道,所有的服役军官(尤其是那些肩负职责的军官们)都能够充分领会

---

① Ōtsuka 大佐,"Ōtsuka 大佐接受本书作者的访谈",2005 年 2 月 17 日;作者在 2005 年 8 月与海军大佐 Ike 进行的谈话,在 2008 年 2 月与海军大佐 Terada 进行的谈话。

《新要务令》中提出的基本方针。这些基本方针即是他们专业体系的一部分。①
这些核心概念用英语来说就是"operational concepts"（即"作战理念"）。明确
作战理念旨在为政策、指挥和战斗精神奠定一个连贯统一的思想基础，而海上
幕僚监部在这些作战理念的发展过程中发挥着不可小觑的作用。在它的各部
门中，正是防卫部防卫课（如本章表 7.1 所示）里那些晋升较快的初级军官和
中级军官主导着这些理念的发展和贯彻落实。这种机制不仅通过人事体系培
养了一批更广泛意义上的智士良才，同时也充分体现了"审慎、任人唯贤、平
稳晋升"②的原则。的确，多年来，作战理念的变化一直保持着循序渐进的特
点，这也使得一些高级军官戏称《要务令》好像几乎没有变过似的。③

　　这些作战理念的发展始终是自下而上的决策程序的产物，这种决策程序
在日本的其他行政机构中也很常见，各课的课长构成了主要工作岗位上的军
官。④ 几十年来，他们的主要惯例都先是在《新要务令》中由防卫课内部对其
进行初步评估和争论。随后，等到大家意见达成一致形成提案，再交予其他课
和部开会讨论。其后，初稿不断整合各方的反馈，最后才交由防卫部长进行审
批。在这个过程中，海上幕僚长起着至关重要的作用，尤其是在《新要务令》
的起草上，因为他决定了从哪一层级开始对作战理念的发展进行讨论。在这
一体系的内部运作方面有着丰富经验的海上幕僚长们，更多地让部级高级军
官和将级军官参与其中，初级军官则较少。那些很少能接触到海军的行动规
划的军官们，会更依赖于这种自下而上的决策程序。⑤ 在很大程度上，海上幕

----

　　① 日本海上自卫队 Kōda Yōji 海将，"Kōda Yōji 海将接受本书作者的访谈"，2007 年 7 月 5
日；作者在 2005 年的 5 月、6 月和 9 月于日本东京与一些日本海上自卫队的高级军官进行的谈
话，包括前海上幕僚长、海军大将 Furushō Kōichi（已退休），海将补 Kawano（现为大将和海上幕僚
长），大佐 Ike Tarō、Yamashita Kazuki 和 Ōtsuka Umio。

　　② Woolley，Japan's Navy：Politics and Paradox，1971–2000，24.

　　③ Yamashita Kazuki 一佐，"Yamashita Kazuki 一佐接受本书作者的访谈"，2007 年 8 月 19 日。

　　④ Ishihara，Kengen no Dai Idō. 欲看英文简析，参看 Shinoda，Koizumi Diplomacy. Japan's
Kantei Approach to Foreign and Defence Affairs，23–25。

　　⑤ 日本海上自卫队 Kaneda 海将补，"Kaneda 海将补接受本书作者的访谈"，2009 年 7 月
21 日。

僚监部的运转模式和日本的私营企业很像,军官之间的合作与互惠成为在涉及机关的重大议题上达成更广泛共识的关键。①

表 7.3 海上幕僚监部的"共生性结构"

年份	任职将领	毕业学校
1962	4th CMS:中山大将 DG,OPD:板谷海将补(7th CMS)	IJN(NA) IJN(60th Class)
1963	4th CMS:中山大将 DG,OPD:西村海将补(6th CMS)	IJN(NA) IJN(59th Class)
1964—1965	5th CMS:杉江大将 Chief,PPS:石田大佐	IJN(NA) IJN(64th Class)
1966	6th CMS:西村大将 Chief,PPS:鲛岛大佐(10th CMS)	IJN(59th Class) IJN(66th Class)
1967—1968	7th CMS:板谷大将 DG,OPD:内田海将补(8th CMS)	IJN(60th Class) IJN(63rd Class)
1967	Chief,PPS:鲛岛大佐(10th CMS)	IJN(66th Class)
1969—1971	8th CMS:内田大将 DG,OPD:鲛岛海将补(10th CMS)	IJN(63rd Class) IJN(66th Class)
1972	DG,OPD:中村海将(11th CMS)	IJN(71st Class)
1973	9th CMS:石田大将 Chief,PPS:矢田大佐(13th CMS)	IJN(64th Class) IJN(72nd Class)
1974—1976	10th CMS:鲛岛大将 DG,OPD:大贺海将补(12th CMS)	IJN(66th Class) IJN(71th Class)
1977	11th CMS:中村大将 DG,OPD:矢田海将(13th CMS) Chief,PPS:长田大佐(16th CMS)	IJN(67th Class) IJN(72nd Class) IJN(76th Class)
1978	12th CMS:Adm.Ōga Chief,PPS:Captain Nagata(16th CMS)	IJN(71st Class) IJN(76th Class)
1979	12th CMS:大贺大将 DG,OPD:吉田海将补(15th CMS) Chief,PPS:东山大佐(17th CMS)	IJN(71st Class) IJN(75th Class)
1980	13th CMS:矢田大将 DG,OPD:吉田海将(15th CMS)	IJN(72nd Class) IJN(75th Class)

---

① Hendry, Understanding Japanese Society, 151.

续表

年份	任职将领	毕业学校
1981	14th CMS:前田大将 DG,OPD:長田海将(16th CMS)	IJN(73rd Class) IJN(76th Class)
1982	14th CMS:前田大将 DG,OPD:東山海将补(17th CMS)	IJN(73rd Class)
1986	16th CMS:長田大将 DG,OPD:佐久海将补(18th CMS)Chief, PPS:林崎大佐(20th CMS)	IJN(76th Class) NDU(1st Class) NDU(4th Class)
1987	16th CMS:長田大将 DG,OPD:岡部海将补(19th CMS)	IJN(76th Class) NDU(2nd Class)
1989	17th CMS:東山大将 DG,OPD:林崎海将补(20th CMS)	NDU(4th Class)
1990—1991	18th CMS:佐久大将 Chief,PPS:矢田海将补(13th CMS)	NDU(1st Class) NDU(9th Class)
1995	21st CMS:福地大将 DG,OPD:石川海将补(25th CMS)Chief, PPS:齋藤大佐(27th CMS)	NDU(5th Class) NDU(11th Class) NDU(14th Class)
1996	22nd CMS:夏川大将 DG,OPD:石川海将补(25th CMS)	NDU(6th Class) NDU(11th Class)
1997	23rd CMS:山本大将 DG,OPD:齋藤海将补(27th CMS)	NDU(7th Class) NDU(14th Class)

缩略词:CMS:幕僚长;DG:总务部长;OPD:防卫部长;IJN:日本帝国海军;NDU:国家防卫大学。
灰色标注的地方显示,防卫部长和防卫科长由同一人担任,他们后来都被提拔为幕僚长。
资料来源:日本防卫厅,《自卫队年鉴》,东京:1961—1998。

让海军走上正轨:战斗力、即应、强固的精神

　　日本海上自卫队理论学说的演化主要可分为三个阶段。第一阶段主要指海军重整军备的初期,从海军的成立到1976年《国家防卫计划大纲》颁布。在这一阶段中,理论学说旨在为海军确立基本的职业标准。正当日本海上自卫队努力地进行能力建设的时候,有美国海军部队在西太平洋地区为其保驾护航,日本得以优先考虑自身专业技能的问题。到20世纪70年代末,日本引进了新的理念,评估不断扩大的作战区域,尤其是全力实现了1000海里的海

上通道防御。第二阶段一直持续到冷战结束,于 20 世纪 90 年代前半期告终。从 20 世纪 90 年代末开始,日本海上自卫队步入了如今的这个阶段,在后冷战时期面临的安全挑战下,引入了新的作战理念。

　　到 20 世纪 60 年代前半期时,日本海上自卫队的理论学说基于两个新兴的理念,即精强(在英语中也称"fighting power",即战斗力)和即应。1969 年,海军大将内田一臣就公开提醒海军人员,引入这样的理念意在使海上自卫队能够努力达到帝国海军时期的职业标准,他也是第一位这样做的幕僚长。他不顾当时的能力和任务有限,坚信海军应当承袭帝国海军的口号"沈默精进",并且应当在帝国海军理念的指引下,通过训练和远洋航海来开发他们的技能。① 第一代海上幕僚长们的目标就是要提高海军的硬实力和软实力,从这个层面上来说,将这些理念同帝国海军遗留下来的传统结合在一起,可谓给海上自卫队提供了一个久经时间和沙场考验的典范。更重要的是,这种做法还约束了海军人员的个人势力,而帝国海军主要依靠一小批骨干职业军官的做法(所谓的"少数精锐主义"),也恰好符合日本海上自卫队的需求。② 的确,这只是人们对追求"战斗力"最初的理解。这一理念意味着海军会集中力量进行高强度的海上作训,并希望实现尖端武器装备的采购和保养。在 20 世纪 60 年代,这些方面的进步主要关乎着海军的反潜作战能力。③ 随着时间的推移,这一理念渐渐成为日本海上自卫队理论学说的基石,从它的形成期一直流传了下来。正如一位前护航编队指挥官曾指出:"海员们必须经过严

---

① 　Admiral Uchida, Chakunin ni Saishi Kunji, 1 July 1969.

② 　在整个日本海上自卫队的历史中,军官团在全体人员兵力中所占的比重不超过 20%。从 1989 年到 2001 年,这一比重一直介于 19.9%(1993 年)和 20.8%(2001 年)之间。JMSDF, Kaijōjieitai Cojū Nenshi-Shiryōhen, 110。

③ 　日本海上自卫队着重进行强化训练的做法有时会使得海军突破安全极限,对民用船只造成附带损害。最触目惊心的一起事故莫过于 1988 年 7 月滩潮号潜艇与一艘轻快的渔船相撞,造成 30 名乘客死亡。Patalano, 'Shielding the "Hot Gates"', 869, 890-891. 2008 年 2 月,一艘崭新的爱宕级"宙斯盾"导弹驱逐舰也卷入了一起相类似的事故,其在夜间与一艘渔船相撞,造成两名渔民失踪,据推断已经遇难。Editorial Department, 'Probe: Atago Crew Missed Boat though Radar Saw It', The Yomiuri Shimbun, 8 June 2008。

格的训练,学习条令纪律,因为只有这样他们才能够做好应对激战和压力的
准备。"①

表 7.4　日本海上自卫队的作战理念,1961—1977。

作战理念 幕僚长	强固精神	创意工夫	精强	即应
第四任幕僚长中山定義,1961—1963	√		√	
第五任幕僚长杉江一三,1963—1964			√	
第六任幕僚长西村友晴,1964—1966			√	√
第七任幕僚长板谷隆一,19616—1969	√	√	√	√
第八任幕僚长内田一臣,1972—1973	√		√	√
第九任幕僚长石田捨雄,1972—1973	√	√	√	
第十任幕僚长中山鮫島博一定義,1973—1976		√	√	
第十一任幕僚长中村悌次,1976—1977	√	√	√	√

强固精神:坚强精神/意志力;创意工夫:原创/创新(即原创的策略);精强:英勇无畏(即坚韧);即应(即时刻做好准备)

资料来源:日本海上自卫队幕僚长,《训令》,东京:日本防卫厅海上幕僚监部,1961—1976。

1976 年,正当海军已经拥有了四个护卫队群(共 44 艘主力水面战舰)、两个潜艇队群(包括 15 艘潜水艇)、两个扫雷队群(由 35 个单位组成)和一支由约 180 架飞机(旋转式与固定翼飞机)组成的空军部队的时候,海军大将中村悌次又重新考虑了如何在和平时期保持军队战斗力的问题。然而,一些军官却认为"军人的使命在战场",海军大将中村悌次则强调履行和平时期的使

---

① Kaneda 海将补,"Kaneda 海将补接受本书作者的访谈",2005 年 8 月 5 日。

命，诸如加强对海军的监督和控制，对维护国家安全至关重要，不可小觑。苏联在太平洋的海军兵力对日本构成了严重威胁，而保持海军的英勇士气是在战争中取得胜利的先决条件，因此在和平时期也切不可掉以轻心，这就意味着海军应当加强训练，反应迅速、做足战斗准备，不断投入资金武装出一支现代化的舰队。① 正是这种"精强"，使得日本海军在东北亚地区成功地震慑了苏联的海军力量。1981 年，海军大将渊田进一步补充道，相比战斗力之于国防的作用，军队人员更要将其视为海军恪尽职守最强有力的证明，这样才能赢得民心。就这个程度而言，增强战斗力以展示其专业化水准是日本海军赢得人民信任的不二法宝。②

正因为如此，海军军官们还必须具备"强固的精神"——这是日本海上自卫队在第一阶段的发展中所奉行的又一理念。在形成初期，海军内部要求人员"全心全意工作"十分艰难，这和日本自卫队颇具争议性的地位有关。1966年，海军大将渊田提出"人格的陶冶"一词强调了要特别重视人员发展的必要性。③ 在这一问题上海军大将内田一臣很清楚：军官们必须意志坚强，并且充分认识到海军工作的严肃性和其在维护日本安全中所发挥的举足轻重的作用。培养纪律性、责任感以及遇事灵活变通的能力对军官们的精神建设至关重要。④ 从 20 世纪 80 年代初开始，"强固的精神"作为一种作战理念，不再系统地呈现在《正式要务令》中，只有一次大的例外。1983 年，海军大将吉田学提到，要求军队人员具备坚强的意志与在日本的战略环境下海上作战的特性

---

① Admiral Nakamura，Chakunin ni Saishi Kunji，16 March 1976.

② Admiral Maeda，Chakunin ni Saishi Kunji，16 February 1981.

③ Admiral Itaya，Chakunin ni Saishi Kunji，30 April 1966.

④ 2001 年，海军大将 Ishikawa 更倾向于使用"带着纯粹的心去付出行动"这样的表达，因为他意在指出海军正冒着过分关注接收新知的过程而忽略了精神教育的风险。海军这样做的结果是，很多年轻的普通士兵缺乏常识，并且他们的内心无法升华到军队职业所要求的更高层次的价值观和使命感。Admiral Ishikawa，Chakunin ni Saishi Kunji，2001 年 3 月 27 日。海军大将 Ishikawa 强调的这种职业道德观在一定程度上反映了当时的环境。2000 年时，一位日本海上自卫队的军官承认曾将敏感信息透露给俄罗斯驻东京大使馆人员的消息影响到了海军的名声和道德水准。'"Conduct exposed the people to danger"：Officer admits giving secrets to Russian spy'，The Japan Times，2000 年 11 月 28 日。

有关,因为后者需要的正是果断行动和快速反应。[1]

到 20 世纪 60 年代后半期,海军将这种强固的精神当作一种美德来培养的同时,还必须加之培养军官们一定的"创意工夫"。这一概念是海军大将渊田最先提出的,它适应了海军在制定战略方面日益增长的需要,以达到海军在保护海上贸易中扮演的新角色提出的要求。这位海上幕僚长认为,培养一定的创造力可以防止军官们在战术和技术问题上自以为是、墨守成规。同时,这样的精神风貌也有利于制定灵活多变的战略,这对舰队结构和军事能力正急剧发展的日本海上自卫队而言颇有助益。[2] 值得一提的是,这一理念在 1976 年被废除后,又在 1989 年、1994 年和 1996 年正值过渡期或防御政策与采购方案面临重大调整之时再次出现在了《正式要务令》中。海军大将佐久对这一理念的启用做出了解释。他指出,创造力对于传承海军的传统来说是必不可少的,因为它可以促使军人们将传统的精髓运用到新形势、新局面中。因此,在不违反纪律的前提下,日本海上自卫队鼓励军官们独立思考、自由表达。正如这位海军大将所告诫的那样,创造力是关键,要想着"在你管理的同时也别忘了反抗"[3]。

在第一阶段奉行的最后一大作战理念,也像战斗力一样在日本海上自卫队的整个历史发展进程里贯穿始终的就是"即应"。它同"精强"一样,都承自帝国海军的优良传统。它解决了海军最基本的道德和职业操守问题,使海军人员们能够时刻保持警觉、枕戈以待,加强"使命的自觉"。用海军大将永田的话来说,海军人员必须做好"应声而起"的准备。海上自卫队的训练和培养借鉴了帝国海军的传统做法,旨在使大家愿意把注意力放在外部环境上。海军学员们在"海上自卫队第一术科学校暨干部候补生学校"学习时,就已经通过"提前五分钟严格执行"、定期的体育活动和武术练习,以及对像"出航舰"这样的"海军术语"的学习,认识到了"即应"的内在重要性。对整个舰队来

---

[1]　Admiral Yoshida, Chakunin ni Saishi Kunji, 26 April 1983.

[2]　Admiral Itaya, Chakunin ni Saishi Kunji, 30 April 1966.

[3]　Admiral Sakuma, Chakunin ni Saishi Kunji, 31 August 1989.

说,"即应"都是一个十分关键的作战指示。日本的地理优势使得苏联海军企图从海参崴进入公海的野心遭到挫败。做到即应对于充分利用区域地理优势,加强对列岛主要海峡和附近海域的巡逻,起着至关重要的作用。由于日本所面临的主要安全威胁都十分邻近,海上自卫队就更加需要保持高战备状态,尤其在 1981 年之后随着海军对保护群岛海上通道的责任不断加大,高战备的必要性也变得更为凸显。因此,正如海军大将矢田所说,日本海上自卫队不能接受"临阵磨枪"的作风,而是一直致力于"未雨绸缪"。①

考验海军:美日同盟及以后

　　1976 年颁布的《国家防卫计划大纲》和 1978 年颁布的《日美防卫合作指导方针》标志着日本海上自卫队步入了向专业化发展的新阶段。随着 1980 年日本和美国开始贯彻"合作"的理念,官方的理论学说见证了日美两国进一步加强海军双边互动的意义。同年,日本也首次加入了环太平洋联合军事演习,这一目标是日本海上自卫队早在海军大将大贺被任命为海上幕僚长时就定下的,并且海军对此一直坚持不懈、信心十足。和美国海军的合作对于战后的日本加强能力建设壮大海军实力有着三重重要意义。其一,通过参加训练和演习,日本海上自卫队得以在尽可能接近真实作战情境的条件下检验自己的能力;其二,和美国海军的密切联系使得日本海军可以定期接触到战术与行动方面的创新成果;②其三,加强合作可以帮助日本海军攻克双方在更加紧密合作过程中出现的技术难题,有利于双方增强协同作战能力,为日本海上自卫队参与到更广泛的国际行动中奠定基础。③ 在冷战余下的年月里,"合作"这一理念就像尚方宝剑一样最大程度地扩展了日本海上自卫队的实力影响,提高了日本海军的作战能力,也检验了其作为跨国军事联盟成员的潜力。

---

① Admiral Yada,Chakunin ni Saishi Kunji,15 February 1980.

② Admiral Ōga,'Kaijōjieitai to Watashi',Sekai no Kansen,176–177;JMSDF,Kaijōjieitai Gojū Nenshi,141–142.

③ Yada,Chakuninni Saishi Kunji,15 February 1980.

1985 年,海军大将永田对"合作"的理念进行了进一步的丰富和完善,强调在"深化日本海上自卫队同美国海军的伙伴关系"的同时也要加强与"日本陆上自卫队和航空自卫队"之间的合作。在同美国的海军双边关系中,武器装备、战术、语言、人才交流都发挥着至关重要的作用;在各军种间的合作中,海军大将永田和他的继任者们始终都重视主动加强同日本陆上自卫队和航空自卫队的相互信任与理解,尤其在航空自卫队承担了国家海域范围内为舰队提供空中掩护的主要职责以后。[①] 的确,他们强调,在现代军事行动中单一军种独立作战的方法是非常不可取的,后果不堪设想。最终,1994 年,根据日本在初步研究制定 1995 年新《国家防卫计划大纲》时罗列的对国防政策所作的一系列调整,海军大将福地首次调转了原有作战理念的优先顺序,将同其他军种进行联合作战准备放在了第一位。[②]

表 7.5　日本海上自卫队的作战理念,1977—1996

幕僚长 ＼ 作战理念	联结	创意工夫	精强	即应
第 12 任幕僚长大贺良平,1977—1980		√	√	√
第 13 任幕僚长矢田次夫,1980—1981	√	√	√	√
第 14 任幕僚长前田優,1981—1983	√		√	√
第 15 任幕僚长吉田學,1983—1985	√	√	√	
第 16 任幕僚长長田博,1985—1987	√	√	√	√
第 17 任幕僚长東山收一郎,1987—1989	√	√	√	
第 18 任幕僚长佐久間一,1989—1991	√		√	√

①　Admiral Nagata,Chakunin ni Saishi Kunji,1 August 1985.

②　Admiral Fukuchi,Chakunin ni Saishi Kunji,15 December 1994.

续表

幕僚长 ＼ 作战理念	联结	创意工夫	精强	即应
第 19 任幕僚长冈部文雄,1991—1993	√		√	√
第 20 任幕僚长林崎千明,1993—1994	√	√	√	√
第 21 任幕僚长福地建夫,1994—1996	√	√	√	√

联结:团队精神/协作;团结:联合/齐心协力;精强:英勇无畏(即坚韧);即应(即时刻做好准备)
资料来源:日本海上自卫队幕僚长,《训令》,东京:日本防卫厅海上幕僚监部,1977—1994。

在 20 世纪 80 年代到 90 年代间,随着日本海军的作战规模和作战半径不断扩大,海上幕僚长们认为应当在海军内部的凝聚力问题上倾注更多的注意力。因此,在正式的理论学说体系中出现了一个新的理念。尽管这一理念在《正式要务令》中字面上被称为"强固的团结",但完全可以将其翻译为"团队精神"。关于海军内部的凝聚力问题是海军大将大贺在 1977 年发表讲话时首次提出的。他指出,随着舰队日益现代化,海军人员们必须相互信任,有着基本的归属感。他坚信,这些始终是提高航海技术的基石。类似的话海军大将矢田也说过,他强调,希望他的部下们能够像一个作战单元一样行动,在这个单元中全体成员都能够"同吃一碗大锅饭"。1983 年,海军大将吉田重申了这一理念的含义。他提出,要想在海防任务的关键性质上达成共识,核心在于人员在训练中的个人努力。反过来,训练也进一步增强了凝聚力,为开诚布公地讨论有关海军的职业发展问题重新创造了理想条件。在这位海军大将看来,这种方式和帝国海军的理念一脉相承,因为在那时,"直言不讳"本身就是决策过程中的宝贵一环。在针对某一话题展开争论的过程中,保持纪律性是基本,加之强大的凝聚力,海军军官们便得以作出行之有效的计划和决策。①

在新世纪到来之初,国际体系与日本的地区安全环境发生的一系列变化

① Yoshida,Chakunin ni Saishi Kunji,26 April 1983.

要求海军要重塑其理论学说中的部分基本理念。要应对如此繁复的安全问题，需要有更强的"灵活性"。尽管海军大将夏川与山本分别在 1997 年和 1999 年就提出过海上自卫队战术与行动的"灵活性"问题，但是直到 2003 年，海军大将古庄幸一才正式采纳了"灵活性"这一概念。他认为，随着"9·11"恐怖袭击事件之后国际社会越来越需要武装力量的保护，加上预算限制也不断增多，这使得日本海上自卫队更亟须迅速调整其理念的主次先后。① 每一项任务都不会按照既定的方针和计划盲目地执行，而是根据环境的变化视情况而定。随着日本所面对的国际形势风云变幻，新世纪的海上幕僚长们也意识到，一支成功的军队必须能够"应对变化"，并且要努力推动理论上的革新以适应新局面。② 在这一过程中，在整个战后时期，帝国海军的经验都始终是他们将理念和方法付诸实践的参考源泉。这为增强海军的集体意识和团队精神，在涉及革新和作战的问题上形成一套自己的处理方法，提供了范例。

表 7.6　日本海上自卫队的作战理念(1996—2005)

作战理念 幕僚长	创意工夫	柔软性	精强	即应
第 22 任幕僚长夏川和也,1996—1997	√		√	√
第 23 任幕僚长山本安正,1997—1999		√	√	√
第 24 任幕僚长藤田幸生,1999—2001				
第 25 任幕僚长石川亨,2001—2003			√	
第 26 任幕僚长古庄幸一,2003—2005		√	√	√

创意工夫:原创/创新(即原创的策略);柔软性:灵活性;精强:英勇无畏(即坚韧);即应(即时刻做好准备)

资料来源:日本海上自卫队幕僚长,《训令》,东京:日本防卫厅海上幕僚监部,1996—2005。

———————————

① Furushō,Chakunin ni Saishi Kunji,28 January 2003.

② 海军大将 Yamamoto,Chakunin ni Saishi Kunji,13 October 1997。

海军大将石川的结语很好地总结了这半个多世纪以来理论学说的演变，他说"对于日本海上自卫队来说，21世纪的到来将其领向了一个'艰苦卓绝的时代'。日本海上自卫队在汲取了帝国海军长达七十多年的经验教训后，很快就从'襁褓期'步入了'成熟期'。"

一把新利刃：建设一支平衡的舰队

二战之前的舰队"像一把武士的剑"，"一个高精度、精工艺、高质量的武器"。① 它是一支主要用于在水面交战中取得领先地位的力量，用以在决战时刻克敌制胜。从甲午中日战争和日俄战争中获得的作战经验使日本认识到了决战的重要性，在对马海战中其大获全胜的惊人战绩也为海军的卓越战斗力创下了里程碑。的确，对马海战就像是日本的"特拉法尔加海战"，并且从某种程度上来说，日本在20世纪20年代和30年代间设计建造的那些战舰就是"对马海战"中俄国的真正对手。由这一观点得出的推论使得日本海军采取进攻的方式来实现海上控制，它要求海军整合速度快、火力强的战舰打造出一支均质化的舰队，这是掌握制海权的关键。在日本海战中，火力渐渐被认为拥有至关重要的战术地位。而在战舰的设计上，速度和装备性能则是需要不断增大和优化配置的核心战斗力。②

打造一支均质化的舰队固然有其意义所在，但为此付出的代价是，舰队的不同性能、战术与行动灵活性之间过于均衡，缺乏一技之长。在战后时期的舰队发展中，海军并没有忘记从二战的惨败里得来的教训。20世纪50年代初，在确立的新任务里，像帝国海军那样进行海上控制已不再列入其中。日本海上自卫队转而将注意力集中在了武器装备的采购上，以阻止敌军进入日本海

---

① Mark P.Parillo,'The Imperial Navy in World War II',61.

② Evans,'Japanese Naval Construction, 1878 - 1918', 25; Peattie,'Japanese Naval Construction,1919-1941',96-101.最上级"重轻巡洋舰"就是这一设计过程中的一个典型例子。1935年建成完工时，它有着极快的速度和重装甲，但是这种质量的超负荷也给其带来了不稳定性和危险性。Evans and Peattie,Kaigun,239。

表7.7 日本海上自卫队现行舰队编制

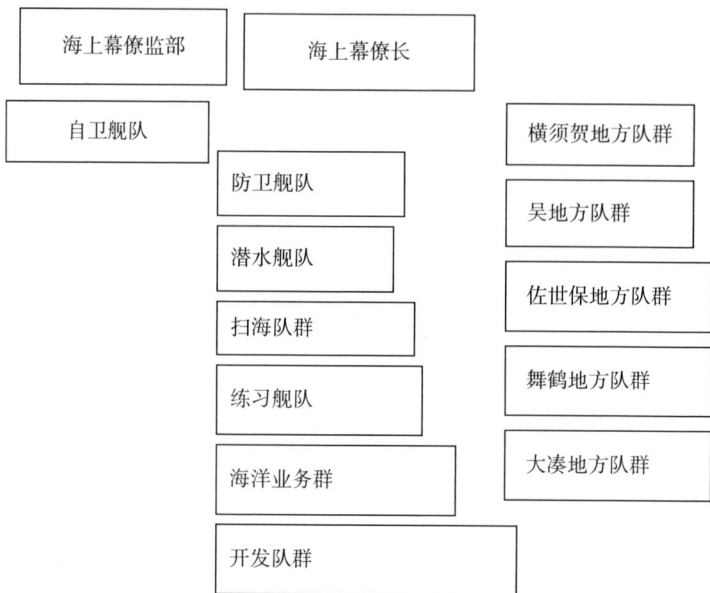

海上幕僚监部	海上幕僚长

自卫舰队		横须贺地方队群
	防卫舰队	吴地方队群
	潜水舰队	佐世保地方队群
	扫海队群	舞鹤地方队群
	练习舰队	大凑地方队群
	海洋业务群	
	开发队群	

资料来源:编辑部,"日本海上自卫队舰船及飞机:2008—2009",《世界舰船》,2008:7,162-163。

域。从这个角度上来说,日本海上自卫队组织舰队的模式和帝国海军截然不同。其海军力量不是按照战前的"内线—外线"逻辑来划分的,而是将它们置于各地方区域麾下,听命于一支"护卫"舰队。[1] 这支新舰队并不像过去主战外线的联合舰队那样采取进攻作战,而是一支用于在日本水域内保卫海上行动的部队。最终,这支护航编队的使命扩展到了对公海贸易要道的防御。由此可见,这支壮大后的自卫舰队在履行其核心使命进行海上通道防御的过程中,已然从海上拒止转向了制海争夺。[2] 从舰队结构上便可看出海军学说从进攻到全面防御的这一基本理论转向,并且这一策略一直沿用至 2000 年初。

从海军的主要使命来看,在对抗其冷战时期的主要对手苏联海军时,日本的地理优势使海上自卫队得以在两套不同的作战方案中进行选择。日本周围

---

[1] Kaneda 2005 年 8 月 5 日接受本书作者的采访。

[2] Nagata, 'Shīrēn Bōei', Sekai no Kansen, 76–77.

分布的三条海峡、两条岛链为其提供了强大的天然屏障，限制了苏联海军在太平洋地区的动作。日本海水域的海峡深度是进入太平洋的关键，其不足 100 米的条件使得这片区域成为布雷的理想之地。① 因此，加强巡逻以及在战时封锁这些焦点区域都是很好的选择，既可以防御侵犯，又可以保护海运。② 第二套行动方案涉及对日本海上经济命脉的关键地区进行防御。尤其，按照一位消息灵通的防务分析人士的观点，如果能够实现空中巡逻、声呐站、水听器和直接护航的联合行动的话，那么这片海域内由海军界众所周知的"东线"和"西线"组成的若干岛屿将为海运的保护提供便利。③

摒弃帝国海军的进攻性姿态并不意味着在战术的选择上也要远离"进攻"。正因为如此，从 20 世纪 50 年代中期开始，随着海军将反潜作战能力放在了第一位，日本海上自卫队开始从战术进攻的角度着手培养其护航能力，让反潜作战力量主动搜寻敌军。为了实现这一目标，组建一支联合部队中的空军部队势在必行，这使得日本海上自卫队拥有了首批旋转式与固定翼飞机，包括 8 架西科斯基 S-55 多用途直升机、42 架洛克希德 P2V-7"海王星"电子侦察机和 60 架格鲁曼"追踪者"舰载反潜机。1959 年，日本海上自卫队更进一步，开始研究筹获一艘国产 6000—7000 吨级直升机航母的可行性，也就是 CVH 直升机航空母舰计划。但 1959 年防卫力整备计划修正案并未采纳这一航母建造计划。④ 第二年海军又咨询了日本军事援助顾问团意图联手实施建

---

① Sekino,'Japan and her Maritime Defence',105.

② 直到 1971 年，日本海上自卫队把以封锁海峡为目的的进攻性水雷战减到了最少。Sekino 报道称海军只有两艘用于布雷的小型舰艇——津轻级敷设舰和襟裳号，计划用它们来捕获其他舰只。Sekino,'Japan and her Maritime Defence',107。

③ Sekino,'Japan and her Maritime Defence',120. 以及，Sekino,'Waga Kuni no Kaijō Goei Monday',66-68.

④ JMSDF,Kaijōjieitai Gojū Nenshi,27.在 20 世纪 50 年代末，有关航空母舰有不同的缩略词，其中字母"V"是固定翼的标志。20 世纪 40 年代末，美国海军改装了其部分航空母舰，使之能够操控反潜飞机，而这些航母有时被简称为 CVEK（"CVE"指代的是护航航空母舰，字母"K"则表明其猎潜飞机协同反潜的作战能力）。但 CVH 这一简称却并未遵循当时的任何一种缩写惯例，而日本海上自卫队为何使用这一缩写，目前也没有足够的证据可以考证和解释。Polmar,Aircraft Carriers,95-97。

造 11000 吨级 CVH 直升机航母的项目计划,该项目本可以帮助日本海上自卫队增强其反潜的核心战斗力。这艘航母计划将搭载 HSS-2 反潜型直升机,并在美国的援助下完成建造。① 在日本和美国的海军业界之外,这一 CVH 直升机航母计划没有得到民众的支持,但日本海上自卫队仍像一个婴孩一样"尽可能地吮吸更多的母乳以茁壮成长"②。

在 20 世纪 50 年代末 60 年代初,海军的技术及其在反潜作战中的应用经历着重大变革,为了应对这一形势,海军试图在炮床的设计和作战系统的选择上保持一定的灵活性。这一过程极大地受益于日本海军与美国的合作,使其得以接触到尖端的技术和新式的战术方法。这一点在水下战中最为明显,水下战被日本海上自卫队视为在多层反潜作战防御矩阵中又一至关重要的组成部分。从帝国海军解散到 1955 年日本战后获得的第一艘潜艇"黑潮"号下水试行之间的十年,是海军在技术和作战方面都取得了重大进展的十年。③ 但是对日本海上自卫队而言,借用一个现代经济学的说法,则着实是"失去的十年"。

事实证明,日本海军同飞速发展的美国潜艇界的往来互动可谓成果极其丰硕,尤其是美国促使日本抓住了这一领域取得的重大进展和飞跃契机。同时,它也为战后初期的日本海军明确了潜水艇所应扮演的角色。虽然群岛的经济状况十分不明朗,打消了日本海军为特定任务组建一支训练有素的潜艇部队的念头,但潜水艇对海峡和海上通道防御来说仍旧至关重要。在日本第一批技术使团之一访问美国期间,当被问及日本正打算建造一批什么类型的潜水艇时,组长回答说他们正在探索一个"灵活的方案",使之能够同时打击水面目标和水下目标。④ 在当时那个阶段,采用灵活的设计亦符合海军将训

---

① Chief, Operations Division, MSO, JMSDF to Chief, Navy Section, MAAG-J, 1960 年 7 月 12 日, in Ishii and Ono, Documents on the United States Policy towards Japan. Documents of the Joint Chiefs of Staff of the United States, 1953-1961, Volume 11, 71-73.

② 日本海上自卫队 Kōda 海将补,"Kōda 海将补接受本书作者的访谈",2008 年 5 月 27 日。

③ Polmar, and Moore, Cold War Submarines, 尤其第 2 章至第 4 章。

④ Terada, ' "Oyashio" Kenzō no Omoide', Sekai no Kansen, 98.

练视为新建职业标准的重中之重的思想,同时,有关这支部队未来使命的可能方案也在评估当中。

随着第二次防卫力整备计划的实施,海防被摆在了更优先的位置上,并且到 1966 年时,这支舰队已然向其首要目标迈进,走在了建立一支反潜核心战斗力的路上。① 武器总数共计 209 个单元,其中包括首批排水量超过 2000 吨级的驱逐舰:天津风号、山云号和卷云号,它们全都配备有水下可变深度声呐(VDS)、反潜火箭深弹发射器(ASROC“阿斯洛克”反潜导弹发射装置)。② 海军还装备了 7 艘潜水艇,包括 4 艘阳炎级早潮号和夏潮号的小型猎潜艇(765 吨级),用于沿海海域的海上拒止作战行动,以及一支由 59 架洛克希德 P2V-7“海王星”电子侦察机和 56 架格鲁曼“追踪者”舰载反潜机(S2F-1)组成的庞大的空军部队。③ 日本海上自卫队在极力壮大其作战能力的同时,也不可避免地要在其他领域有所牺牲。除了一艘装有单装式防空作战“鞑靼人”舰空导弹发射器的天津风号驱逐舰,日本海上自卫队的防空能力完全依赖于口径 40 毫米的防空火炮和 76 毫米的高射炮。④ 但他们认为这一问题的影响有限,因为他们将在陆基空中掩护的范围内采取作战行动,并且随着前线武器装备的吨位上升,后勤和维修的问题也暂未触及。正如当代的一位观察员称,“没有什么力量能像扫雷舰艇队一样有效、独立、持久,并且它在不断壮大、走向现代化,同时仍在清扫二战时期美军布设的水雷。”⑤

在日本海上自卫队不得不争取开展第三次防卫力整建计划时,其领导者们已经掌握了预算政治的套路,并且也具备了经验使得他们提出的计划既能满足海军的作战需求,又能获得人民的支持。在这样的情势下,CVH 直升机航空母舰计划不再被提及,取而代之的是直升机驱逐舰计划(DDH)。这一计划因其肩负了一系列更广泛的使命(至今包括负责海上交通的防卫)而得到

---

① JMSDF,Kaijōjieitai Gojū Nenshi,30.

② JMSDF,Kaijōjieitai Gojū Nenshi,102-103.Sekino,‘Waga Kuni no Kaijō Goei Monday’,67.

③ JMSDF,Kaijōjieitai Gojū Nenshi-Shiryōhen,294.

④ Sekino,‘Japan and her Maritime Defence’,104.

⑤ Auer,The Post-war Rearmament of Japanese Maritime Forces,159.

了认可,海军的库存装备也由此增加了 14 艘驱逐舰,其中包括首批地对空导弹群,以及日本海军建造的第一艘直升机驱逐舰——榛名号直升机驱逐舰。这些新的舰艇都配备了像日本改良的 SQS-23 声呐这样的现代反潜探测系统。① 空军部队则引进了 P-2J 海上巡逻机,并且到 1971 年时,新的平台已经取代了舰队中约 28% 的陆基航空兵部队。② 同年,日本海上自卫队还启用了太刀风级导弹驱逐舰,③这是其第一艘拥有电脑化的作战指挥系统的驱逐舰。同时,他们也批准调拨资金,用于开展训练和教育,升级改造设施和基地,以及改进通讯技术。④

在 20 世纪 60 年代末到 70 年代的前半期,日本的海上环形防御不断扩大,现已囊括了相当数量的沿海岛屿,因而也需要更多足够数量的平台用于后勤运输,以弥补群岛之内的距离。除此之外,海军还肩负着支持北海道的陆上作业的职责,因为那里是很可能遭受苏联侵略的地区之一。⑤ 因此,在第三次尤其是第四次防卫力整备计划的大背景下,海军采购了其首艘国产坦克登陆舰——1550 吨级的渥美级坦克登陆舰,以及它的两艘姊妹舰本部号和根室号坦克登陆舰,分别服役于 1972 年、1973 年和 1977 年。⑥ 在建造这些舰群的同时,另一级别的三艘更大的登陆舰也在建造当中,它们有着 2000 吨的标准排水量,分别是三浦级坦克登陆舰、牡鹿号和萨摩号坦克登陆舰,最后一艘于 1977 年建成入役。⑦ 随着两艘小型 590 吨级的由良级通用登陆舰于 1981 年加入舰队,日本海上自卫队初步具备了些许两栖作战的核心战斗力。这样安排是为了支持地面作战以防苏联入侵,同时也为了和平时期一旦发生自然灾害能够协助保护日本人民。若在战时,单有这些能力是不够的,但它的确给日

---

① Sekino, 'Japan and her Maritime Defence', 103.

② JMSF, Kaijōjieitai Gojū Nenshi-Shiryōhen, 298.

③ JMSF, Kaijōjieitai Gojū Nenshi, 103.

④ JMSF, Kaijōjieitai Gojū Nenshi, 31-32.

⑤ JMSF, Kaijōjieitai Gojū Nenshi, 33.

⑥ 在自行建造渥美级坦克登陆舰之前,日本海上自卫队的两栖输送舰主要是两艘接收自美国海军的二战老式登陆舰,其将它们重新命名为大隅级登陆舰。

⑦ JMSF, Kaijōjieitai Gojū Nenshi-Shiryōhen, 278-282.

本海上自卫队创造了机会,使其能够保持基本海上运输作业所要求的最起码的技术能力。

在随后的几年里,打造一支能够有效胜任反潜作战的舰队始终是日本海上自卫队关注的重点所在。在《1976 国家防卫计划大纲》出台之后,为这一目标所做的努力更是达到了顶峰。尤其,这一文件强调了保持高度战备状态的必要性,并且至少要有一个护卫队群能够"随叫随到",对日本周边地区可能发生的对海上贸易的侵略予以还击,以及"每片划定的海域内至少要有一支舰艇分队时刻待命"以保护本国领海。① 考虑到进行训练、维修以及巡逻作业对舰队的要求,安排 4 个护卫队群(每个队群配有一艘 DDH 直升机驱逐舰)、7 艘驱逐舰、8 架直升机(其中 3 架由 DDH 直升机驱逐舰搭载,其余 5 架部署在同等数量的驱逐舰上)和 10 支舰艇分队(每一地方海域指派两支分队)就显得至关重要了。②

"8-8"舰队这一概念,既是反潜战中猎潜组的基本战术编队的名称,也是海军在长达二十年的时间里一直致力于通过培养出一支整齐、有效的部队来履行其职责的有力证明。对这一战术编队的最初研究出现在 20 世纪 60 年代中期。当时,直升机在小型驱逐舰上的行动受到了技术上的限制,这迫使海军把精力集中在组建一支"8-6"舰队上,其中包含两艘 DDH 直升机驱逐舰,各搭载 3 架直升机。③ 到 60 年代末时,改良后的航母拦阻装置系统,加大将直升机甲板安置在一艘旧的登陆舰后的测试结果,都帮助海军找到了解决问题之道,步入了改进原始方案的正轨。④ 在方案的最终版本里,2 架导弹驱逐舰负责为舰队提供空中掩护,5 架驱逐舰为舰队护航,保护其不受来自水面和水下的威胁,同时,由 HSS-2B 反潜型直升机组成的直升机分队作为整个舰队的搜索攻击组用来主动猎寻敌潜艇。⑤

----

① 　JDA, Defence of Japan 1977, 64.

② 　JMSF, Kaijōjieitai Gojū Nenshi, 157-158.

③ 　Kōda, "Kōda 接受本书作者的访谈"。

④ 　Kōda, "Kōda 接受本书作者的访谈"。

⑤ 　JMSF, Kaijōjieitai Gojū Nenshi, 158.

　　在设计方面，相比潜在的对手苏联，日本在数量上的劣势使得其他诸如"均质性""速度"和"火力"这样的战前概念又重要起来。在榛名级直升机驱逐舰之后采购的武器装备，都要符合日本海上自卫队的军舰建造师们提出的"6S"原则，即要追求最大化的"速度、强度、稳定性、空间、肃静性和风格"①。速度、稳定性和空间是在公海作战的功能性指标，而最大程度地保持风格是指舰队中不同分队的作战系统和性能可以实现一定程度的统一性与兼容性。强度和肃静性旨在提高舰船的作战能力和耐受性。在此之后，所有的新置驱逐舰都有着相似的速度性能（最高可达 30 节）和推进系统。海军为提高舰队在进行反潜作战时的"速度和肃静性"，采取了一系列渐进性措施，于 1977 年建成的初雪号驱逐舰标志着海军所采用的动力系统从柴油机转向了柴燃交替发动机，由此迈出了它的第一步。②

　　在作战能力方面，海军战术数据系统（NTDS）的引进增强了舰艇探测装置（如雷达和声呐）的数据采集与数据战术应用之间的协调性。③ 随着一系列武器装置的配备，包括针对用于防空点防御（AA point defense）的近防武器系统（CIWS）、"阿斯洛克"Mk46 型反潜鱼雷、"海麻雀"舰空导弹、"鱼叉"舰对舰导弹以及口径为 76 毫米或 127 毫米的火炮用于对海军进行炮火支援，驱逐舰的火力也在持续不断地增强。④ 1986 年，日本海上自卫队成为首个配备有极其先进的美国"宙斯盾"防空系统的海军，这也解决了其搁置已久的舰队防

---

① JMSF, Kaijōjieitai Gojū Nenshi, 539.

② 在接下来的几年里，日本海上自卫队从使用柴燃交替发动机渐渐过渡到柴燃联合动力装置（CODAG, Combined Diesel and Gas Turbine），随后开始使用燃燃交替动力（COGOC, Combined Gas Turbine or Gas Turbine），最终，采用了燃燃联合（COGAC systems, Combined Gas Turbine and Gas Turbine）的全燃气涡轮动力系统。JMSF, Kaijōjieitai Gojū Nenshi, 161.据日本的消息来源称，和柴油发动机相比，燃气轮机组具备高速运行的能力，燃油效率更高、油耗低，并且没有噪音。Goeikan Pāfekuto Gaido, 44-48.但是，1990 年一项权威的研究指出，同欧洲主要国家的海军所采用的柴燃联合动力装置（CODAG, Combined Diesel and Gas Turbine）与柴柴联合的全柴动力（all diesel, CODAD Combined Diesel and Diesel）相比，单纯使用燃气轮机的成本是很昂贵的。Grove, The Future of Seapower, 121-123。

③ JMSF, Kaijōjieitai Gojū Nenshi, 159.

④ JMSF, Kaijōjieitai Gojū Nenshi, 163-171; Goeikan Pāfekuto Gaido, 50-67.

空问题。① 尤其，负责东亚与太平洋地区事务的助理国务卿加斯顿·西古尔（Gaston Sigur）称，装有"宙斯盾"系统的驱逐舰能够实现更大范围的火力掩护，"已成为日本努力提高四个护卫队群各自防空作战能力的指导原则"②。1989 年，日本海上自卫队的三艘十和田级补给舰的首舰下水试行，这不仅平衡了舰队力量，也延长了整个舰队的续航时间。

　　这种理念在 20 世纪 90 年代继续助力着海军舰队的发展。探测装置和武器继续朝着高精尖的方向发展，到 1996 年村雨号驱逐舰下水试行时，日本海上自卫队已经拥有了一支反潜作战能力惊人的完整舰队了。村雨级驱逐舰以其尖端的装备配置完美地达到了"6S"设计原则的所有要求，包括 Mk41 和 Mk48 导弹垂直发射系统（VLS）、OQS-5-1 型舰艇声呐、OPS 24B 和 OPS 28D 雷达、一个高级战斗情报中心和"塔康"战术空中导航系统（TACAN）天线。③ 在 20 世纪 80 年代这个阶段，日本舰队作战行动的性质保持着高度的连续性；反过来，这也促使日本的反潜作战部队从 20 世纪 50、60 年代间一味追求量的增加转变为关注和倚重质的精进。村雨级驱逐舰和其青出于蓝的改良型高波级驱逐舰都体积庞大、性能可靠，并且高强度的训练以及同美国海军的联合演习增强了它们的有效作战能力。④ 它们身上所体现的这种舰船设计思路，既适应了战后战略形势的需要，又汲取了帝国传统的优良之处。

　　事实证明，在 20 世纪末变化的安全环境下，力求为这支作战平台强大而万能的舰队配备市场上最先进的系统是明智的做法。"宙斯盾"防空系统的购置使海军的作战平台得以在弹道导弹防御系统中发挥主导作用。⑤ 在对空

① Ugaki,'Kaijōjieitai no Atarashī Ījisukan Unyō Kōsō',Sekai no Kansen,85.

② Sigur,jr.,'Proposed sale of Aegis Weapons System to Japan',Department of State Bulletin,13.

③ Goeikan Pafekuto Gaido,36-39.

④ JMoD,Defence of Japan 2007,146;'Kaijōjieitai 2008-2009',31.

⑤ Yamazaki,'Kaijōjieitai wa BMD ni Dōtori Kumu Bekika',Sekai no Kansen,80-81;Ugaki,'Kaijōjieitai no Atarashī Ījisukan Unyō Kōsō',85-87;Nishikawa,'Japan's BMD',日本防卫厅递交给国家政策研究大学院大学（National Graduate Institute for Policy Studies,GRIPS）的一份未公开发表的论文，2005 年 3 月于东京。Goeikan Pafekuto Gaido,22-25.以及,JDA,Defence of Japan 2006,156-164;JDA,Defence of Japan 2003,131。

监视方面，日本海上自卫队引进了 EP-3 型电子侦察机，以及一系列的洛克希德 P-3C 海上巡逻机，这些海上巡逻机都装有一个侦察系统，能够探测和利用具有战术意义的电子信号和通信信号情报信息。① 在潜艇战方面，1991 年到 1992 年间推出的两项调查研究指出，有两种行动方案可以帮助下一代潜水艇实现协同反潜并增强它们的耐受力。② 在它们的建议之下，日本海上自卫队开始把目光投向具有创新性的"不依赖空气推进系统（AIP）"。③ 1993 年，海上自卫队翻出一项 20 世纪 80 年代中期的研究，该研究是围绕当时一支规模庞大的两栖部队展开的，这支部队组建之初是为了重新部署日本从西部到东部的地面部队以防外敌入侵，根据这一研究海上自卫队设计和建造了它的第一艘登陆舰——大隅号登陆舰。④ 该舰拥有平原型飞行甲板（前甲板是飞机停放区，后甲板用于直升机降落）以及配有气垫登陆艇的内部船坞登陆平台，这使得大隅号迅速成为了日本海上自卫队支持日本重振国际雄风的标志性象征。⑤ 总的来说，在整个冷战期间，日本海上自卫队在不断加强反潜核心战斗力的过程中积累了丰富的经验，在 20 世纪 90 年代，海军正是凭借着这些经验来发展新能力和巩固已有成果的。

日本海军在 20 世纪 90 年代的首次跨国军事行动中的部署，以及尤其是 2001 年在印度洋地区的部署，对日本来说都是宝贵的学习机会。它们暴露了日本海上自卫队在指挥和控制能力及其与兄弟军种的合作方面的弱点。⑥ 但

---

① Nagata, '21Seiki no Kaijōjieitai：21Seiki no Jieikan wa Kōnaru', Sekai no Kansen, 88-93; JMSDF, Kaijōjieitai Gojū Nenshi, 299.

② 第一组把精力重点放在了与主动声呐和减噪相关的技术落实上面，而第二研究小组则主要负责操作一个新型战术综合火力控制系统。Jane's Information Group, 'Japan Launches Latest Harushio', Jane's Defence Weekly, 20 February 1993, 14。

③ JMSDF, Kaijōjieitai Gojū Nenshi, 564. Patalano, 'Shielding the "Hot Gates"', 879-882.

④ 起初，他们试图想办法基于意大利"圣马可"号的模型建造出一艘 7000—8000 吨级的登陆舰，以帮助西方军队重新部署派遣到本州岛至北海道地区的分队。Kōda 2007 年 8 月 17 日接受了本书作者的采访。

⑤ 技术数据源自 'Kaijōjieitai 2007-2008', 68-69。

⑥ Ishii, 'Dōnaru!? Nayami Ōi Kaijōjieitai no Dejitaruka', Sekai no Kansen, 2005：2, 87；海军海将 Ōta Fumio 2005 年 4 月 28 日接受了本书作者的采访。

是反过来,这一过程也在海军界引发了关于如何重新审视舰队武器的战术用途的争论。① 自从"灵活性"这一概念正式出现在海军的理论学说当中,舰队的精尖技术在其重组过程中发挥了至关重要的作用,它使得海军的基本战术编队从冷战时期的"8-8"舰队转变为一支由四个作战单元组成的更全能的护卫队群,或者,用一位很有影响力的退休海军大将的话来说,转变为了一支"水面机动部队"②。两个护卫队群仍旧可以整编在一起形成一个完整的反潜作战猎潜组,这一改组计划于 2007 年正式实施。此外,每支地方部队必须至少有一艘驱逐舰时刻保持高度战备状态。③ 和冷战时期相比,在 20 世纪的最后十年和新世纪的头十年里,日本自卫队在作战方面的优先级考虑也在不断增多,包括国土防卫、局部制海权以及远征考察活动。④ 而对于海军来说,灵活的舰队结构和先进的技术性能似乎仍是其基本的核心考量。

结　　论

在战争遗留下来的经验教训以及最初有关从组织结构方面重整军备的争论的推动下,一支在理论学说、舰队结构和技术性能方面都与帝国海军不同的新海军诞生了。但是人们认为,将曾经建立的帝国海军推崇为一支装备精良的高精尖部队这样的专业体系,对于快速重建新海军的专业核心战斗力来说,过于理想化了。战前海军通过进攻行动勇夺制海权的做法先是被海上拒止任务所取代,后又变为了争夺局部制海权。舰队虽遵从了防御性的战略,却一心想要采取攻击性的反潜战术予以回应。因此,承自帝国海军的作战理念使得日本海上自卫队建立了一支现代化的均质舰队,这支舰队足以胜任整个作战范围内的作战任务。

---

① Kaneda,'Jieitai ni Tarinai Mono wa?',Sekai no Kansen,88-91;Kaneda,'21Seiki ni Okeru Jieikan no Missyon',Sekai no Kansen,124-129.

② Kaneda,'Japan's National Maritime Doctrines and Capabilities',128.

③ Editorial Department,'Kaijōjieitai 2007-2008',151.

④ JMoD,Defence of Japan 2007,185,204-263.

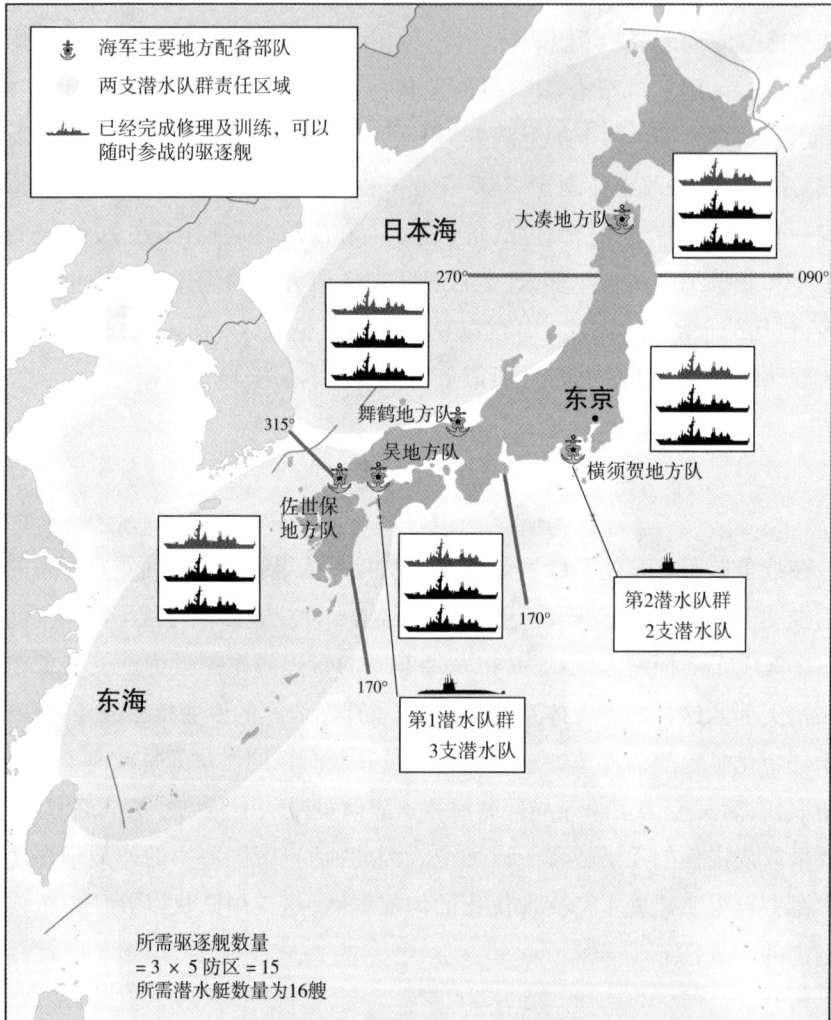

地图 3　水面舰队结构（2004）

改编自日本防卫省，《日本国防》，东京：2013，124。

通过建立一个统一的指挥系统明确将舰队置于海军规划和战略部门的领导下，进一步确保了舰队的发展和理论学说能够紧紧围绕海军政策。尤其，在理论学说上，日本海上自卫队采用了一套非正式的体系，这不仅能让更多的高层军官参与到理论学说的创立中，同时也能保证在建设相关能力的过程中必须要对理论学说做出调整时，大家可以经常交换意见、献言献策。另一方面，这一理论学说的确立过程，不仅能够增强日本海上自卫队的内部凝聚力，同时还能促使其同美国海军比同兄弟军种保持更加紧密的联系，毕竟美国海军是其主要的职业伙伴。

从日本海上自卫队在20世纪90年代到2000年初所采取的一系列措施中，就可以看出其在多大程度上掌握了昔日的经验，内化了帝国海军遗留下来的做法和理念，以及在政策和理论学说上进行革新的能力如何。随着日本的国际声望日益提高，海军重新评估了先前的初步研究，旨在发展新能力提升其战略地位。大隅级登陆舰就是为了实现这个目标而"量身定做"的，通过自身组织结构的调整迅速回应技术和理论学说上的要求，以顺应不断变化的国家安全环境和外交形势。正当日本海上自卫队打造出这些新能力的时候，学者们却在思索：这些装备的购置是否能够说明日本在获得力量投送能力方面宁愿凌驾于宪法条例之上？事实上，事情并不是这样的。这些只能代表海军力图使其舰队具备更大程度上的作战"灵活性"，并非是要破坏长久以来的战略姿态和理论体系的根基。

理论学说、舰队和能力建设的发展所遵循的模式和其他具有专业意义的领域所遵循的模式是一致的。虽然新海军并不是一个"缩小版"的帝国海军，但帝国海军的遗产为日本海上自卫队开辟了一条道路，帮助其成长为一支成熟而专业的军队，使其将海军的目标视作国家战略中不可分割的一部分，以维护国家重大经济利益为使命。但把这些上升到理论学说的层面时，日本海上自卫队也明确了自己应当恪守的职业准则，正是这些准则激发了它的斗志，也帮助其做好战备和发展争夺不同范围内制海权的能力。在这些信念的指引下进行能力建设所打造出的不仅仅是一支精进强干的舰队，更是屹立在公海海域的一根标杆，永远提醒着人们日本在海战中的独特风格。

结论：过去与未来

如何对军队进行命名并不关键。我不喜欢此种看待问题的方式。我只坚信，我们必须打造出日本自卫队的军魂。因此，这是一个与军事机构本质密不可分的法律地位问题。我们必须明白，即使它被命名为日本自卫队，在伦理道德层面，我们还要让军人们懂得，他们都是军事机构中的一员。

我认为，在日本海上自卫队年轻军官身上，我们正在成功培养顽强的战斗精神和帝国海军的道德风尚。[①]

——日本海上自卫队金田秀昭海将
（护航舰队司令，1998—1999）

日本海上自卫队成员正在为战争所带来的精神压力做好精神准备，这一点与任何其他军事机构并无二致。在各种文献中，对战后军队的描述都将军人刻画成极富专业才能的技术人员，不管是驾驶空中加油机、建造桥梁、操控各种舰船航行于日本群岛之间，还是举行各种仪式化的典礼等。这些描绘者们将过去要么视为一种心理负担，因为这种过去时代的遗产不仅会带来麻烦还会令人们对当代的实践丧失信心；要么视为保存下来的、充满怀旧情绪的旧制服，穿上它是为了重温辉煌的过去。本书的研究发现，以上这些诠释本身才是真正的他们所说的"遗物"。军事机构的历史因其处理残酷"战争剧"的方式总是充满争议，包括它的战前准备及战争行为，人力及物力方面的代价。以

---

① Kaneda，"Kaneda 接受本书作者的访谈"，2005 年 10 月 19 日。

日本为例,各种文献中所出现的主观臆断是:只有摒弃帝国军事经历,战后日本自卫队才会发展成一支不会重蹈覆辙的专业部队。这种臆想首先由一部分士兵在几次系列互动中进行了验证,其结果后来被推广至整个军事机构。但是,下列关键问题仍然悬而未决:战后军队领导层应该如何将日本自卫队打造成一支能满足国家防卫需要的部队。同样重要的是,日本战后军队中的各个不同兵种在功能及历史上所存在的差异性仍未得到解决。

本书采用了不同的路径。它充分利用了新解密的文件,并将之与花费了很长时间才收集而来的其他资源相结合,旨在深入探索作为军事机构的日本自卫队的内部机制和功能。本书的目标是准确理解迄今为止其他文献未曾涉猎的问题。其重点研究的对象是日本海上自卫队,旨在探讨作为日本军事机关的核心成员,它如何通过审视和利用过去的历史来理解和陈述其在日本安保中的作用。本书诠释了为什么历史在日本海上自卫队身份认同中处于核心地位,因为对于“海自”来说,与帝国历史进行对话对于重建其在技术及价值观等方面的专业素质至关重要。这是一个非常有选择性的互动,其目的是为了解决专业核心问题。帝国海军在经历了一系列成功和失败的战争后,提供了一种久经沙场考验的水兵专业技能模式。因此,重建海军并不意味着摒弃过去,而是要求其领袖不断反思过去。只有对过去成功和失败的原因以及如何在未来取得成功有了正确的理解,才能帮助建设新海军。

历史与日本海军建设

战后的海军为了应对当今的挑战需要反思过去的原因主要有两个,另外,还有一个因素确保了海军何以成功实现了这一目标。第一个原因涉及海军机构本身的军事特质。新机构的先驱们主要关心的是,如何在一次惨败之后在完全不同的社会及政治规范框架下重新打造出一种“战斗精神”。虽然打造海军“团队精神”确实需要在这些框架内进行,但是海军领导层仍然需要确保海军人员的凝聚力及全力以赴的投入。海军需要一个“灵魂”来激励其所有人员,为了实现这一目标,日本海上自卫队将帝国海军传统和经验作为主要工具。自成立以来,新海军就将其自身视为一个战斗机关——不顾其规模之小及规范限制。新规范为使用武力设定了边界,但却没有限制海军的责任:拥有称职的人员以成功完成使命。

无论在战术还是在作战行动中,海军都必须使其官兵充满斗志,而且如果有必要,愿意冒着生命的危险去完成海军防卫任务。帝国传统能促进海军的自豪感、士气及集体主义精神的提高,从而实现上述目标。很多人相信,促使帝国海军取得骄人成就的关键因素是一系列的实践、程序、价值观及规范,它们具有永恒的激励价值。舰船名称及其内部通行的词汇和惯例都有助于在海军基层单位内部自成一体的环境里打造出一整套完整的价值观及原则,其目的是向海军官兵灌输与帝国海军完全相同的战斗意愿。在此过程中,日本海上自卫队精心选取了帝国历史的精华,将它们作为激发官兵们全力以赴追求卓越及作战胜利的手段,正是这些历史文化精髓促成了帝国海军在明治及大正时代的崛起。日本海上自卫队的这些做法并非首创。事实上,在建立帝国海军时,明治维新的参与者就曾尽力使用过类似的手段。他们当时提倡的传统基于日本武士道及航海精神,旨在打造一支具有强大凝聚力、史无前例的国家级海军部队。同理,日本海上自卫队为了打造自己的战魂也借助了战前的帝国海军传统。

日本海上自卫队重视利用历史的第二个原因与第一个原因紧密相关。帝国海军不仅能激励战斗精神的培育,也代表了一种合理的专业模式。海上自卫队引入凝结了战前经验的各种惯例,使官兵们适应为完成新海军使命而必备的各种纪律、团队合作及领导力。帝国海军注重通过一星期七天不间断的训练来掌握水兵专业技术,日本海上自卫队积极效仿,使其成为海上自卫队发展专业技能的标志性模式。实际上,这有助于解释为什么在过去的几十年间,通过利用训练活动中海军舰船与民间船只之间偶尔发生的事故,海军一直在寻求突破安全底线的边界。① 在领导力层面,日本海上自卫队也遵循帝国先

---

① 在这一问题上,详见举例 Patalano, ' "Shielding the Hot Gates": Submarine Warfare and Japanese Naval Strategy in the Cold War and Beyond(1976,2006) ',869。

驱们的路径，注重发挥领导个人在塑造海军价值观、执行上峰命令以及培养团队凝聚力等任务中的主观能动性。在战术层面，这一做法尤其重要，因为一艘舰船需要保持其独立战斗单元的身份，其舰长拥有最终权威。在作战层面，这一做法使日本海上自卫队能确保所有舰长都将按照海军的价值观及既定程序进行指挥。总的来说，这种对领导力的理解方式与其他国家的现代海军并无二致，但是，参照帝国海军还能带来另一个优势：在与"国家传统"保持一致的前提下提出上述理念。①

这种做法进而又有利于满足日本海上自卫队的如下需要：将过去的惯例与新的要求结合起来进行考虑。海上自卫队并不是一味地简单效仿其帝国先驱。相反，在明确的政治导向的指引下，海上自卫队在教育及军事技术传授上都进行了结构性的改革，其目的是避免战前军官阶层所存在的诸多问题，这些问题与他们身上所具有的帝国精英特质、倾向于对军人职业持有狭隘看法以及严重缺乏军种间对话等密切相关。在海军事务上，日本海上自卫队通过研究当今时代一些最优秀的海军来寻求自身问题的解决方案。美国海军就为海上自卫队的进步提供了类似的机会。海上自卫队第一代领袖在研究了美国高等军事教育体系之后，借鉴了它的一些经验来为自己的海军教育设计了军校的课程大纲。同时，海上自卫队还充分利用美国的先进技术来帮助实现其海军舰队的重建及现代化。在此方面，日本海上自卫队的案例证明了以下观点：在军事及专业创新上，效仿外国军队是一个重要动力。日本海上自卫队的特色是这样得以形成的：帝国遗产不仅恰似一个过滤器，对海军如何效仿外军模式产生了重大影响，而且也为这种效仿提供了理由。帝国传统提供了一个总体框架，在其范围内，外国技术及惯例与日本海上自卫队的教育及专业技术要求得以成功地结合起来。

实际上，帝国历史为引入外国技术提供了合理的依据。容斋画笔下的帝国特征帮助日本海上自卫队找到了效仿成功的外国海军模式的合法依据，并将此过程转变为提升海军"日本"特色的工具。这是一种与历史经验相一致

---

① Speller, Understanding Naval Warfare, 27—28.

的"传统"方法，在19世纪后五十年海军的发展过程中就曾沿用过，当时的海军取得了对华及对俄战争的胜利。因此，无论是对于帝国海军还是海上自卫队，引入外国技术及专业知识是形势使然。对于海上自卫队来说，过去的历史使其形成了一个正确的观点，该观点使其将结构上的劣势转变成其机构特色。源于哪些国家的海军模式或具体武器装备并不是最关键的问题。最重要的是，帝国海军及海上自卫队都能正确地意识到，什么样的武器装备以及外国教育体系中的哪些部分最能帮助他们建立一支技术精尖、人员精良、受过良好教育的海军部队。这是"日本"海军与国内外其他机构的不同之处。

战后时代初期出现的一些叙事作品不仅促进了新海军对帝国经验的审视，也使其开始接受帝国海军的一些原则。这些都证明，新海军完全有能力利用好帝国历史。早在民众及官方开始研究战时失败责任的时候，民间有关帝国海军的叙事作品就已经问世了。有关战时的记忆充满争议，这一观点被广为接受。有关当时日本海军的描述与帝国军队形成了强烈的对比。这些描述强调海军既传统又现代的特性，它作为一个兵种对穷兵黩武的陆军的好战冲动所发挥的抑制作用，它在赢得能平衡政治目标与战略现实战争上的能力，以及它无法赢得它没能阻止的那场战争的无奈等。作为记者的伊藤的新闻作品以及阿川小说中的叙事都为日本海上自卫队展示了帝国海军与新海军之间所存在的文化及机制上的密切联系。虽然退役帝国海军军官从未直接参与这些叙事的撰写，但是他们积极培养与伊藤及阿川等人之间的私人关系，以强化他们作为军官一心想打造的那种特定形象。而且，阿川的儿子尚之选择将他小说的情节围绕两位日本海上自卫队第一代领导人（两人皆为帝国海军的老兵）展开，将帝国海军与新海军之间专业纽带的观念进行了充分发挥。20世纪90年代，在民众对日本自卫队的关注度不断增加的情况下，阿川的小说将维持战前与战后两个海军间的紧密联系界定为日本海上自卫队的关键技能。

日本海上自卫队充分采纳了以上观念，并将其作为各种自我描述策略的指导原则。连接知识分子及海军迷与海军关键人物的关系网使后者意识到，即使人们对过去的正面印象还未消失，将海军介绍给公众是一件高度复杂的事情。因此，起初，日本海上自卫队只专注于诸如舰队阅兵及短程巡游等临时性的公众活动，它们能为海军创造一些"安全环境"，以推广以技术特征为主的海军形象。这些公共关系活动颂扬专业精神、技术知识以及帝国海军的优秀遗产。在军舰或基地这些封闭的空间里，日本海上自卫队能够根据普遍接受的日本海军的特质来传播相应的信息：日本的成功体现在现代化进程的推进以及对一个核心国家机构——海军——进行改造的同时又没有丢弃其"传统"的基因。

实施该计划的最初几十年间的核心目标是培养一批"海军迷"，为提高20世纪90年代及21世纪初公众对于海军的关注打造一个重要的平台。面临不断变化的国内形势，日本海上自卫队在很长时期内都坚持极力宣传其与帝国海军间的紧密联系，使其在提振整个日本民族信心的道路上获得了一定的优势。在充满更多变数的地区安全背景下，日本在亚洲发动侵略战争所留下的颇有争议的记忆（1995年太平洋战争结束五十周年纪念进一步增强了该记忆）使日本陆上自卫队不可能在帝国陆军的武士道精神及传统的基础上来证明其职业精神。对于日本航空自卫队来说，由于战前日本并不拥有一支独立、具有久经沙场的作战传统的空军部队（像英国皇家空军那样），它与陆上自卫队存在同样的问题。与之不同的是，日本海上自卫队却拥有抵御外国入侵或导弹威胁的能力，该能力基于一种与帝国历史密不可分的职业信心。因此，海上自卫队将其公共关系推广运动的重心转移到了人的层面：人员构成、动机、技能等，所有这一切皆倚重于悠久的帝国传统。

2004年，当日本国家电视台发布了其首个大规模研究日本自卫队历史由来的纪实项目成果时——一部分原因是为了满足公众了解日本军队身份的要求——人们发现，该项目研究的重点是日本海上自卫队的前世今生，这一点并未令人惊讶。在该成果发布之前，日本海上自卫队已经部署在印度洋达三年之久，为美国在阿富汗的行动提供后勤支援。在公共事务领域，日本海军已成为国家的"高级军种"，它依仗于强大的军事传统来应对日本不断变化的安全形势。

成为"高级军种"：将建设日本
海军强国提升为国家战略

本书提出了以下更为宏大的观点：帝国经验不仅有助于塑造战后海军身份，也对海军思考其在国家安全中的作用以及如何向外界证明这种作用产生了影响。在此方面，不单单是明治及大正时代的海军经验对战后海军与帝国过去之间的关系产生了影响，而是帝国海军整体的作战经验，特别是上一次战争中战略及战术层面的失败，成为日本海上自卫队与过去进行交流互动的核心所在。对于海上自卫队来说，理解过去的失败是制定政策及战略过程中必须迈出的关键一步。

在海军政策层面，研究帝国海军中的一流战略家在整个战争史中的所作所为，在过去和当下都为海军反思如何将自身的优先任务与国家战略联系起来提供了借鉴。对过去历史的审视有助于挖掘出造成那些灾难性后果的原因：20世纪30、40年代过于强调为了打赢决定性战役所必须进行的技术准备。尤其是，日本海上自卫队从中得到了不少启示用以拓宽身兼要职的军官们的"知识面和视野"，并让他们养成从"海洋"而不是"海军"战略角度进行思考的思维习惯。狭隘的、只专注于战术问题的思维方法存在一个巨大风险：将采购任务视为重中之重只能惠及海军自身，但不一定能帮助海军为应对那些更重大的安全问题做好准备。如同一位退役的日本海上自卫队战略规划家所说，以上关切使日本海上自卫队行动计划署从一开始就与众不同。① 在1945年以前的太平洋行动中，准备与美国进行决战导致了海军政策与国家战略之间的脱节，后来证明其后果惨重。

何以至此？根据科贝特的研究，海战的一个特点是，"舰队承担起保护商业贸易的职责比赢得战争更为重要"，因为"战时经济活力"至关重要。为此，"保持贸易畅通被认为是最需要考虑的因素"②。当日本海上自卫队审视帝国

---

① 日本海上自卫队 Yōji Kōda 海将（已退休），"Yōji Kōda 海将接受本书作者的访谈"，2014年8月1日。

② Corbett, Some Principles of Maritime Strategy, 162.

战时经验时，这是他们倍加珍惜的一个教训。仙翁海佐对井上大将非正统思想的研究就是一个典型的例子，它展现了日本海上自卫队如何将过去与现实联系起来，从而为制定防卫政策提供借鉴。海军舰队不只是简单的战争工具，它为保护战后日本更为广泛、基于海洋的经济利益安全做出了贡献。在日本的海洋理念中，保护海上通道被视为一项战略任务，因为日本海上自卫队充分意识到了日本地理位置的脆弱性。战后日本的经济实力依仗于海洋贸易以及其获得重要资源的能力，正是这些资源决定着日本的生死存亡。海上自卫队努力确保它所秉持的战略视野及政策与以上海洋理念相契合，毕竟帝国战时经验已经证明此方面的错误所造成的灾难性后果。最重要的是，日本海上自卫队将日本的海洋战略与管理美日同盟进行了成功对接。通过专注于日本海及东海海上通道的保护，日本海上自卫队力求实现以下目标：将海军置于国家防卫核心以及遏制苏联这一同盟义务的前沿。

在后冷战时代，日本经济仍然依仗于商业贸易，正如商业贸易在政治层面对于防卫政策的重要性一如从前一样。实际上，不断变化的东亚战略环境以及动荡加剧的国际形势都进一步强化了以下理念：对于国家安全来说，以海洋为中心的防卫导向至关重要。1995 年，确保国家原材料及贸易商品海上运输通道的畅通再次被重申为一项战略任务。同时，日本海上自卫队还迅速获得了最低程度的战略投送能力，它既可以作为对核心能力——反潜能力的补充，还可以使日本的外交政策中又多一个参与国际维和行动的选项。十年后，"从波斯湾至印度洋、马六甲海峡、南海、巴士海峡及台湾东海岸这条海上交通线"沿岸国家的稳定决定着日本完成其安全要务所需的地理空间。① 至此，日本国家安全策划者们已充分意识到日本对于国际安全的重要性，特别是在后"9·11"的时代背景下。连接波斯湾与台湾海峡之间的弧形线是日本确保其安全的生命线。2013 年，日本新的《国家防卫计划指南》对高坂的散文进行了诠释，该文将日本界定为"在食物及自然资源上主要依靠国际贸易的海洋国家"，从而让《指南》又回到了讨论的原点。《指南》再次指出，通过加强基于

---

① CSDCNE, Japan's Visions for Future Security and Defense and Capabilities in the New Era, 12.

诸如法治及航行自由等基本原则之上的"开放及稳定的海洋"秩序,确保海上及空中安全,这对于国家的安全及繁荣至关重要。①

在此背景下,防卫策划者们面临着以下挑战:一方面,需要提高国家军事力量行动的机动性及整体反应能力以应对不断变化的安全形势;另一方面,国防预算面临着越来越紧缩的趋势。2010 年,防卫省在防卫建设上采纳了一个全新的"基本理念",其目标是要保持防卫力量的"活力",增强武装部队的"备战程度、机动性、灵活性、持久及全方位作战能力"。② 从区域上来看,新理念将军事活动重心从日本岛东北方向转到了西南地区。③ 对机动性及备战程度的强调尤其反映了保卫东海离岸岛屿在后勤补给方面的真正需求。④ 至此,日本必须寻求拥有一种"动态威慑"的能力,不给任何潜在对手以造成"既成事实的现状"以及进行"侦察活动"的机会,从而避免将日本岛的安全及领土完整置于危险之中。提高备战程度及多方面作战能力对于情报收集、监视及侦察活动的有效进行特别重要,从而避免"地理位置"及"时间"上的漏洞对作战能力产生负面影响。⑤

在东北亚以外的地区,军事外交正在成为防卫政策日益重要的特征之一,其目的在于增强外交效应,建立、巩固及扩大伙伴关系,促进国际稳定。至2013 年,和平时期动用日本自卫队已经被明确地表述为"'多层'安全途径"中的组成部分,"以确保亚太地区的稳定"。⑥ 军事演习、官员出访以及人员交

---

① JMoD,National Defense Program Guidelines for FY 2014 and Beyond,4.

② JMoD,Defense of Japan(东京,2013),115。

③ JMoD,National Defense Program Guidelines for FY 2011 and Beyond,10;James R.Kendall,'Deterrence by Presence to Effective Response:Japan's Shift Southward',Orbis,Vol.54,2010:4,603-614.

④ NIDS,'Japan:Toward the Establishment of a Dynamic Defense Force',East Asian Strategic Review(东京:The Japan Times,2012),253-256。

⑤ CSDCNE,Japan's Visions for Future Security and Defense and Capabilities in the New Era,24;NIDS,'Japan:The Adoption of the New National Defense Program Guidelines-Toward a More Dynamic Defense Force',East Asian Strategic Review(东京:The Japan Times,2011),243;NIDS,'Japan:The Adoption of the New National Defense Program Guidelines',256.

⑥ CSDCNE,Japan's Visions for Future Security and Defense and Capabilities in the New Era,15,30-35;以及,NIDS,'Japan-Toward More Effective International Cooperation',240-246;JMoD,National Defense Program Guidelines for FY 2014 and Beyond,8。

流都成为加强与除美国之外的主要战略伙伴国之间联系的途径,如韩国、澳大利亚等。其他追求的目标还包括促进与中国及俄罗斯等地区大国之间的基本互信,探索与东南亚国家及印度建立新型国家关系,与其他海洋稳定及航行自由利益相关方如英国及北约保持经常的接触。①

因此,海军所做出的积极反应旨在满足不断变化的日本安全需求。2008年11月,当时的海上幕僚监部行动计划部主任武居智久大将撰写了广为人知的日本海上自卫队"新"海洋战略。② 在该《指南》的导言中,武居大将步武前贤,重申日本的"国家生存有赖于海上运输通道上畅通无阻的贸易活动",这也是日本海军发挥其核心职能的前提所在。③ 因此,在冷战期间,海军一直在为能在危急时刻保护海上通道安全努力做好准备。后"9·11"时代与过去的主要区别在于,不仅"海上自由航行在和平时期仍然是重中之重",而且"日本海上自卫队需要更多参与和平时期的各种行动"并为此制定相关战略。④ 在武居大将看来,海军必须改变其保护海上通道的策略。不管是在和平还是战争时期,是单独行动还是与美国抑或其他志趣相投的伙伴国一起行动,日本海军必须运用多方面的能力来"为实现国家目标提供更广泛的选项"⑤。

上述新战略提出了对海上通道的一种全新理解方式。这些通道不再只是突发事件发生时需要保护的"海上运输线",它们还被建设为往来于日本的四大"区域"航运通道的组成部分。日本海上自卫队的一切行动都是围绕对每一个"区域"通道(东北亚、东南亚、南亚以及中东)可能形成的潜在威胁以及应对这些威胁可以利用的资源而展开的。⑥ 三大因素使东北亚成为日本海上

① JMoD, National Defense Program Guidelines for FY 2011 and Beyond, 8-9; CSDCNE, Japan's Visions for Future Security and Defense and Capabilities in the New Era, 18-20; JMoD, National Defense Program Guidelines for FY 2014 and Beyond, 10-13.

② Rear Admiral Tomohisa Takei, 'Kaiyō Shinkindai ni okeru Kaijōjieitai', 2-29.

③ Rear Admiral Tomohisa Takei, 'Kaiyō Shinkindai ni okeru Kaijōjieitai', 6.

④ Rear Admiral Tomohisa Takei, 'Kaiyō Shinkindai ni okeru Kaijōjieitai', 8, 11-12.

⑤ Rear Admiral Tomohisa Takei, 'Kaiyō Shinkindai ni okeru Kaijōjieitai', 15-16.

⑥ 日本海上自卫队的干部学校 2011 年 9 月 20 日同本书作者进行了研讨。

活动的核心地带。在东京—关岛—台湾这一三角区域内,不仅海上通道及日本领海的防卫不可分割,而且一些划界上有争议的海洋和领土及资源丰富的领域也坐落其中。同样,该区域的防卫对于美国在东亚部署军事力量也会产生重大影响。尤其是,美国重新部署在朝鲜半岛及日本的军事存在进一步提升了冲绳及关岛作为危机爆发时美国发起干预的平台的价值。因此,武居大将指出,"东京—关岛—台湾这一三角区域可谓美国在东亚军事部署的桥头堡"。①

《新国家防卫计划指南》强调海军要表现得更为积极主动,从而使海上自卫队为完成国家安全目标及同盟义务做出自己应有的贡献。它明确要求日本海上自卫队将和平时期的活动视为一种"履行义务的手段",其两大目标是:维持海上稳定;阻吓潜在侵袭,以实现"不战而屈人之兵"。在东京—关岛—台湾这一弧形区域,情报、监视和侦察能力以及与地方机构如日本海岸警卫队等的合作都是为了帮助海军及时发布有关"导弹攻击,恐怖事件以及可疑海上活动"的信息。② 为了最大程度地凸显这种"外界存在感",日本海军的情报收集、监视和侦察活动必须与美国海军进行协调。防卫交流、能力建设、多边演习、港口停靠以及国际救援使日本海上自卫队具备了多方面的能力。③在东南亚,海军旨在为建设伙伴关系而做出应有贡献——通过联合演习、交流及能力建设等手段——特别是涉及类似于澳大利亚这样的重要伙伴国时。在更遥远的海域,日本海上自卫队的主要任务是:与北约成员国在诸如"积极奋进"等行动中展开合作,打击索马里海盗,访问印度等国家并与之进行联合演习。④ 在东北亚,上述在和平时期开展的一整套多层面的活动对于管控与类似于中国这样潜在竞争对手之间的关系来说,也同样至关重要。上述各项任

---

① Takei,'Kaiyō Shinkindai ni okeru Kaijōjieitai',19.关于冲绳县在东北亚危机中的战略重要性问题,Michishita,'Changing Military Strategies and the Future of the U.S.Marine Presence in Asia',in Okinawa Prefectural Government(OPG),Rebalance to Asia,Refocus on Okinawa,70-76.作者感谢 Michishita 教授提供了一份该研究的研究报告。

② Takei,'Kaiyō Shinkindai ni okeru Kaijōjieitai',18.

③ Takei,'Kaiyō Shinkindai ni okeru Kaijōjieitai',20-21.

④ Takei,'Kaiyō Shinkindai ni okeru Kaijōjieitai',22.

务的顺利完成不仅能削弱中国海军在东海实现其抱负的能力,还能通过交流及互访增强彼此间的相互理解及互动。①

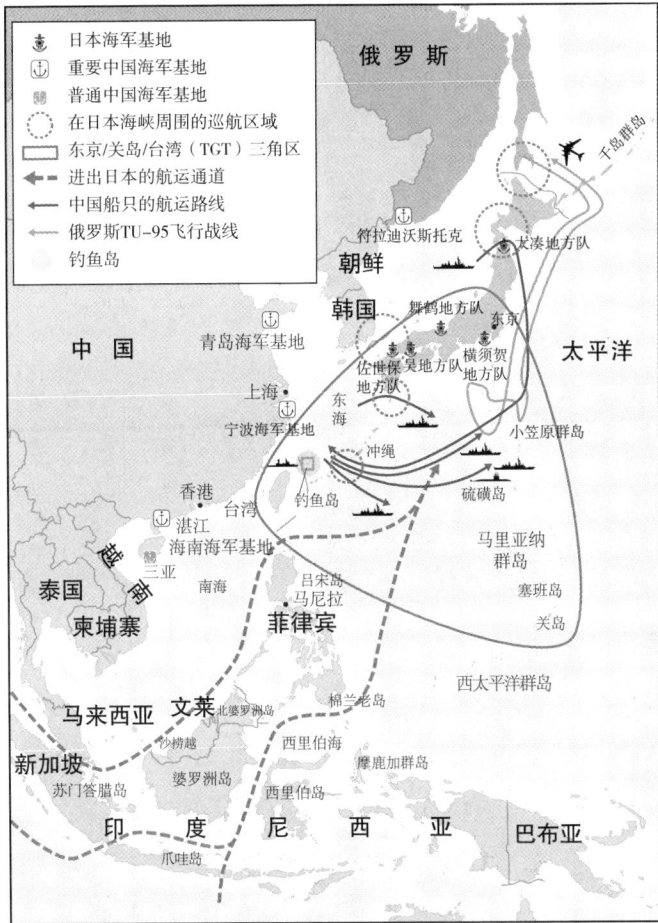

图例：
- 日本海军基地
- 重要中国海军基地
- 普通中国海军基地
- 在日本海峡周围的巡航区域
- 东京/关岛/台湾（TGT）三角区
- 进出日本的航运通道
- 中国船只的航运路线
- 俄罗斯TU-95飞行战线
- 钓鱼岛

俄罗斯　千岛群岛　符拉迪沃斯托克　大凑地方队　朝鲜　韩国　舞鹤地方队　东京　横须贺地方队　佐世保地方队　吴地方队　太平洋　青岛海军基地　中国　上海　宁波海军基地　东海　冲绳　小笠原群岛　硫磺岛　香港　台湾　钓鱼岛　湛江　海南海军基地　三亚　南海　马里亚纳群岛　塞班岛　关岛　泰国　柬埔寨　吕宋岛　马尼拉　菲律宾　西太平洋群岛　马来西亚　文莱　北婆罗洲岛　棉兰老岛　新加坡　沙捞越　西里伯斯海　摩鹿加群岛　苏门答腊岛　婆罗洲岛　西里伯斯海　印　度　尼　西　亚　巴布亚　爪哇岛

地图4　冷战后战略

如若日本领海以及(或者)海上交通遭到侵袭,日本海上自卫队将实施一

---

① Takei,"Takei 接受本书作者的访谈",2012 年 9 月 12 日。

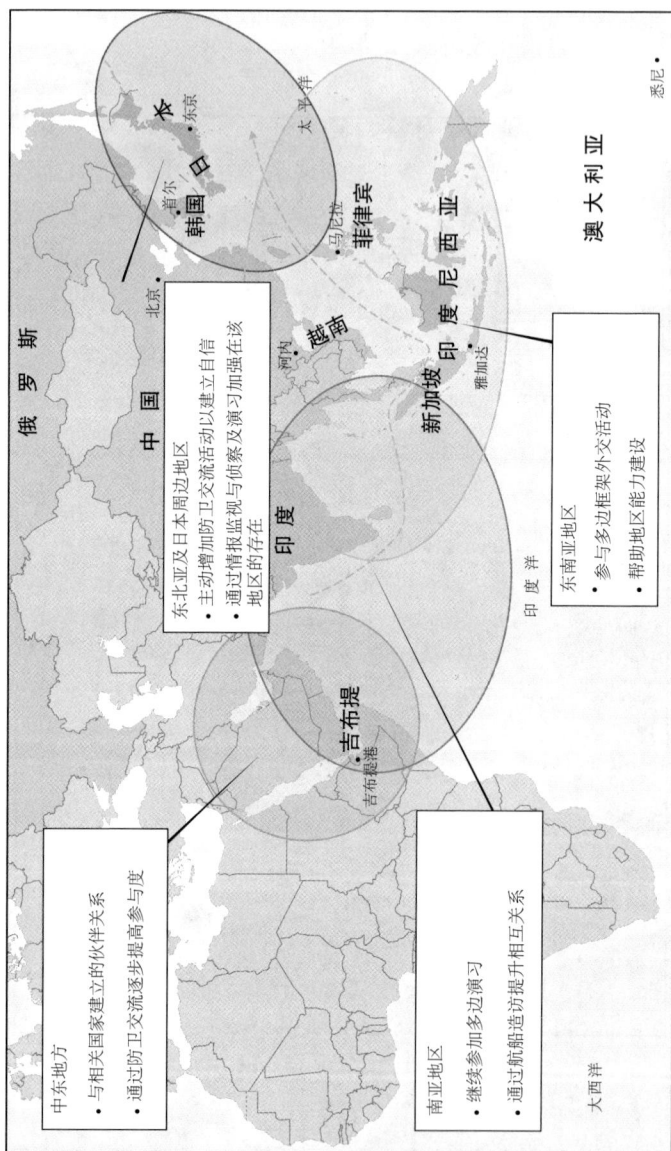

地图5 作为战略地区的海上通道

来自：日本海上自卫队海将补武居智久，"新海洋时代日本海上自卫队"，《波涛》，2008：11，2-29。

套"应急策略"。《新国家防卫计划指南》认为,在日本本岛比邻海域,关涉海洋利益或领土主权的冲突有可能发生;该《指南》建议利用和平时期的早期预警及探测体系做出迅速反应,强调将重点集中在侦听及预测敌人的行动上。"日本海上自卫队必须坚持使用一些积极主动的手段来进行有效的战略防卫",在东京—关岛—台湾这一弧形区域,必须通过强大的反潜战、自动化指挥系统(指挥、控制、通信、计算机、情报、监视、侦察)以及海上后勤支援能力来实现对制海权的控制和战略防卫目标。① 日本海上自卫队认为,在紧急情况下必须与美国海军协调行动,但是在美国不一定干预的情况下(如在偏远地区的岛屿遭到小规模的侵犯),它必须能独立作战。这种伙伴关系在其他安全领域起着同样举足轻重的作用,因为美国及其他国家在海上贸易遭遇威胁时也会进行单独或联合干预。②

因此,在《2010 国家防卫计划指南》得以实施时,日本海上自卫队有了新的战略。该策略是在海军使命得以拓展后所激起的大辩论的产物。基于对海军应扮演的军事及非军事角色的不同理解,海军规划界内外提出了不同的未来战略。当智久大将提出他的新战略时,有关和平时期军队使用的防卫政策终于得以确定,该战略仍然坚持将保卫海上通道作为核心目标。在论及有关在和平时期如何使用军队时,他们采用了截然不同的方法来诠释海军军事及当今防卫政策的发展趋势。航运通道的安全使日本海上自卫队能够清晰地界定自己的行动范围并合理分配资源。这种战略是一个行动范围受到规范标准及能力大小所限的专业机构所做出的自然反应。新战略不再直接照搬照套帝国海军的经验,但其遗产所产生的影响仍然牢不可破。它不仅决定了海军战略思维的原则,还使高级战略规划者们注重将海上势力发展与国家战略建设联系起来。科贝特曾这样写道,一支海军舰队的战略目标包括"保护或破坏贸易往来",以及"阻止或保护联盟关系"。③ 从该意义上来说,日本海上自卫

---

① Takei,"Takei 接受本书作者的访谈",2012 年 9 月 12 日。以及,Takei,'Kaiyō Shinkindai ni okeru Kaijōjieitai',23-24,26。

② Takei,'Kaiyō Shinkindai ni okeru Kaijōjieitai',24.

③ Corbett,Some Principles of Maritime Strategy,317.

队已经成为日本的高级军种。

将帝国海军经验发扬光大：一支崭新的海军

沿用历史上帝国海军的所作所为及战略思维有助于日本海上自卫队按照自身的条件自我发展壮大。继承帝国海军的遗产能使海上自卫队在理论学说、舰队结构及能力建设方面取得更加突出的成就。通过审视有关日本海军理论学说及能力结构方面的全新史料，本书使上述观点得到了最深刻的阐发。

在理论学说领域，"即应"及"精强"这两个军事概念使日本海上自卫队领袖不仅确定了完成高标准专业要求的目标，也将其作为传承过去的手段，从而为该目标的制定提供了正当的理由。为了做到与辉煌的过去相得益彰，日本海上自卫队需要志存高远。"即应"和"精强"两概念与战后海军防卫的新形势非常契合。宪法法则规定，日本防卫政策不能采用以下进攻性策略：通过彻底歼灭敌方舰队来获得制海权。实际上，在 20 世纪 70 年代中期以前，冷战时期的防卫战略重点是：阻止驻扎在符拉迪沃斯托克的苏联太平洋舰队获得威胁日本领海的机会。日本在地理位置上拥有优势，因为在三大海峡巡航的日本海军能有效遏制苏联海军舰队。

但是，至 1976 年《新国家防卫计划指南》实施后，日本海军又增加了一个新策略：为了保卫东海的贸易及航运安全，掌握一定的制海权。实现这一目标的主要手段是反潜战，其理论基础是"8-8"舰队理念，任务是监视未被日本海峡四周布下的水面、水下及空中巡查网所探测到的敌方编队。从军事行动上看，这种策略是防卫性的，但从战术上看，它又具有很强的进攻性，因为在针对敌人的反潜战中，它处于积极主动的态势。在战时，以它为主的护航编队需要表现出一种防御型姿态，但实际上，对商用船只的保护整体上看属于进攻性策略的一部分。根据英国海事理论，护航编队能将敌人诱入反潜战区域，从而迫使他们"根据我方的选择"来进行战斗。① 至 20 世纪 70 年代末,如同其帝国先辈们一样,日本海军舰队的"即应"及"精强"策略的核心目标是锁定敌人的目标。但是,此时的目标却是保护航运,并非击沉敌方舰队。

　　一支高效、能干、机动性和战备性强的部队能够助力海军顺利地完成指定的作战任务。饱含帝国色彩的理论原则也是必不可少的,它能激发日本官兵勇往直前的斗志,积极投身于战斗中。对于海军来说,海上或海战中的艰苦环境要求拥有一支积极性很高的部队。如果这支部队的任务是要进行有效的反潜战,那更是如此。但是,这种积极态度的培养是在一个具有完全不同军事氛围的更大的背景下实现的,而战后改革派则将诸多民主价值观引入其中。激发日本海上自卫队不遗余力地履行自己职责的动力来自于其自身的敬业精神,而非历史上军国主义的各种叫嚣。在此方面,日本海军的选择与他国海军传统并无二致,其目的都是潜心培养作战人员们的高度战备性以随时发动进攻性反潜作战。例如,英国的海洋学说为支持上述观点进行了明确的诠释:

> 　　要想获得战争的胜利,部队各级指挥官积极奋进的(或咄咄逼人的)心态不仅非常可取而且必不可少:无论何种困难都不能影响获胜的决心。从历史上所有杰出指挥官的身上都可以充分找到这种性格特质。②

　　至冷战末期,日本的海军学说一直都在随其他防卫政策一起发生变化。虽然相关战争理念的传达,特别是对"精强"及"即应"的长期重视,在整体理论学说中一直保持着很强的连续性,但理念本身却处于不断发展演变的状态。尤其是,"精强"的概念在两个方面得到了发展。首先,自 1989 年以来,几任幕僚长都提出了以下观点:"真正"战力的衡量标准应该是日本海上自卫队领袖的创新能力。正如佐久间大将所说,"治理者切勿忘记革新"③。有关"精

---

① Royal Navy, BR 1806: British Maritime Doctrine (Second Edition, London: HMSO, 1999), 45-46.

② Royal Navy, BR 1806: British Maritime Doctrine (Second Edition, London: HMSO, 1999), 45.

③ Admiral Sakuma Makoto, Chakunin ni Saishi Kunji, 31 August 1989.

强"理念的另一次变革于 2010 年启动。杉本大将解释说,海军未来发展的关键问题不再仅仅是思考如何达到更高的专业标准以及获得一支强大的部队。对于日本海上自卫队来说,提高战力不再只是停留在物质及道德层面。它必须全力以赴地寻求在作战能力、战斗精神及技术知识三方面实现完美平衡,并以此实现整体素质的提高。①

2003 年引入了"机动性"作战理念,充分反映了日本海上自卫队将原有帝国传统向前推进的能力。其实现方式及(有关《新要务令》的)气氛渲染与过去的例行做法一致,它们都可以追溯至帝国海军的惯例。在帝国海军传统范围内进行创新非常重要。上述作战理念强调海军有必要提高其作战及战术上的灵活机动性,该理念本身使日本海上自卫队在专业水平上步入了世界顶级海军之列。② 2008 年 3 月,当时的幕僚长赤星庆治大将就利用了这一理念来诠释他计划在接受任命几天后就开始实施的一系列重大调整。海上自卫队将升级软件系统,调整基本的战术编队以及装备分配体系,一整套新的多用途平台中的第一艘即将服役——新的日向级直升机驱逐舰。这是战后日本首艘多用途全通式甲板平台,其设计旨在完成包括反潜战、反导以及人道主义救援及救灾在内的不同任务。③ 两年后,他的继任者杉本大将补充说,"机动性"作为一种作战理念理应成为未来战力设计的基石。虽然海军官兵曾在空中、海上及水下展开行动,但是只有最近实施的那些革新才能赋予日本海上自卫队在不同条件下完成各种战斗及非战斗性任务的能力:无论是海军的独立行动还是与其他兵种的协同行动,无论是本国的单独行动还是与多国的联合行动,无论是在本地区还是在地区之外的领域。④ 为了实现以上目标,"机动性""精强"及"即应"等理念得到了不断更新,以确保它们作为指导原则发挥应有的

---

① Admiral Sugimoto Masahiko, Chakunin ni Saishi Kunji, 26 July 2010.

② J. Conway, G. Roughhead, and T. Allen, 'Cooperative Strategy for 21st Century Seapower', 2007 年 10 月 17 日, http://www.navy.mil/maritime/MaritimeStrategy.pdf, 于 2008 年 9 月 10 日访问; Ministry of Defence, BR 1806; British Maritime Doctrine, 22—24。

③ Admiral Akahoshi Keiji, Chakunin ni Saishi Kunji, 24 March 2008.

④ Admiral Sugimoto, Chakunin ni Saishi Kunji, 26 July 2010.

效能。在理论学说的发展过程中,历史从未被遗忘或被视为负担,相反,历史的演变与延续促进了体制结构及军事行动的革新。

同样,它也促进了海军舰队结构及战力的发展。在整个冷战时期,追溯海上自卫队的历史渊源以及审视战前和战时的经历,对确定舰队的最佳组合及其指挥结构都至关重要。在舰船设计层面,对火力最大化及速度协调性的考量左右着采购政策的制定。由于海军在冷战时期所执行的任务具有延续性,以上思路一直是它扩建及发展的指导原则。该时期所形成的专业性思维对审视冷战后舰队结构及战力发展起到了关键作用。实际上,在新世纪的头十年,舰队的最重要变化来自于它的结构。为了增强战备性,日本海上自卫队不仅引入了更具系统性的训练周期,也简化了指挥结构以打造各种特遣分队。一个由四艘舰船组成的护卫编队替代了原来基于"8-8"理念而打造的战术编队,新编队的规模虽然缩小了,但却能完成更多种任务。在为不同海军战区分配战备物资时,也采用了类似的思路,其目的在于至少保证有一艘驱逐舰在日本内海进行警戒和防卫。① 《2010 国家防卫计划指南》确认,由于东海海域的监视及巡逻行动或者轮流执行国际任务所需的舰船数量不断增加,撤销五个地区舰队的划分,取而代之的是由四个"护卫队"组成的"护卫队群",每个"护卫队"拥有四艘驱逐舰,在其共计八艘舰船中,有两艘必须时刻为执行日本内、外海任务做好准备。②

舰队重组并不是提高其效率的唯一措施,一些旨在提高与海上保安厅密切合作的措施也得到了落实,这在战前并未有过先例(部分原因是,当时没有其他担当海上防卫责任的机构)。2001 年,在九州岛西南端发生了朝鲜间谍船事件之后,《海上保安厅法》及《自卫队法》得到了修订,旨在为海上保安厅与海上自卫队互相分享情报而建立一个联络机制。法案中还增加了一些新的条款:授予海军指挥官必要时在海上安全行动中使用武器的权力;允许使用先进图像传输设备、平头弹、20 毫米口径高性能机关枪;建立

---

① JDA,Defence of Japan 2006,110.

② JMoD,Defence of Japan 2011,123-124.

一支海军特别警备队。① 为了划分上述两个机构的职责，制定了一本联合战略执行手册。为了熟悉及掌握抓捕身份不明船只的流程，两家机构还进行了定期训练和演习。② 保障日本专属经济区及争议领域内的海上安全，特别是中日海上边界以及钓鱼岛的主权问题，是促使海上保安厅扩编的主要因素。但是，海上保安厅的治安管辖权仍然是对海上自卫队职能的补充，两者的实力截然不同——这一事实从海上保安厅采购退役军舰时的犹豫不决中可见一斑。③

至 2011 年，日本做出了在吉布提建立一个小型的后勤补给基地的决定，旨在为执行反海盗任务中进行监视活动的 P-3C 巡逻机提供持续支援。该决定证明，日本海上自卫队已不再活在帝国先辈骄人战绩的阴影中。至 2014 年，这一观点得到了进一步证实，因为又一重大决策得以敲定：派遣一名指挥官前往国际特遣分队指挥中心以更好地协调正在执行护航任务的两艘日本驱逐舰与其他舰船之间的分工与合作。至 2014 年 5 月底，日本海上编队完成了为 3461 艘商船进行护航的任务；至同年 6 月底，P-3C 巡逻机共飞行 8820 个小时，完成 1140 次空中任务，对近 92700 艘船只进行了识别。④ 与帝国海军相比，日本海上自卫队更加充分地参与了维护国际安全的任务。

展望未来……

日本海上自卫队曾经并且将继续与帝国历史保持密切联系，这为今天的海军带来了挑战。在整个冷战时期，海军都在执行相同的任务，这为日本海上

---

① JDA, Defence of Japan 2005, 211.

② JMoD, Defence of Japan(东京, 2009), 201。

③ James Simpson, 'Coast Guard to Pick Up Retiring Hatsuyuki-Class Destroyers?', Japan Security Watch, 2013 年 4 月 2 日, http://jsw.newpacifi cinstitute.org/? p=10821.

④ JMoD, Defence of Japan 2014, http://www.mod.go.jp/e/publ/w_paper/pdf/2014/DOJ2014_3-3-3_1st_0730.pdf.

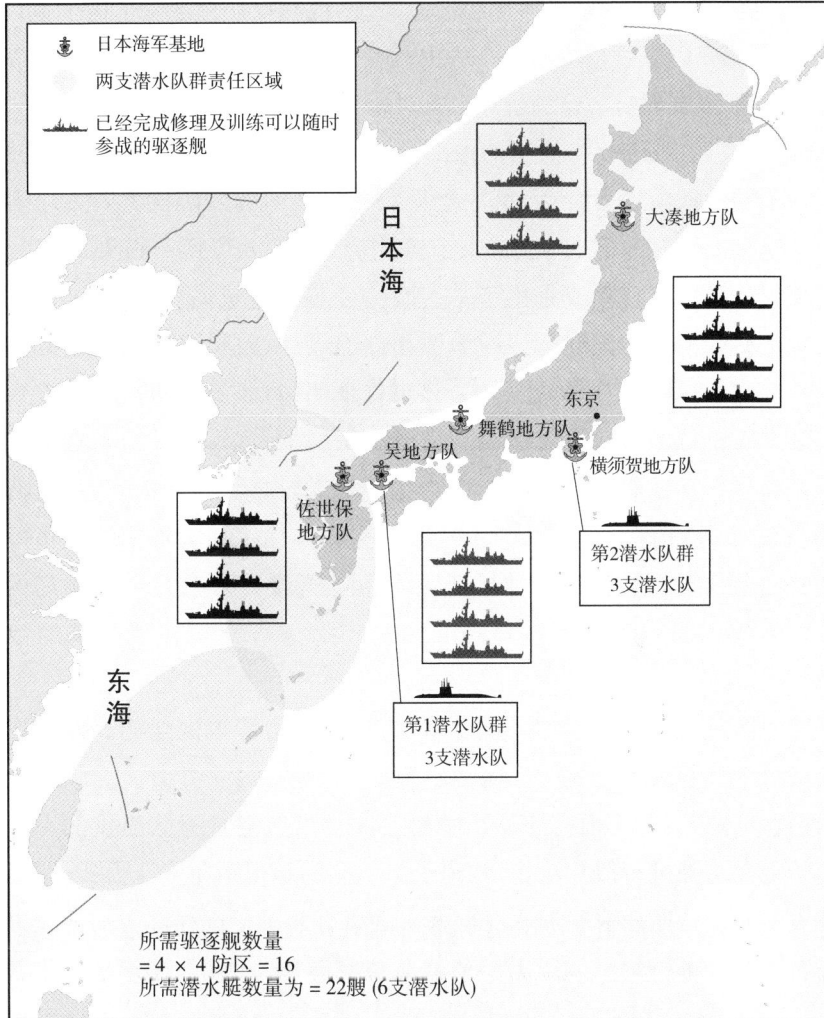

地图6 水面舰队结构(2010)

来源:日本防卫省,《日本国防》,东京:日本防卫省,2013,124。

自卫队营造了一种有利的环境,使它能够依据自己的核心任务而设计出适当的发展机制。海军可以亲自挑选最优秀的军官,并提高他们在海军政治、战略及管理方面的能力。与帝国海军相似的是,该机制旨在打造一个由少数训练有素、才华出众的军官组成的核心队伍,他们能够一起合作,逐步提高创新能力,强调共识而非对抗。这种管理形式对海上自卫队非常有效。

但是,在后冷战时代,海军的内部凝聚力及人员管理并未消除风险或阻止行为不端。就前者而言,海军注重从职业生涯的起始阶段就着手培养一批才华出众的年轻军官,但也带来了可能会造成"无可挽回损失"的风险,这些损失或是军事行动或是出于某些政治考量所造成的。例如,2008 年 2月发生了一起爱宕驱逐舰与一艘渔船相撞的事故,致使幕僚长被迫辞职以及另外 87 名军官受到严厉处罚。① 该事件证明,过去数年里有关日本海上自卫队在军事行动及政治层面上的报道有所增加,这对于其未来在危机时刻保持高层军官任职连续性的能力产生了重大影响。就行为不端而言,海军为一系列个人丑闻所困扰。2000 年,一名日本防卫研究所少佐在俄罗斯大使馆向其情报官员泄密时被抓个正着。同样,2007 年,位于江田岛的第一术科学校里的一名海军教员擅自透露了有关宙斯盾作战系统的敏感信息。②

就舰队建设而言,一方面为了提高战略投送和情报保全能力以及保持反潜战这一核心战力的先进性需要进行必要采购,另一方面又面临预算消减,这就意味着其他方面需要做出牺牲。在日本航空自卫队提供的岸基空中掩护范围之外进行战斗时,日本海上自卫队的超视距防空能力比较薄弱。金刚及爱宕级宙斯盾驱逐舰和日向及出云级直升机驱逐舰都能加强在岸基防空范围之外进行反潜战所需要的舰队防空能力。但是,这并不意味着日

---

① 'Japanese Navy Chief Fired over Collision and Scandals', International Herald Tribune, 21 March 2008.

② 'MSDF Officer Arrested, Admits Spying for Russia', The Japan Times, 9 September 2000; 'MSDF Officer Held in Aegis Secrets Leak', The Japan Times, 14 December 2007.

本海军拥有与（珍珠港突袭行动中的）机动部队相媲美的进攻能力。① 总体来说，新日向及出云级驱逐舰的综合能力比上一代战舰更强。它们不仅能反潜，也适合于在日本岛西南区域争议领域进行两栖作战，还能承担和平时期的使命，包括为救灾和人道主义援助提供支援。尽管这些战舰的吨位较大，但它们的设计目的并不是要在战场上获得或保有空中优势。因此，在日本海及东海以外的远海，日本海上自卫队只能从事一些旨在建立伙伴关系的外交行动，为消除人道主义危机提供支援，或者为更大规模的多国联合行动提供协助。缺乏超视距防空能力使海军舰队无法在高烈度战争环境下独立作战。

在本书付梓之际，日本正在进行一系列战争改革。正在考虑之中的防卫政策改革包括：加强指挥机构的联合协调功能，给国防产业的发展松绑，对日本参与多国行动的范围进行重新诠释。以上酝酿中的改革结果如何，只有在过了一定时间之后才能见分晓。日本很有可能在维护国际安全方面表现得更为积极主动：加入到国际指挥机构行列，向多国联合行动派遣任务小组，参与双边和多边采购项目。但无论如何，有一点可以肯定：以审视帝国历史为手段，创建当今海军，鼓舞所有海军官兵，激励各种变革——这一过程将会同样继续指引海军的未来。本书的开篇聚焦于江田岛，描述的是在本项目启动之年那里曾举行的毕业典礼仪式。因此，在本书的结尾引用一下干部后补生学校时任总督在欢迎词中表达的观点可谓恰到好处。在描述今天的江田岛应该如何培养下一代军官时，他强调说，

学校旨在让学员们能将大海视为他们未来的职场，注重培养他们的海军职业意识，以使他们在未来作为年轻军官时能积极主动地去践行这种职业意识。学生的职责是要全身心投入训练，具备永不衰竭的冲天干劲以及永不言弃的坚强毅力。除此之外，我认为日本海上自卫队军官任何时候都必须严格服从上级命令并竭尽所能也是很重要的。在此方面，

① "机动部队"是旧日本帝国海军为其航母攻击力量起的名称。

为了提高教育及训练质量，所有教员及学员都必须遵从下列三个以 A 开头的日文字母所代表的原则：Akiramezu（永不言弃），Anadorazu（永不轻视任何事）以及 Azamukazu（永不欺骗他人）。时代业已变迁，但我们始终将以上原则视为海上防卫的精髓，以使我们能够真正传承帝国海军的优良传统。①

不管当今的改革如何进行，有一点永远不容置疑：历史与当下的对话将会永远继续下去。

---

① Rear Admiral Ike Taro,'Welcome from the Superintendent', Maritime Officer Candidate School,2012 年 6 月 26 日,http://www.mod.go.jp/msdf/mocs/mocs/about/sub02/。

参 考 书 目

主 要 材 料

未出版

A）官方文件

Chakuninni Saishi Kunji（着任に際し訓示－OfficialInstructions，Tokyo：Maritime StaffOffice，Japan Defence Agency，1961－2005）.

B）私人通信，日记和回忆录，演讲集，小册子

Japan Missile Promotion Research Team，'Total Missile Defence for Japan'，unpublishedworking paper，September 2006.

Kaneda，Hideaki，Vice Admiral JMSDF（Ret.），'Japan's perspective on Missile Defence：Facing Realistic Missile Threats from China and North Korea'，unpublished paperpresented at the Laughton Naval History Seminar Series，King's College London，25 September 2006.

Kannō，Tsubasa，Captain JMSDF，'Japan's Maritime Strategy aft er 9/11'，unpublished paperpresented at the Laughton Naval History Seminar Series，King's College London，16 November 2006.

Kazumi，Nishikawa，'Japan's BMD'，unpublished paper presented at National GraduateInstitute for Policy Studies（GRIPS），Tokyo，March 2005.

Kazumine，Akimoto，Rear Admiral JMSDF（Ret.），'Sea Lane Defence in the Eurasia BlueBelt'，unpublished policy paper，Tokyo：Ocean Policy Research Foundation，2007.

O'Connell, John, Captain USN, 'Discussion of JMSDF Submarine Require-
ments', unpublished discussion paper presented to Vice Admiral Abe Katsuo, JMS-
DF, Tokyo, 6 August 1980.

Turner, Stanfield, Vice Admiral USN, letter to Commander Senō, 1973.

已出版
A) 官方文件, 政府出版物

Foreign Press Centre Japan (FPC), *Japan's Mass Media* (Tokyo: FPC).

Ishii, Osamu (ed.), *Documents on the United States Policy towards Japan. Doc-
umentsRelated to Diplomatic and Military Matters*, 1959–1960 (9 Volumes, Tokyo:
Kashiwashobo, 1996).

Ishii, Osamu (ed.), *Documents on the United States Policy towards Japan. Nix-
onPresidential Materials–White House Special Files and Central Files* (10 Volumes,
Tokyo: Kashiwashobo, 2008).

Ishii, Osamu and Hideki Uemura (eds), *Documents on the United States Policy
towardsJapan. Documents of the Joint Chiefs of Staff of the United States*, 1948–1953
(16 Volumes, Tokyo: Kashiwashobo, 2000).

Ishii, Osamu, Masaaki Gabe, and Seigen Miyazato (eds), *Documents on the U-
nited States Policy towards Japan. Documents Related to Diplomatic and Military
Matters*, 1964 (10 Volumes, Tokyo: Kashiwashobo, 2001).

Ishii, Osamu, Masaaki Gabe, and Seigen Miyazato (eds), *Documents on the U-
nited States Policy towards Japan. Documents related to Diplomatic and Military
Matters*, 1964 – 1971 (Multi – volume Collection, Tokyo: Kashiwashobo, 2001 –
2003).

Ishii, Osamu, Masaaki Gabe, and Seigen Miyazato (eds), *Documents on the U-
nited States Policy towards Japan. Documents Related to Diplomatic and Military
Matters*, 1965 (9 Volumes, Tokyo: Kashiwashobo, 2001).

Ishii, Osamu, Masaaki Gabe, and Seigen Miyazato (eds), *Documents on the U-*

nited States Policy towards Japan. Documents Related to Diplomatic and Military Matters, 1966(9 Volumes, Tokyo: Kashiwashobo, 2002).

Ishii, Osamu, Masaaki Gabe, and Seigen Miyazato(eds) , *Documents on the United States Policy towards Japan. Documents Related to Diplomatic and Military Matters*, 1967(11 Volumes, Tokyo: Kashiwashobo, 2002).

Ishii, Osamu, Masaaki Gabe, and Seigen Miyazato(eds) , *Documents on the United States Policy towards Japan. Documents Related to Diplomatic and Military Matters*, 1968(9 Volumes, Tokyo: Kashiwashobo, 2003).

Ishii, Osamu and Naoki Ono(eds) , *Documents on the United States Policy towards Japan. Documents of the Joint Chiefs of Staff of the United States*, 1953–1961 (Multi–volumeCollection, Tokyo: Kashiwashobo, 2000).

Ishii, Osamu and Naoki Ono(eds) , *Documents on the United States Policy towards Japan. Documents Related to Diplomatic and Military Matters*, 1955(9 Volumes, Tokyo: Kashiwashobo, 1999).

Ishii, Osamu and Naoki Ono(eds) , *Documents on the United States Policy towards Japan. Documents related to Diplomatic and Military Matters*, 1955 – 1963 (Multi–volumeCollection, Tokyo: Kashiwashobo, 1998–1999).

Ishii, Osamu and Naoki Ono(eds) , *Documents on the United States Policy towards Japan. Documents Related to Diplomatic and Military Matters*, 1956(10 Volumes, Tokyo: Kashiwashobo, 1999).

Ishii, Osamu and Naoki Ono(eds) , *Documents on the United States Policy towards Japan. Documents Related to Diplomatic and Military Matters*, 1957(10 Volumes, Tokyo: Kashiwashobo, 1998).

Ishii, Osamu and Naoki Ono(eds) , *Documents on the United States Policy towards Japan. Documents Related to Diplomatic and Military Matters*, 1958(7 Volumes, Tokyo: Kashiwashobo, 1998).

Ishii, Osamu and Naoki Ono(eds) , *Documents on the United States Policy towards Japan. Japanese Internal Affairs as Seen by the American Diplomats*, 1960(9

Volumes, Tokyo: Kashiwashobo, 1997).

Japan Defence Agency, *A Review of Japan's Defence Strength* (Tokyo: Japan Defence Agency, 1956).

Japan Defence Agency, *Defence of Japan* (Tokyo: The Japan Times, Urban Connection, Intergroup, 1970, 1977−2007).

Japan Defence Agency, *Jieitai Nenkan* (自衛隊年鑑−Yearbook of the JSDF, Tokyo, 1961−2005).

Japan Maritime Self−Defence Force, *Kaijō jieitai Goj ū Nenshi* (海上自衛隊五十年史−JMSDF's Fifty Year History, Tokyo, 2003).

Japan Maritime Self−Defence Force, *Kaijō jieitai Goj ū Nenshi−Shiryō hen* (海上自衛隊五十年史 、資料編−JMSDF's Fifty Year History−Data, Tokyo, 2003).

Japan Maritime Self−Defence Force, *Kaijō jieitai Hakodate Kichitai Goj ū Nenshi* (海上自衛隊館基地隊五十年史−JMSDF's Hakodate Naval Base Fifty Year History, Hakodate, 2003).

Japan Maritime Self−Defence Force, *Kaijō jieitai Kanbu Gakkō Goj ū Nenshi* (海上自衛隊幹部学校 50 年史−Fifty Year History of the JMSDF's MSC, Tokyo, 2005).

Japan Maritime Self−Defence Force, *Kaijō jieitai Kure Chihō tai Nij ū go Nenshi* (海上自衛隊呉地方隊二十五年史−JMSDF's Kure Naval District Twenty−Five Year History, Kure, 1981).

Japan Maritime Self−Defence Force, *Kaijō jieitai Yokosuka Chihō tai Goj ū Nenshi* (海上自衛隊呉地方隊二十五年史−JMSDF's Yokosuka Naval District Fifty Year History, Yokosuka, 2003).

Ministry of Foreign Affairs, *Diplomatic Bluebook* (Tokyo: Ministry of Foreign Affairs, Urban Connection, 1988−2005).

National Institute for Defence Studies, *East Asia Strategic Review* (Tokyo: The Japan Times, 1996−2009).

Royal Navy, *BR* 1806: *British Maritime Doctrine* (Second Edition, London:

HMSO,1999).

Royal Navy,*Ethos*:*The Spirit to Fight and Win*(London:Royal Navy Graphic Centre,2006).

The Advisory Panel on Reconstruction of the Legal Basis for Security,*Report of the Advisory Panel on Reconstruction of the Legal Basis for Security*(Tokyo:May 2014).

The Council on Defence and Security Capabilities,*The Council on Security and Defence Capabilities Report*:*Japan's Visions for Future Security and Defence Capabilities*(Tokyo:October 2004).

The Council on Defence and Security Capabilities,*The Modality of the Security and Defence Capability of Japan*(Tokyo:August 1994).

U.S.Naval Academy,*Reef Points* 2004－2005－*The Annual Handbook of the Brigade of Midshipmen*(99th edition,Annapolis,MA:U.S.Naval Academy,2004).

United States Department of State,*Department of State Bulletin*(Washington, DC,1955－1988).

United States Navy,United States Coast Guard,United States Marine Corps,*A Cooperative Strategy for 21st Century Seapower* (http://www. navy. mil/ maritime/MaritimeStrategy.pdf,October 2007).

United States Strategic Bombing Survey(USSBS),*Interrogations of Japanese Officials*(2 Volumes,Naval Analysis Division,Washington,DC:Government Printing Office,1946).

B)官方照片,视频和在线引用材料

Japan Maritime Self－Defence Force,2006 *Kaijō jieitai Kankan Shiki*:*Kono Umi to Kimi wo Mamoru*(2006 海上自衛隊観艦式:この海と君を守る-2006 JMSDF's)

Fleet Review:Protecting You and this Sea,DVD,Tokyo:Maritime Staff Office,Japan Defence Agency,2006).

Japan Maritime Self－Defence Force,*Headline of JMSDF*(DVD,Tokyo:Maritime Staff Office, Japan Defence Agency, 2006).

Japan Maritime Self-Defence Force, *Umi no Mamori Goj ū Nen*(海の護り50年-50Years of Defence at Sea: Pictorial History of the JMSDF, Tokyo: Maritime Staff Office, Japan Defence Agency, 2003).

The following websitesare in English unless otherwise stated:

Japan Air Self-Defence Force: http://www.mod.go.jp/asdf/english/index.html.

Japan Ground-Self Defence Force: http://www.mod.go.jp/gsdf/.

Japan Maritime Self-Defence Force: http://www.mod.go.jp/msdf/formal/english/index.html.

Japan Ministry of Defence(JMoD): http://www.mod.go.jp/e/index.html.

Joint Staff, JMoD: http://www.mod.go.jp/jso/english_top.htm.

JMSDF Kanoya Museum: http://www.mod.go.jp/msdf/kanoya/(Japanese only).

JMSDF Kure Museum: http://www.jmsdf-kure-museum.jp/en/index.php.

JMSDF Sasebo Museum: http://www002.upp.so-net.ne.jp/jl6wgo/(Japanese only).

JMSDF Videos: http://www.mod.go.jp/msdf/formal/gallery/cm/index.html.

C) 私人通信，日记和回忆录，演讲集，小册子

Japan Maritime Self-Defence Force, 2002 *International Fleet Review Information Booklet*(Tokyo: Maritime Staff Office, October 2002).

Kaihara, Osamu, *Watashi no Bōei Jisho*(私の防衛自書-My Defence White Paper, Tokyo: Jiji Press, 1975).

Kaneda, Hideaki, Vice Admiral JMSDF(Ret.), *Ballistic Missile Defence for Japan*(Tokyo: The Okazaki Institute/The Ballistic Missile Defence Group, 2003).

Kurisu, Hirōmi, *Watashi no Bōeiron*(私の防衛論-My View of the Problem of National Defence, Tokyo: Takagishobo, 1978).

Murata, Koji, 'James Auer Oral History Interview', March 1996, http://www.gwu.edu/ ~ nsarchiv/japan/auerohinterview.htm, accessed on 20 March 2007.

Nakamura, Teiji, Admiral JMSDF(Ret.), *Nakamura Teiji: ōraru Hisutorii*(中

村悌次：オーラルヒストリ ——Nakamura Teiji：Oral History，2 Volumes，Tokyo：BōeiKenky ū jo，2006）.

Sakuma，Makoto，Admiral JMSDF（Ret.），*Sakuma*：*ō raru Hisutorii*（佐 久 間：オーラルヒストリー——Sakuma：Oral History，2 Volumes，Tokyo：KINS，2008）.

Sankei Shimbun Tō kyō Honsha Chō sabu：*Itō Masanori*（产 经 新 闻 东 京 本 社 调 查 部：伊 藤 正 德–Sankei Shimbun Archive，Tokyo Headquarters：Itō Masanori，SSAIM. This is a seven–volume collection of Itō's articles organised roughly along chronological lines）.

采访

Agawa，Naoyuki，Professor，Keio University，Tokyo，22 June 2005，24 October 2006，20 July 2007.

Auer，James E.，Professor，New Sanno Hotel，Tokyo，30 June 2005，22 June 2007.

Furushō，Kōichi，Admiral JMSDF（Ret.），NTT Data Corporation，Tokyo，9 September 2005.

Hikotani，Takako，Professor，National Defence Academy，Yokosuka，5 September 2005.

Hirama，Yō ichi，Rear Admiral JMSDF（Ret.），Japan Naval Association，Tokyo，15 April 2005.

Ishibashi，Tokuetsu，Captain JMSDF，Maritime Staff College，Tokyo，13 May 2005，and Intelligence Division，Joint Staff Office，Tokyo，14 July 2007.

Ishihara，Takahiro，Commander JMSDF，Maritime Staff College，Tokyo，14 June 2005.

Itō，Toshiyuki，Captain JMSDF，Public Affairs Office，Maritime Staff Office，Japan Ministry of Defence，Tokyo，20 May 2005.

Kaneda，Hideaki，Vice Admiral JMSDF（Ret.），Mitsubishi Research Institute，Tokyo，18 January 2005，5 August 2005，21 October 2006，25 July 2007，and London, 25 September 2006.

Kawano, Hitoshi, Professor, National Defence Academy, Yokosuka, 5 September 2005.

Kawano, Katsutoshi, Rear Admiral JMSDF, Maritime Staff Office, Japan Ministry of Defence, 26 June 2007.

Kazumine, Akimoto, Rear Admiral JMSDF (Ret.), Ocean Policy Research Foundation, Tokyo, Japan, 13 January 2005, 5 June 2005, 3 July 2007, and London, 30 September 2006.

Kōda, Yōji, Vice Admiral JMSDF, HQ Self-Defence Fleet, Yokosuka, 5 July 2007, 17 August 2007, 27 May 2008.

Kōta, Greg Katsuo, Captain JMSDF(Ret.), *Mikasa* Battleship Museum, Yokosuka, 17 August 2007.

Nishihara, Masashi, Professor, Research Institute for Peace and Security, Tokyo, 29 June 2007.

Ōjima, G., Captain JMSDF, Maritime Staff Office, Japan Ministry of Defence, Tokyo, 14 March 2005.

Ōseto, Isao, Captain JMSDF, Public Affairs Office, Maritime Staff Office, Japan Ministry of Defence, 20 June 2007.

Ōta, Fumio, Vice Admiral JMSDF(Ret.), National Defence Academy, Yokosuka, 28 April 2005.

Ōtsuka, Umio, Captain JMSDF, Maritime Staff Office, Japan Ministry of Defence, Tokyo, 17 February 2005, 14 March 2005, 19 June 2005, and 21st Destroyer Division Command, Yokosuka, 21 July 2007.

Saitō, Takashi, Admiral JMSDF, Maritime Staff Office, Japan Ministry of Defence, 2 September 2005.

Sakuma, Makoto, Admiral JMSDF(Ret.), Japan Naval Association, Tokyo, 21 October 2005.

Satō, Ken, Mr, Institute for International Policy Studies, Tokyo, 6 August 2007.

Senō, Sadao, Commander JMSDF (Ret.), Japan Naval Association, Tokyo, 3 August 2005, and *Mikasa* Battleship Museum, Yokosuka, 20 August 2005.

Shibata, Mitsuo, Mr, Maritime Staff Office, Japan Ministry of Defence, 2 June 2005.

Tōru, Kizu, Mr, Maritime Staff Office, Japan Ministry of Defence, 30 May 2008.

Watanabe, Akio, Professor, Research Institute for Peace and Security, Tokyo, 9 May 2005.

Yagi, Naoto, Commander JMSDF, International Institute for Policy Studies – IIPS, interview with the author, 19 May 2005.

Yamaguchi, J., Captain JMSDF (Ret.), Research Institute for Peace and Security, Tokyo, 27 January 2005.

Yamaguchi, Noboru, Major General JGSDF, National Institute for Defence Studies, Tokyo, 26 July 2005.

Yamamoto, Yasumasa, Admiral JMSDF (Ret.), *Mikasa* Battleship Museum, Yokosuka, 20 August 2005.

非正式谈话

A) 海上自卫队人员

Admirals: Yamamoto, Yasumasa (Ret.); Furushō, Kō ichi (Ret.).

Vice Admirals: Doke, Kazunari; Kuramoto, Kenichi; Oka, Toshihiko; Yamazaki, Makoto.

Rear Admirals: Adachi, Takāshi; Fukumoto, Izuru; Kawano, Katsutoshi; Izumi, Sansei; Izumi, Tōru; Matsuoka, Sadayoshi; Miyaura, Hiroji; Shibata, Masahiro; Takahashi, Tadayoshi; Takashima, Hiromi; Yakei, Tomohisa; Yoshida, Masanori.

Captains: Hatano, Shunichi; Hori, Hiroyuki; Hosoya, Masao; Ike, Tarō; Isomichi, Shingo; Itō, Hiroshi; Iwasaki, Yōichi; Kannō, Tsubasa; Kitagawa, Fumiyaki; Kunii, Masashi; Mizuna, Takaki; Nakata, Yoshiki; ōtsuka, Umio; Sekiguchi, Yuki; Shinomura,Yasuhiko;Sonoda,Naoki;Tada,Minoru;Yamamura,Hiroshi;Yamashita,Kazuki.

Commanders：Asanuma, Hiromi; Mototaka, Hogaki; Sato, Fumio; Yutaka, Fujisawa.

Lt.Commanders：Kuramitsu,Keisuke;Nishida,Katsutoshi;Kitagawa,Keizo.

Lieutenants：Osamura,Hisamitsu.

NCOs：Yokoe Mitsuyasu.

B）公务员,学者,公司和媒体人员

Akagi,Kanji(Keio University,Tokyo,Japan).

Ashizuka,Osamu(Ministry of Defence,Tokyo,Japan).

Bolat,Jean-Pierre,Commander US Navy(US Forces Yokota,Japan).

Chelton,Simon,Captain Royal Navy(British Embassy,Tokyo,Japan).

Derrick,Gareth,Captain Royal Navy(British Embassy,Tokyo,Japan).

Dujarric,Robert(Temple University,Tokyo,Japan).

Duram,Elisabeth(Government Account Office,Washington,DC,USA).

Fish,Tim(Jane's Information Group,London,Japan).

Gellel,Tim,Lt.Colonel Australian Army(National Institute for Defence Studies,Tokyo,Japan).

Graham,Euan(Foreign and Commonwealth Office,London,UK).

Hague,Mark O.,Lt.Colonel US Army(US Forces,Yokota,Japan).

Ishizu,Tomoyuki(National Institute for Defence Studies,Tokyo,Japan).

Iwama,Yoko(National Institute for Policy Studies,Tokyo,Japan).

Katahara,Eichi(National Institute for Defence Studies,Tokyo,Japan).

Katsuya,Tsukamoto(National Institute for Defence Studies,Tokyo,Japan).

Kobayashi,Kakumi(Kyodo News,Tokyo,Japan).

Kotani,Ken(National Institute for Defence Studies,Tokyo,Japan).

Kotani,Tetsuo(Ocean Policy Research Foundation,Tokyo,Japan).

Mastrorocco,Elio,Captain Italian Navy(Italian Embassy,Tokyo,Japan).

Michishita,Narushige(National Institute for Policy Studies,Tokyo,Japan).

Mochizuki, Masahiko(Mizuho Internationalplc. , London, UK).

Morris, Anne R. , Colonel US Air Force(US Forces, Yokota, Japan).

Mulloy, Garren(Daito Bunka University, Tokyo, Japan).

Murai, Tomohide(National Defence Academy, Yokosuka, Japan).

Neill, Alexander (Royal United Services Institute for Defence and Security Studies, London, UK).

Nishimoto, Koji(National Institute for Policy Studies, Tokyo, Japan).

Ono, Keishi(National Institute for Defence Studies, Tokyo, Japan).

Oros, Andrew L. (Washington College, MD, USA).

Ota, Masakatsu(Kyodo News, Tokyo, Japan).

Papadopulos, Randy(US Naval Historical Center, Washington, DC, USA).

Piro, Giuseppe, Rear Admiral Italian Navy(Italian Embassy, Tokyo, Japan).

Shiga, Sahoko(Ministry of Defence, Tokyo, Japan).

Shimazu, Naoko(Birkbeck University, London, UK).

Spurlock, Kenneth, Commander US Navy(National Institute for Defence Studies, Tokyo, Japan).

Staples, Mark T. (Lockheed Martin, Tokyo, Japan).

Tadokoro, Masayuki(Keio University, Tokyo, Japan).

Takagi, Seiichiro(Aoyama Gakuin University, Tokyo, Japan).

Takesada, Hideshi(National Institute for Defence Studies, Tokyo, Japan).

Tokuchi, Hideshi(Ministry of Defence, Tokyo, Japan).

Tō matsu, Haruo(Tamagawa University, Tokyo, Japan).

Yukie, Yoshikawa(Reishauer Center for East Asian Studies, Washington, DC, USA).Secondary sources.

专著和论文

A)日本语

Agawa, Hiroyuki, *Gunkan Nagato no Shō gai*(軍艦長門の生涯–The Life of the Battleship *Nagato*, 2 Volumes, Tokyo: Shinchō sha, 1975).

Agawa, Hiroyuki, *Inoue Seibi* (井上成美 – Inoue Seibi, 2 Volumes, Tokyo: Shinchō sha, 1986).

Agawa, Hiroyuki, *Yamamoto Isoroku* (山本五十六 – Yamamoto Isoroku, Tokyo: Shinchōsha, 1965).

Agawa, Hiroyuki, *Yonai Mitsumasa* (米内光政 – Yonai Mitsumasa, 2 Volumes, Tokyo: Shinchōsha, 1978).

Agawa, Naoyuki, *Umi no Y ū jō* (海の友情 – Friendship at Sea, Tokyo: Chūō kōronsha, 2001).

Asahi Shimbun, *Jieitai: Shirarezaru Henyō* (自衛隊：知られざる変容 – The JSDF: Understanding the Transformation, Tokyo: Asahi Shimbunsha, 2005).

Bōei, Kenkyūkai, *Bōeishō Jieitai* (防衛庁自衛隊 – The Japan Defence Agency and the JSDF, Tokyo: Kaya Shobō, 1990).

Bōei, Kenkyūkai, *Jieitai no Kyōiku to Kunren* (自衛隊の教育と訓練 – The Education and Training of the JSDF, Tokyo: Kaya Shobō, 1996).

Bōei Kensyū jo Senshishitsu [presently Bōei Kenkyūjo Senshibu], *Kaigunshō Nenpō* (海軍省年俸 – Yearbook of the Navy Ministry, Various Years, Tokyo: Bōei Kensyūjo, 1983).

Editorial Department, *Goeikan Pāfekuto Gaido* (護衛艦パーフェクトガイ ド – JMSDF's Destroyer Perfect Guide, RekishiGunzo Series, Tokyo: Gakken, 2006).

Editorial Department, 'Jieitai Tōjō Suru Kono Shīn' (自衛隊登場するこの シーン – The JSDF Appear in This Scene), *Securitarian*, 2005: 5, 12–15.

Editorial Department, 'Kaijōjieitai 2008 – 2009' (海上自衛隊 2008 – 2009 – Shipsand Aircraft of the JMSDF), *Sekai no Kansen* 世界の艦船, 2008: 7.

Editorial Department, 'Miccyaku! Korega Bōei Daigakkō no Gakusei Seikat-suda' (密着！これが防衛大学校の学生生活だ – Stick firmly! This is the student's life at the NDA), *Securitarian*, 2004: 5, 14–19.

Fukushima, Shingo, *Nihon no 'Bōei'seisaku* (日本の「防衛」政策 – Japan's Defence Policy, Tokyo: Tokyo Daigaku Shuppankai, 1978).

Furushō, Kōichi, Captain JMSDF, 'Kaijōjieitai no Kirai Senbutai: Sono Genjō to Syōrai' (海上自衛隊の機雷戦部隊: その現状と将来 – Present and Future of the JMSDF Mine Warfare Force), *Sekaino Kansen* 世界の艦船, 1991: 7, 141–145.

Hikotani, Takako, 'Shibirian Contrōru no Shōrai' (シビリアンコントロールの将来 – The Future of Japan's Civil–Military Relations), *Kokusai Anzen Hoshō* 国際安全保障, Vol. 32, 2004: 1, 21–48.

Hino, Keiichi, 'Chūmoku no Perusyawan Haken Sōkaibutai' (注目のペルシャ湾派遣掃海部隊 – Japanese Minesweepers Leave for the Gulf), *Sekai no Kansen* 世界の艦船, 1991: 7, 168–171.

Hiroshi, Masuda, *Jieitaino Tanjō* (自衛隊の誕 – The Origins of the Self–Defence Forces, Tokyo: Chūōkōronsha, 2004).

Hoshino, Yasusaburō, *Jieitai* (自衛隊 – The Self–Defence Forces, Tokyo: San Ichi Shobo, 1969).

Ikeda, Kiyoshi, *Kaigun to Nihon* (海軍と日本 – The Navy and Japan, Tokyo: Chūokōronsha, 1981).

Inagaki, Osamu, 'Jieitai Seishin Kyōiku' (自衛隊精神教育 – The JSDF's Spiritual Education), *Tenbō* 展望, 1974: 5, 142–152.

Ishiba, Shigeru, *Kokubō* (国防 – National Defence, Tokyo: Shinchōsha, 2005).

Ishihara, Nobuo, *Kengenno Daildō* (権限の大異動 – The Major Transfer of Authority, Tokyo: Kanki Shuppan, 2001).

Ishii, Koyu, 'Dōnaru!? Nayamiōi Kaijōjieitai no Dejitaruka' (どうなる!? 悩み多い海上自衛隊デジタル化 – JMSDF's Digital Technology), *Sekai no Kansen* 世界の艦船, 2005: 2, 84–89.

Ishii, Koyu, "Heisei no Hinomaru Kūbo '16 DDH' no Operēshon" (平成の日の丸空母「16DDH」のオペレーション – Operations of the JMSDF's New '16 DDH'), *Sekaino Kansen* 世界の艦船, 2005: 4, 106–109.

Itō, Masanori, *Gunbatsu KōbōShi* (軍閥興亡史 – A History of the Rise and Fall of the Military Cliques, 3 Volumes, Tokyo: Bungei Shunju Shinsha, 1958).

Itō, Masanori, *Rengō Kantai no Eikō*(連合艦隊の栄光−Glories of the Combined Fleet, Tokyo: Bungei Shunju Shinsha, 1962).

Itō, Masanori, *Rengō Kantai no Saigo*(連合艦隊の最後−The End of the Combined Fleet, Tokyo: Bungei Shunju Shinsha, 1956).

Itō, Masanori, *Teikoku Rikugu no Saigo*(帝国陸軍の最後−The end of the Imperial Japanese Army, 5 Volumes, Tokyo: Bungei Shunju Shinsha, 1959−1961).

Kageyama, Noboru, *Kaigun Heigakkō no Kyōiku*(海軍兵学校の教育−Education at the Naval Academy, Tokyo, 1978).

Kaigun Rekishi Hozonkai(ed.), *Nihon Kaigunshi*(日本海軍史−A History of the Japanese navy, 10 Volumes, Tokyo: Hatsubai Dai Ichi Hōki Shuppan Kabushiki Kaisha, 1996).

Kaihara, Osamu, 'Shīrēn Bōei Mondai wo Kangaeru: Jissai Mondai Toshite Fukanō'(シーレーン防衛問題を考える：実際問題として不可能−On the Sea Lane Defence Problem in Dispute: Such a Mission is Impossible), *Sekai no Kansen* 世界の艦船, 1982: 12, 130−131.

Kaneda, Hideaki, Vice Admiral JMSDF(Ret.), '21Seiki ni Okeru Jieikan no Missyon'(21世紀における自衛艦のミッション−Missions of the JMSDF's Destroyers for the 21st Century), *Sekai no Kansen* 世界の艦船, 2005: 1, 124−129.

Kaneda, Hideaki, Vice Admiral JMSDF(Ret.), 'Jieitai ni Tarinai Mono wa?' (海上自衛隊に足りないものは−Subjects for Tomorrow's JMSDF), *Sekai no Kansen* 世界の艦船, 2003: 6, 88−91.

Kawano, Hitoshi, 'Taishō Shōwa ki Gunji Rlite no Keisei Katei'(大正・昭和期軍事エリートの形成過程−The Formation Process of the Military Elite in the Taishō and Shōwa Eras) in Kiyotada(ed.), '*Kindai Nippon*' no Rekishi Shakaigaku, 95−140.

Kendō, Katsutoshi, Ikuhiko Hata, Katsushige Todaka, Katsuya Fukuda, and Hirama Yōichi, *Shōwa no Kaigun Erīto Shūdan no Eikō to Shittsui*(昭和の海軍エ

リート集団の栄光と失墜-Glories and Abasements of the Elite Group of the Shōwa Navy),*Bungei Shunjū* 文芸春秋,2007:8,142–186.

Kiyotada,Tsuitsui(ed.),'*Kindai Nippon*' *no Rekishi Shakaigaku*(近代日本の歴史社会学-Historical Sociology of 'Modern Japan', Tokyo:Bokutakusha,1990).

Kobayashi,Hiroaki,*Bōei no Ronri*(防衛の論理-The Logic of National Defence,Tokyo:Nippon Kōgyō Shinbunsha,1981).

Kobayashi,Hiroaki,*Jiei no Ronri*(自衛の 理-The Logic of Self–Defence,Tokyo:Tairyūsha,1990).

Kōsaka,Masataka,'Kaiyō Kokka Nihon no Kōsō'(海洋国家日本の構想-The Concept of Japan as Maritime State),*Chūō Kōron* 中央公論,1964:09,48–80.

Kōsaka,Masataka,*Saishō Yoshida Shigeru ron*(宰相吉田茂論-On Prime Minister Yoshida Shigeru,Tokyo:Chūō Kōronsha,1968).

Kōsaka,Masataka,'Tsūshō Kokka Nippon no Unmei'(通商国家日本の運命-The Fate of Japan as a Trading State),*Chūō Kōron* 中央公論,1975:11,116–140.

Maeda,Tetsuo,*Jieitai wo Dōsuruka?*(自衛隊をどうするか-What is next for The JSDF?,Tokyo:Iwanami Shōten,1992).

Matsumoto,Saburō,'"Bōei Daigakkō Go Jū Nenshi"wo Yonde.Bōei Daigakkō ni okeru Shikan Kyōiku'(「防衛大学校五十年史」を読んで。防衛大学校における士官教育-Reading the"Fifty–year History of the NDA".Officers Education at the NDA),*Bōeigaku Kenkyū* 防衛学研究,No.31,2004:7,1–15.

Nagata,Hiroshi,Admiral JMSDF(Ret.),'21Seiki no Kaijōjieitai:21Seiki no Jieikan wa Kōnaru'(21 世紀の海上自衛隊:21 世紀の自衛艦はこうなる-The JMSDF in the 21st Century:Thinking about 21st Century Ships),*Sekai no Kansen* 世界の艦船,1995:12,88–93.

Nakajima,Shingo,'Sengo Nihongata Seigunkankei no Keisei'(戦後日本型

政軍関係の形成-The Creation of Post-war Japanese Civil-Military Relations）*Gunji Shigaku* 軍事史学,Vol.34,1998:1,22-39.

Nakajima,Shingo,*Sengo Nihon no Bōei Seisaku.'Yoshida Rosen' wo Meguru Seiji,Gaikō,Gunji*（戦後日本の防衛政策。「吉田路線」をめぐる政治、外交、軍事-Japan's Post-War Defence Policy.Politics,Foreign Policy and Military Affairs about the'Yoshida's Line',Tokyo:Keiō Gijuku Daigaku Shuppankai,2006）.

Nakamori,Shizuo,*Bōei Daigakkō no Shinjitsu*（防衛大学校の真実-The Reality of the National Defence Academy,Tokyo:Keizaikai,2004）.

NHK Special Selection,*Kaijojieitai wa Kōshite Umareta*（海上自衛隊はこうして生まれた-The Way The Maritime Self-Defence Force Was Born,Tokyo:Nihon Hōsō Shuppan Kyōkai,2003）.

Nishihara,Masashi,'Gakusei yo,Iyoku wo Motte,Jōnetsu wo Moyase'（学生よ、意欲を持って、情熱を燃やせ-Students,Bring your Motivation,Burn of Passion）,*Securitarian*,2004:5,20-21.

Nishiuchi,Tadashi,*Nihon no Bōei*（日本の防衛-Japan's National Defence,Tokyo:Nippon Kyōbunsha,1970）.

Nisohachi,Hyōdō,'Riku Kaigun wo Meguru ōkina Nazo'（陸海軍を巡る大きな謎-The Army-Navy Share,A Big Mistery）,*Seiron* 正論,2005:5,38-39.

Nomura,Minoru,*Kaisenshi ni Manabu*（海戦史に学ぶ-Learning from the History of Naval Battles,Tokyo:Bungei Shunjū,1985）.

Nomura,Minoru,*Nihon Kaigun no Rekishi*（日本海軍の歴史-The History of the Japanese Navy,Tokyo:Yoshikawa Kōbunkan,2002）.

Ōga,Ryōhei,Admiral JMSDF（Ret.）,'Kaijōjieitai to Watashi'（海上自衛隊と私-My Experience with the JMSDF）,*Sekai no Kansen* 世界の艦船,1999:1,176-178.

Ōhara,Yasuo,*Teikoku Riku Kaigun no Hikari to Kage*（帝国陸海軍の光と影-'Lights' and 'Shadows' of the Imperial Japanese Army and Navy,Tokyo:Tentensha,2005.First Edition:1982）.

Ōtake, Hideo, *Nihon no Bōei to Kokunai Seiji*(日本の防衛と国内政治 – Japan's National Defence and Domestic Politics, Tokyo: San Ichi Shobo, 1983).

Sadō, Akihiro, *Sengo Seiji to Jieitai*(戦後政治と自衛隊 – Post-war Politics and the JSDF, Tokyo: Yoshikawa Bunkan, 2006).

Sekino, Hideo, ʻWaga Kuni no Kaijō Goei Mondayʼ (わが国の海上護衛問題 – Ocean Escort Problems of Japan), *Sekai no Kansen* 世界の艦船, 1973: 8, 64–66.

Shinohara, Hiroshi, *Nihon Kaigun Oyatoi Gaijin*(日本海軍お雇い外人 – The Navy's Foreign Employees, Tokyo: Chūo Kōronsha, 1988).

Sōbei, Suzuki, *Kikisho : Kaijojieitai Shiwa*(聞書：海上自衛隊史話 – Memories of the Maritime Self-Defence Forces, Tokyo: Suikōkai, 1989).

Tachikawa, Kyōichi, Tomoyuki Ishizu, Narushige Michishita, and Katsuya Tsukamoto(eds), *Shii Pawaa*(シーパワー – Seapower, Tokyo: Fuyō Shobō, 2008).

Takahashi, Hidenori, ʻKaigun Heigakkō no Kyōiku Kikan Enchō to Seishin Kagaku Dōnyūʼ(海軍兵学校の教育期間延長と精神科学の導入 – The Introduction of Spiritual Education at the Japanese Naval Academy During the Interwar Period), *Gunji Shigaku* 軍事史学, Vol.34, 1998: 1, 2–24.

Takahashi, Kunitarō, *Oyatoi Gaikokujin 6. Gunji*(お雇い外国人 6. 軍事 – Foreign Employees 6. Military Affairs, Tokyo: Kajima Kenkyūjo Shuppankai, 1968).

Terada, Akira, ʻ"Oyashio" Kenzō no Omoideʼ(「おやしお」建造の思い出 – Memories of the Construction of the Construction of "Oyashio"), *Sekai no Kansen* 世界の艦船, 1997: 5, 96–101.

Todaka, Kazushige, *Akiyama Saneyuki Senjutsu Ronshū*(秋山真之戦術論集 – Collection of Essays on Tactics by Akiyama Saneyuki, Tokyo: Chūo Kōron Shinsha, 2005).

Tsukudo, Tatsuo, ʻKaijōjieitaihatsu no Sensuikan "Kuroshio" Kaisōkiʼ(海上自衛隊初の潜水艦「くるしお」回想記 – Recollections from the First Submarine of the JMSDF, "Kuroshio"), *Sekai no Kansen* 世界の艦船, 1997: 5, 102–105.

Ugaki, Taisei, 'Kaijōjieitai no Atarashī Ījisukan Unyō Kōsō' (海上自衛隊の新しいイージス艦運用構想 – New Operational Concept of JMSDF's Aegis Ships), *Sekai no Kansen* 世界の艦, 2001:4, 84-87.

Usui, Katsumi, Naosuke Takamura, Yasushi Toriumi, and Masaomi Yui, *Nihon Kindai Jinmei Jiten* (日本近代人名辞典 – Japanese Modern Biographical Dictionary, Tokyo: Yoshikawa Kōbunkan, 2001).

Yamazaki, Makoto, Vice Admiral JMSDF (Ret.), 'Kaijōjieitai wa BMD ni Dōtori Kumu Bekika' (海上自衛隊はBMDにどう取り組むべきか – BMD and the JMSDF in the Near Future), *Sekai no Kansen* 世界の艦船, 2003:9, 76-81.

Yasuoka, Shōtarō, *Watashi no Rirekisho. Dai San no Shinjin* (私の履歴書。第三の新人 – My resume. Third Volume of Newcomers, Tokyo: Nippon Keizai Shimbusha, 2007).

Yoshida, Toshio, *Kaigun no Kokoro* (日本海軍のこころ – The Heart of the Japanese Navy, Tokyo: Bungei Shunjū, 2000).

Yoshinaga, Hayashi, 'Nihon no Shokugyō Gunjin Ishiki – 1500 Nen no Gunjishi wo Furikaette' (日本の職業軍人意識 – 1500 年の軍事史を振り返って – The Japanese Military Professionalism: Overview through the 1500-year long Japanese Military History), *Senshibu Nenpō* 戦史部年俸, 2005:8, 127-151.

B)其他语言(专著和编著)

Agawa, Hiroyuki, *Citadel in Spring: A Novel of Youth Spent at War* (Tokyo: Kodansha International, 1990).

Agawa, Hiroyuki, *Devil's Heritage* (Tokyo: The Hokuseido Press, 1957).

Agawa, Hiroyuki, *The Reluctant Admiral: Yamamoto and the Imperial Navy* (Tokyo: Kodansha International, 1979).

Akaha, Tsuneo, *Japan in Global Ocean Politics* (Honolulu, HI: University of Hawai Press, 1985).

Alagappa, Muthiah (ed.), *Coercion and Governance: The Declining Political Role of the Military in Asia* (Stanford, CA: Stanford University Press, 2001).

Alagappa, Muthiah (ed.), *Military Professionalism in Asia*: *Conceptual and Empirical Perspectives* (Honolulu, HI: East—West Centre, 2001).

Alagappa, Muthiah, (ed.), *Asian Security Practice*: *Material and Ideational Influences* (Stanford, CA: Stanford University Press, 1998).

Andrew, Cobbing, *The Japanese Discovery of Victorian Britain*: *Early Travel Encounters in the Far East* (Richmond, Surrey: The Japan Library, 1998).

Asada, Sadao, *Culture Shock and Japanese—American Relations. Historical Essays* (Columbia, MO: University of Missouri Press, 2007).

Asada, Sadao, *From Mahan to Pearl Harbor. The Imperial Japanese Navy and the United States* (Annapolis, MD: Naval Institute Press, 2006).

Auer, James E., *The Post—war Rearmament of Japanese Maritime Forces*, 1945–1971 (New York, Washington, London: Preager, 1973).

Auer, James E. (ed.), *Who Was Responsible? From Marco Polo Bridge to Pearl Harbour* (Tokyo: The Yomiuri Shimbun, 2006).

Austin, Greg, *China's Ocean Frontier*: *International Law*, *Military Force and National Development* (Canberra: Allen & Unwin, 1998).

Axelbank, Albert, *Black Star over Japan*: *Rising Forces of Militarism* (London: Hill & Wang, 1972).

Baer, George W., *One Hundred Years of Seapower*: *The U. S. Navy*, 1890–1990 (Stanford, CA: Stanford University Press, 1994).

Balbi, Bartolomeo, *La Psiche e la Virtù Bellica del Popolo Giapponese* (Naples, IT: Casa Editrice Italo—Cino—Giapponese, 1916).

Baldwin, Christopher, *Seaborne Trade Flows in the Asia Pacific. Present and Future Trends* (Working Paper No. 9, Canberra: Royal Australian Navy, Sea Power Centre, 2001).

Ballard, George A., *The Influence of the Sea on the Political History of Japan* (London: John Murray, 1921).

Barnett, Robert W., *Beyond War*: *Japan's Concept of Comprehensive National*

Security(Washington, DC: Brassey's, 1984).

Beeler, John F., *British Naval Policy in the Gladstone – Disraeli Era*, 1866 – 1880(Stanford, CA: Stanford University Press, 1997).

Bell, Christopher M., *The Royal Navy, Seapower and Strategy Between the Wars* (Basingstoke, Hampshire: Macmillan, 2000).

Blair, Clay Jr., *Silent Victory: The U.S. Submarine War against Japan*(Annapolis, MD: Naval Institute Press, 2001. First edition 1975).

Blond, Georges, *Admiral Togo*(trans. by Edmond Hyams, New York: Macmillan, 1960).

Booth, Ken and Russell Trood(eds), *Strategic Cultures in the Asia Pacific Regions*(London: Macmillan, 1999).

Booth, Kenneth, *Navies and Foreign Policy*(London: Croom Helm, 1977).

Borg, Dorothy and Shumpei Okamoto(eds), *Pearl Harbour as History: Japanese – American Relations*, 1931 – 1941 (New York: Columbia University Press, 1973).

Boyce, Robert and Esmond Robertson(eds), *Paths to War: New Essays on the Origins of the Second World War*(New York: St. Martin Press, 1989).

Brunton, Richard H., *Building Japan*, 1868 – 1876(Folkestone, Kent: The Japan Library, 1991).

Buck, James H.(ed.), *The Modern Japanese Military System*(Beverly Hills, CA: Sage, 1975).

Buckley, Roger, *The United States in the Asia−Pacific since* 1945(Cambridge: Cambridge University Press, 2002).

Bullock, Cecil, *Etajima: The Dartmouth of Japan*(London: Sampson Low, Marston & Co., 1942).

Buruma, Ian, *Wages of Guilt: Memories of War in Germany and Japan*(London: Jonathan Cape, 1994).

Bywater, Hector C., *Navies and Nations: A Review of Naval Developments since the Great War*(London：Constable and Co,1927).

Bywater,Hector C.,*Seapower in the Pacific：A Study of the American－Japanese Naval Problem*(Boston,New York：Houghton Miffl in Co,1921).

Cable,James,*The Political Influence of Naval Force in History*(Basingstoke, Hampshire：Macmillan,1998).

Caforio,Giuseppe (ed.),*Handbook of the Sociology of the Military* (New York：Springer,2006).

Caforio,Giuseppe (ed.),*The European Cadet：Professional Socialisation in Military Academies*(Baden－Baden：Nomos,1998).

Chapman,John W.M.,*Japan's Quest for Comprehensive Security*(New York：St. Martin Press,1983).

Chinworth,Michael W.,*Inside Japan's Defence：Technology, Economics and Strategy*(Washington,DC,New York：Brassey's,1992).

Cole,Bernard,*The Great Wall at Sea：China's Navy Enters the 21st Century* (Annapolis,MD：Naval Institute Press,2001).

Corbett,Julian S.,*Maritime Operations of the Russo－Japanese War*,1904－1905(Annapolis,MD：Naval Institute Press,1994).

Corbett,Julian S.,*Some Principles of Maritime Strategy* (London：Longmans, Green & Co.,1911).

Cortazzi,Hugh (ed.),*Britain and Japan：Biographical Portraits, Volume IV* (London：The Japan Library,2002).

Cortazzi,Hugh (ed.),*Britain and Japan：Biographical Portraits, Volume V* (Folkestone,Kent：Global Oriental,2005).

Cortazzi,Hugh and Gordon Daniels(eds),*Britain and Japan*,1859－1991. *Themes and Personalities*(Abingdon,OX：Routledge,1991).

Cullen,L.M.,*A History of Japan*,1582－1941：*Internal and External Worlds* (Cambridge：Cambridge University Press,2003).

Davies,Roger J.and Osamu Ikeno,*The Japanese Mind.Understanding Contem-*

porary Japanese Culture(North Clarendon, VT: Tuttle Publishing, 2002).

Dockrill, Saki(ed.), *From Pearl Harbour to Hiroshima: The Second World War in Asia and the Pacific*, 1941-1945(New York: St.Martin Press, 1994).

Douglas, Archibald C., *Life of Admiral Sir Archibald Lucius Douglas*(Totnes, Devon: Mortimer Bros., 1938).

Dower, John W., *Embracing Defeat, Japan in the Wake of World War II*(New York: W.W.Norton & Co., 1999).

Dower, John W., *Empire Aftermath: Yoshida Shigeru and the Japanese Experience*, 1878-1954(Cambridge: Harvard University Press, 1979).

Drea, Edward J., *Japan's Imperial Army: Its Rise and Fall*, 1853-1945(Lawrence, KS: University Press of Kansas, 2009).

Drifte, Reinhard, *Arms Productions in Japan: The Military Application of Civilian Technology*(London: Westview, 1986).

Drifte, Reinhard, *Japan's Foreign Policy in the 1990s: From Economic Superpower to What Power?*(Basingstoke, Hampshire: Macmillan, 1996).

Drifte, Reinhard, *Japanese - Chinese Territorial Disputes in the East China Sea-Between Military Confrontation and Economic Cooperation*(Asia research Centre Working Paper 24, London: London School of Economics and Social Science, 2008).

Duk-Ki, Kim, *Naval Strategy in Northeast Asia. Geostrategic Goals, Policies and Prospects*(London: Frank Cass, 2000).

Dull, Paul S., *A Battle History of the Imperial Japanese Navy*, 1941-1945(Annapolis, MD: Naval Institute Press, 1978).

Dyer, Henry, *Japan in World Politics*(London: Blackie & Son, 1909).

Edgerton, Robert B., *Warriors of the Rising Sun*(Boulder, CO: Westview Press, 1997).

Edstrom, Bert, *Japan's Evolving Foreign Policy Doctrine. From Yoshida to Miyazawa*(Basingstoke, Hampshire: MacMillan, 1999).

Edstrom, Bert (ed.), *The Japanese and Europe: Images and Perceptions* (Richmond, Surrey: Japan Library, 1999).

Esmein, Jean, *Un Demi Plus* (Paris: Fondation pour les Etudes de Defence Nationale, 1983).

Estrange, Michael G., *The Internationalization of Japan's Security Policy: Challenges and Dilemmas for a Reluctant Power* (Berkeley, CA: University of California, 1990).

Evans, David C. (ed.), *The Japanese Navy in World War II: In the Words of Former Japanese Naval Officersc* (Annapolis, MD: Naval Institute Press, 1986. First edition 1969).

Evans, David C. and Mark R. Peattie, Kaigun. *Strategy, Tactics and Technology in the Imperial Japanese Navy*, 1887 – 1941 (Annapolis, MD: Naval Institute Press, 1997).

Evans, David C., The Satsuma Faction and Professionalism in the Japanese Naval Officer Corps of the Meiji Period, 1868 – 1912 (Unpublished PhD Dissertation, Stanford University, 1978).

Falk, Edwin A., *Togo and the Rise of Japanese Sea Power* (London: Longmans, Green & Co., 1936).

Farrell, Theo and Terry Terriff, *The Source of Military Change* (Boulder, CO: Lynne Rienner, 2002).

Friedman, George and Meredith Le Bard, *The Coming War with Japan* (New York: St. Martin's Press, 1991).

Friedman, Norman, *Seapower as Strategy: Navies and National Interests* (Annapolis, MD: Naval Institute Press, 2001).

Fruhstuck, Sabine, *Uneasy Warriors: Gender, Memory, and Popular Culture in the Japanese Army* (Berkeley and Los Angeles, CA: University of California Press, 2007).

Fukushima, Akiko, *Japanese Foreign Policy: The Emerging Logic of Multilater-*

alism (New York: St. Martin Press, 1999) .

Futamura, Madoka, *War Crimes Tribunals and Transitional Justice: The Tokyo Trial and the Nuremberg Legacy* (London: Routledge, 2007) .

Gluck, Carol, *Japan's Modern Myths: Ideology in the Late Meiji Period* (Princeton: Princeton University Press, 1985) .

Goldman, Emily O. and Leslie C. Eliason (eds) , *The Diffusion of Military Technology and Ideas* (Stanford, CA: Stanford University Press, 2003) .

Gordon, Andrew, *A Modern History of Japan: From Tokugawa to the Present Times* (Oxford: Oxford University Press, 2003) .

Gordon, Andrew (ed.) , *Postwar Japan as History* (Berkeley, Los Angeles, Oxford: University of California Press, 1993) .

Gordon, Andrew, *The Rules of the Game: Jutland and British Naval Command* (London: John Murray, 1996) .

Gordon, Andrew and Merle Goldman, *Historical Perspectives on Contemporary East Asia* (Cambridge, MA: Harvard University Press, 2000) .

Gow, Ian, *Military Intervention in Pre−war Japanese Politics. Admiral Katō Kanji and the 'Washington System'* (London, New York: Routledge Curzon, 2004) .

Gow, Ian, Yōichi Hirama, and John Chapman (eds) , *The History of Anglo−Japanese Relations, 1600−2000. Volume III: The Military Dimension* (Basingstoke, Hampshire: Palgrave Macmillan, 2003) .

Graham, Euan, *Japan's Sea Lane Security, 1940−2004. A Matter of Life and Death?* (Nissan Institute/Routledge Japanese Studies Series, London and New York: Routledge, 2006) .

Gray, Colin S. , *The Leverage of Seapower: The Strategic Advantage of Navies in War* (New York: Free Press, 1992) .

Green, Michael J. , *Arming Japan* (New York: Columbia University Press, 1995) .

Green, Michael J. (ed.) , *The New Security Agenda: a Global Survey* (Tokyo,

New York：JCIE，1998）.

Green，Michael J. and Patrick Cronin（eds），*The US - Japan Alliance：Past, Present and Future*（New York：Council on Foreign Relations Press，1999）.

Grove，Eric，*The Future of Seapower*（Annapolis，MD：Naval Institute Press, 1990）.

Grove，Eric，*Vanguard to Trident：British Naval Policy since the Second World War*（London：Bodley Head，1987）.

Halloran，Richard，*Chrysanthemum and Sword Revisited：Is Japanese Militarism Resurgent?*（Honolulu，HI：East-West Centre，1991）.

Hara，Tameichi，Captain IJN（Ret.），*Japanese Destroyer Captain. Pearl Harbor, Guadalcanal, Midway-The Great Naval Battles as seen Through Japanese Eyes*（trans.T.Hara，Fred Saito，and Roger Pineau.Annapolis，MD：Naval Institute Press, 1967）.

Hashimoto，Mochitsura，*Sunk：The Story of the Japanese Submarine Fleet*（New York：Henry Holt，1954）.

Hattendorf，John B.（ed.），*Doing Naval History：Essays toward Improvement*（New Port，RI：Naval War College Press，1995）.

Hattendorf，John B.（ed.），*Mahan on Naval Strategy：Selections from the Writings of Rear Admiral Alfred Thayer Mahan*（Annapolis，MD：Naval Institute Press, 1991）.

Hattendorf，John B.（ed.），*Ubi Sumus? The State of Naval and Maritime History*（New Port，RI：Naval War College Press，1994）.

Hattendorf，John B.（ed.），*US Naval Strategy in the 1990s：Selected Documents*（Newport Paper 27，New Port，RI：Naval War College Press，2006）.

Hendry，Joy，*Understanding Japanese Society*（London：Routledge，1995. First edition 1987）.

Herwig，Holger H.，'*Luxury' Fleet：The Imperial German Navy*，1888 - 1918（London：Allen and Unwin，1980）.

Hicks, George, *Japan's War Memories: Amnesia or Concealment?* (Brookfield, VT: Ashgate, 1997).

Hill, Richard, *Maritime Strategy for Medium Powers* (Annapolis, MD: Naval Institute Press, 1986).

Hill, Richard, *War at Sea in the Ironclad Age* (London: Cassell, 2000).

Hoare, J.E. (ed.), *Britain and Japan. Biographical Portraits*, *Volume III* (Richmond, Surrey: The Japan Library, 1999).

Hobsbawm, Eric and Terence Ranger (eds), *The Invention of Tradition* (Cambridge: Cambridge University Press, 1983).

Holland, Harrison, *Managing Defense: Japan's Dilemma* (Lanham, MD: University Press of America, 1988).

Hook, Glenn D., *Militarization and Demilitarization in Contemporary Japan* (London: Routledge, 1996).

Hoyt, Edwin P., *The Militarists. The Rise of Japanese Militarism Since WWII* (New York: Donald I. Fine, 1985).

Hugh, Smith and Anthony Bergin (eds), *Naval Power in the Pacific: Toward the Year* 2000 (Boulder, CO: Lynne Rienner, 1993).

Hughes, Christopher W., *Japan's re-emergence as a 'Normal' Military Power* (Adelphi Paper No.368−369, Oxford for IISS, 2004).

Hughes, Christopher W., *Japan's Remilitarisation* (London: IISS/Routledge, 2009).

Hughes, Christopher W., *Japan's Security Agenda: Military, Economic & Environmental Dimensions* (Boulder, CO: Lynne Rienner, 2004).

Humphreys, Leonard A., *The Way of the Heavenly Sword* (Stanford, Stanford University Press, 1995).

Huntington, Samuel P., *The Soldier and the State* (Cambridge, MA: Belknap Press of Harvard University Press, 1954).

Inoguchi, Takashi, *Japan's Foreign Policy in an Era of Global Change* (London:Printer Publishers,1993).

Jane,Frederick T., *The Imperial Japanese Navy* (London: Conway Maritime Press,1984.First published 1904).

Janowitz,Morris, *The Professional Soldier:A Social and Political Portrait* (New York:The Free Press,1960).

Jansen, Marius (ed.), *Changing Japanese Attitudes toward Modernisation* (Princeton:Princeton University Press,1965).

Jansen,Marius B.,Madoka Kanai,and Danis Twitehett(eds) , *The Cambridge History of Japan* (6 Volumes, Cambridge, MA: Cambridge University Press: 1988−1991).

Jonhston,Alastair I., *Cultural Realism:Strategic Culture and Grand Strategy in Chinese History* (Princeton,NJ:Princeton University Press,1995).

Jordan, David, James D. Kiras, David J. Lonsdale, Ian Speller, Christopher Tuck,and C.Dale Walton, *Understanding Modern Warfare* (Cambridge:Cambridge University Press,2008).

Kane,Thomas M., *Chinese Grand Strategy and Maritime Power* (London:Frank Cass,2002).

Katahara,Eiichi, *The Politics of Japanese Defence Policy* (Unpublished PhD Dissertation,Griffith University,1990).

Kataoka, Tetsuya, *Waiting for a ' Pearl Harbour ' : Japan Debates Defence* (Stanford:Hoover Institution Press,1980).

Katxenstein,Peter J., *Rethinking Japanese Security* (Abingdon,OX,New York: Routledge,2008).

Katzenstein,Peter J., *Cultural Norms and National Security:Policy and Military in Post−war Japan* (Ithaca,NY:Cornell University Press,1996).

Katzenstein,Peter J.and Nobuo Okawara, *Japan's National Security* (Ithaca, NY:Cornell University Press,1993).

Kawano,Hitoshi, *A Comparative Study of Combat Organisations:Japan and the*

United States During World War II (Unpublished PhD Dissertation, Evaston, IL: Northwestern University, 1996).

Kearsley, Harold J., *Maritime Power and the Twenty-first Century* (Aldershot: Dartmouth, 1991).

Keddell, Joseph P., *The Politics of Defence in Japan: Managing Internal and External Pressures* (Armonk, New York: M.E.Sharpe, 1993).

Keene, Donald, *Five Modern Japanese Novelists* (New York: Columbia University Press, 2003).

Kehr, Eckart, *Battleship Building and Party Politics in Germany*, 1894 – 1901 (Chicago, IL: Chicago University Press, 1973).

Kennedy, Gregory C. and Keith Neilson (eds), *Military Education. Past, Present, and Future* (Westport, CT: Preager, 2002).

Kennedy, Malcolm D., *Some Aspects of Japan and Her Defences* (London: Kegan Paul, Trench, Trubner & Co., 1928).

Kennedy, Malcolm D., *The Military Side of Japanese Life* (London: Constable & Co., 1924).

Kier, Elisabeth, *Imagining War: French and British Military Doctrine between the Wars* (Princeton, NJ: Princeton University Press, 1997).

Kliman, Daniel M., *Japan's Security Strategy in the Post-9/11 World* (Westport, CT: Praeger for CSIS, 2006).

Kondapalli, Srikanth, *China's Naval Power* (Delhi: Institute for Defence Studies and Analyses, 2001).

Kōsaka, Masataka, *Options for Japan's Foreign Policy* (Adelphi Papers No.97, London: International Institute for strategic Studies, 1973).

Lambert, Andrew D., *The Foundations of Naval History. John Knox Laughton, the Royal Navy and the Historical Profession* (London: Chatham, 1998).

Lambert, Andrew D., *War at Sea in the Age of Sail* (London: Cassell, 2000).

Lifton, Robert J., *Death in Life. Survivors of Hiroshima* (Chapel Hill, NC: North

Carolina University Press, 1991).

Lim, Robin, *The Geopolitics of East Asia: The Search for Equilibrium* (London: Routledge, 2003).

Lory, Hillis, *Japan's Military Masters: The Army in Japanese Life* (Westport, CO: Greenwood Press, 1943).

Love, Robert W. Jr. (ed.), *Changing Interpretations and New Sources in Naval History: Papers form the Third United States Naval Academy History Symposium* (New York: Garland Publishing, 1980).

MacArthur, Douglas, *Reminiscences* (New York: McGraw-Hill, 1964).

Macgregor, Knox and Williamson Murray (eds), *The Dynamics of Military Revolution*, 1300-2050 (Cambridge: Cambridge University Press, 2001).

McIntosh, Malcolm, *Japan Re-Armed* (New York: St. Martin Press, 1986).

Maeda, Tetsuo, *The Hidden Army: The Untold Story of Japan's Military Forces* (Chicago: Edition Q, 1995).

Mahan, Alfred T., *The Problem of Asia and its Effects upon International Policies* (London: Sampson, Low, Marston, 1900).

Marder, Arthur J., *Old Friends, New Enemies: The Royal Navy and the Imperial Japanese Navy*, *Strategic Illusions*, 1936-1941 (Oxford: Oxford University Press, 1981).

Maruyama, Masao, *Thoughts and Behaviour in Modern Japanese Politics* (ed. Ivan Morris, London: Oxford University Press, 1963).

MasWood, Javed S., *Japanese Defence: The Search for Political Power* (Pasir Panjang: Regional Studies Programme of the Institute of South-East Asian Studies-(ISEAS), 1990).

Matthews, Ron and Keisuke Matsuyama (eds), *Japan's Military Renaissance?* (New York: St. Martin Press, 1993).

Mazzei, Franco, *Japanese Particularism and the Crisis of Western Modernity* (Venice: University of Venice, Ca' Foscari, 1997).

Mendl, Wolf, *Japan's Asia Policy: Regional Security and Global Interests* (New York, London: Routledge, 1995).

Midford, Paul, *Japanese Public Opinion and the War on Terrorism: Implications for Japan's Security Strategy* (Washington, DC: East – West Centre Washington, 2006).

Miller, Stephen E. and Stephen Van Evera, *Naval Strategy and National Security* (Princeton, NJ: Princeton University Press, 1988).

Millet, Allan R. and Williamson Murray (eds), *Military Effectiveness, Volume* I : *The First World War* (Boston, MA: Allen and Unwin, 1988).

Millet, Allan R. and Williamson Murray (eds), *Military Effectiveness, Volume* II : *The Interwar Period* (Boston, MA: Allen and Unwin, 1988).

Millet, Allan R. and Williamson Murray (eds), *Military Effectiveness, Volume* III : *The Second World War* (Boston, MA: Allen and Unwin, 1988).

Morris, Ivan I., *Nationalism and the Right Wing in Japan: A Study of Post-War Trends* (Oxford: Oxford University Press, 1960).

Morris, Ivan I., *The Nobility of Failure. Tragic Heroes in the History of Japan* (New York: Meridian Book, 1975).

Muramatsu, Teijirō, *Westerners in the Modernization of Japan* (Tokyo: Hitachi, 1995).

Murray, Williamson, MacGregor Knox, and Alvin Bernstein(eds), *The Making of Strategy. Rulers, States, and War* (Cambridge: Cambridge University Press, 1999. First edition 1994).

Murray, Williamson and Tomoyuki Ishizu (eds), *Conflicting Currents. Japan and the United States in the Pacific* (Santa Barbara, CA: Praeger Security International, 2010).

Nish, Ian(ed.), *Britain and Japan. Biographical Portraits* (Folkestone, Kent: The Japan Library, 1994).

Nish, Ian and Yōichi Kibata(eds), *The History of Anglo-Japanese Relations,*

1600–2000: *Volume II: The Political–Diplomatic Dimension*, 1931–2000 (Basingstoke, Hampshire: Palgrave Macmillan, 2000).

Nishi, Osamu, *The Constitution and National Defence Law System in Japan* (Tokyo: Seibundo, 1987).

O'Brien, Philips P. (ed.), *Technology and Naval Combat in the Twentieth Century and Beyond* (London: Frank Cass, 2001).

O'Brien, Phillips P. (ed.), *The Anglo–Japanese Alliance*, 1902–1922 (London: Routledge, 2004).

Okazaki, Hisahiko, *A Grand Strategy for Japanese Defence* (Lanham, MD: University Press of America, 1986).

Oros, Andrew L., *Normalizing Japan: Politics, Identity, and the Evolution of Security Practice* (Stanford, CA: Stanford University Press, 2008).

Paine, S.C.M., *The Sino–Japanese war of 1894–1895. Perceptions, Power and Primacy* (Cambridge: Cambridge University Press, 2003).

Parillo, Mark P., *The Japanese Merchant Marine in World War II* (Annapolis, MD: Naval Institute Press, 1993).

Parshall, Jonathan and Anthony Tully, *Shattered Sword: The Untold Story of the Battle of Midway* (Washington, DC: Potomac Books, 2005).

Peattie, Mark R., *Ishiwara Kanji and Japan's Confrontation with the West* (Princeton, NJ: Princeton University Press, 1975).

Peattie, Mark R., *Nan'ryō: The Rise and Fall of the Japanese in Micronesia*, 1885–1945 (Honolulu, HI: University of Hawaii Press, 1987).

Polmar, Norman, *Aircraft Carriers: A History of Carrier Aviation and its Influence on World Events, Volume II* (Washington, DC: Potomac Books, 2008).

Polmar, Norman and K.J.Moore, *Cold War Submarines* (Washington, DC: Potomac Books, 2004).

Polomka, Peter, *Japan as Peacekeeper: Samurai State or New Civilian Power?* (Canberra: Canberra Papers on Strategic Defence, 1992).

Prabhakar, Lawrence W., Joshua H. Ho, and Sam Bateman (eds), *The Evolving Maritime Balance of Power in the Asia - Pacific: Maritime Doctrines and Nuclear Weapons at Sea* (Singapore: Institute of Defence and Strategic Studies, 2006).

Pyle, Kenneth B., *Rising Japan: The Resurgence of Japan's Power and Purpose* (Century Foundation Book, New York: Public affairs, 2007).

Ranft, Brian and Geoffrey Till, *The Sea in Soviet Strategy* (Annapolis, MD: Naval Institute Press, 1983).

Renwick, Neil, *Japan's Alliance Politics and Defence Production* (Basingstoke, Wiltshire: MacMillan in association with St. Anthony's College, 1995).

Rocca, Gianni, *Fucilate gli Ammiragli: La Tragedia della Marina Italiana nella Seconda Guerra Mondiale* (Milan: Mondatori, 1987).

Rupert, Smith, *The Utility of Force: The Art of War in the Modern World* (London: Penguin, 2006).

Russell, Edward, *The Knights of Bushido: A Shocking History of Japanese War Atrocities* (New York: E.P. Dutton, 1958).

Sadkowich, James J. (ed.), *Reevaluating Major Naval Combatants of World War II* (Westport, CO: Greenwood Press, 1990).

Samuels, Richard J., *Machiavelli's Children: Leaders & Their Legacy in Italy and Japan* (Ithaca, NY, London: Cornell University Press, 2003).

Samuels, Richard J., '*Rich Nation, Strong Army*': *National Security and the Technological Transformation of Japan* (Ithaca, NY: Cornell University Press, 1994).

Samuels, Richard J., *Securing Japan. Tokyo's Grand Strategy and the Future of East Asia* (Ithaca, NY: Cornell University Press, 2007).

Schencking, Charles J., *Making Waves: Politics, Propaganda, and the Emergence of the Imperial Japanese Navy, 1868 - 1922* (Stanford, CA: Stanford University Press, 2005).

Seaton, Philip A., *Japan's Contested War Memories* (Abingdon, OX, New York:

Routledge,2007).

Shambaugh, David, *Modernising China's Military*: *Progress*, *Problems*, *and Prospects*(Berkeley, Los Angeles, London: University of California Press, 2003).

Shimazu, Naoko, *Japanese Society at War*: *Death*, *Memory and the Russo-Japanese War*(Cambridge: Cambridge University Press, 2009).

Shinoda, Tomohito, *Koizumi Diplomacy*: *Japan's Kantei Approach to Foreign and Defence Affairs*(Seattle, WA: University of Washington Press, 2007).

Shulman, Mark, *Navalism and the Emergence of American Seapower*(Annapolis, MD: Naval Institute Press, 1995).

Shurman, David M., *The Education of a Navy. The Development of British Strategic Thought*, 1867-1914(Chicago, IL: Chicago University Press, 1965).

Sims, Richard, *Japanese Political History since the Meiji Restoration* 1868-2000(London: Hurst & Co., 2001).

Smith, Hugh and Anthony Bergin(eds), *Naval Power in the Pacific*: *Toward the Year* 2000(Boulder, CO: Lynne Rienner, 1993).

Smith, Peter C., *Fist From the Sky*: *The Biography of Captain Takashige Egusa*, *IJN*(Manchester: Crecy Publishing, 2006).

Solomon, Richard H. and Masataka Kōsaka(eds), *The Soviet Far East Military Build-up. Nuclear Dilemmas and Asian Security*(Dover, MA: Auburn House Publishing Company, 1986).

Stanley-Mitchell, Elizabeth A. and Risa Brooks(eds), *Creating Military Power*: *The Sources of Military Effectiveness*(Stanford, CA: Stanford University Press, 2007).

Starrs, Roy(ed.), *Japanese Cultural Nationalism at Home and in the Asia Pacific*(Folkestone, Kent: Global Oriental, 2004).

Sumida, John T., *In Defence of Naval Supremacy*: *Finance*, *Technology*, *and British Naval Policy* 1889-1914(Boston, MA: Unwin Hyman, 1989).

Tangredi, Sam J.(ed.), *Globalization and Maritime Power*(Washington, DC:

National Defence University Press, 2002).

Taylor, Paul D. (ed.), *Asia and the Pacific: US Strategic Traditions and Regional Realities* (Newport, RI: Naval War College Press, 2001).

Till, Geoffrey, *Maritime Strategy and the Nuclear Age* (London: Macmillan, 1982).

Till, Geoffrey, *Seapower: A Guide for the Twenty-First Century* (London: Frank Cass, 2004), 158.

Till, Geoffrey (ed.), *Seapower at the Millennium* (Phoenix Mill, Gloucestershire: Sutton Publishing, 2001).

Vlastos, Stephen (ed.), *Mirror of Modernity: Invented Traditions of Modern Japan* (Berkeley: University of California Press, 1998).

Weinstein, Martin, *Japan's Post-war Defence Policy*, 1947–1968 (New York: Columbia University Press, 1971).

Westney, Eleanor D., *Imitation and Innovation: The Transfer of Western Organisational Patterns to Meiji Japan* (Cambridge, MA: Harvard University Press, 1987).

Wilson, Sandra (ed.), *Nation and Nationalism in Japan* (London: Routledge, 2002).

Wolff, David, S. G. Marks, D. Schimmelpenninck ven der Oye, J. W. Steinberg, and Y. Shinji (eds), *The Russo-Japanese War in Global Perspective–World War Zero* (2 Volumes, Leiden, Boston: Brill, 2007).

Woolley, Peter J., *Geography & Japan's Strategic Choice* (Washington, DC: Potomac Books, 2005).

Woolley, Peter J., *Japan's Navy: Politics and Paradox*, 1971–2000 (Boulder, CO: Lynne Rienner, 2000).

Yates, Charles L., *Restoration and Rebellion in Satsuma: The Life of Saigō Takamori*, 1827–1877 (Unpublished PhD dissertation, Princeton University: 1987).

Yoshida, Mitsuru, *Requiem for Battleship Yamato* (Annapolis, MD: Naval Insti-

---

tute Press,1999).

Yoshida,Shigeru,*The Yoshida Memoirs*(London,Melbourne,Toronto:Heinemann,1961).

Yoshihara,Toshi and James R.Holmes(eds),*Asia Looks Seaward.Power and Maritime Strategy*(Westport,CO:Praeger Security International,2008).

B)其他语言(文章和书的章节)

Agawa,Naoyuki and James E.Auer,'Pacific Friendship',*US Naval Institute Proceedings*,Vol.122,1996:10,http://www.vanderbilt.edu/VIPPS/VIPPSUSJ/publications/friendship.htm,accessed on 10 August 2004.

Aizawa,Yoshio,'The Path Towards an"Anti-British"Strategy by the Japanese Navy Between the Wars',in Ian Gow,Yōichi Hirama,and John Chapman(eds),*The History of Anglo-Japanese Relations*,1600-2000 *Volume III:The Military Dimension*(Basingstoke,Hampshire:Palgrave Macmillan,2003),139-150.

Akaha,Tsuneo,'Japan's Response to Threats of Shipping Disruptions in Southeast Asia and the Middle East',*Pacific Affairs*,Vol.59,1986:2,255-277.

Amano,Yasukasu,'Peace and Anti-war:The Postwar Peace Movement',*AMPO Japan Asia Quarterly Review*,Vol.24,1997:2,39-46.

Arrington,Aminta,'Cautious Reconciliation:The Change in Societal-Military Relationsin Germany and Japan since the End of the Cold War',*Armed Forces and Society*,Vol.28,2002:4,531-554.

Arthur J.Marder,'From Jimmu Tennō to Perry:Sea Power in Early Japanese History',*The American Historical Review*,Vol.LI,1945:1,1-34.

Arthur S.Comyns Carr,'The Tokyo War Crimes Trial',*Far Eastern Survey*,Vol.18,1949:10,109-114.

Asada,Sadao,'From Washington to London:The Imperial Japanese Navy and the Politics of Naval Limitations,1921-1930',*Diplomacy and Statecraft*,Vol.4,1993:3,147-191.

Asakawa,Michio,'Anglo-Japanese Military Relations,1800-1900',in Ian

Gow, Yōichi Hirama, and John Chapman(eds) , *The History of Anglo-Japanese Relations* , 1600-2000. *Volume III*: *The Military Dimension* , (Basingstoke, Hampshire: Palgrave Macmillan, 2003) , 13-34.

Auer, James E. , Lieutenant Commander USN , ' Japan's Maritime Self-Defence Force: An Appropriate maritime Strategy?' , *Naval War College Review* , Vol. 23 , 1971: 4 , 3-20.

Barnhart, Michael A. , ' Japan's Economic Security and the Origins of the Pacific War' , *Journal of Strategic Studies* , Vol. 4 , 1981: 1 , 97-124.

Berger, Thomas U. , ' From Sword to Chrysanthemum: Japan's Culture of Anti-Militarism' , *International Security* , Vol. 17 , 1993: 4 , 119-150.

Best, Anthony , ' Lord Sempill(1893-1965) and Japan, 1921-1941 ' , in Hugh Cortazzi(ed.) , *Britain and Japan*: *Biographical Portraits* , *Volume IV*(London: The Japan Library, 2002) , 375-382.

Boyd, Carl , ' Japan Military Effectiveness: The Interwar Period ' , in Allan R. Millet and Williamson Murray(eds) , *Military Effectiveness* , *Volume II*: *The Interwar Period*(Boston, MA: Allen and Unwin, 1988) , 131-168.

Broadbridge, Seymour , ' Shipbuilding and the State in Japan since the 1850s' , *Modern Asian Studies* , 1977: 4 , 601-613.

Buck, James H. , ' The Japanese Self-Defence Forces ' , *Asian Survey* , Vol. 7 , 1967: 9 , 597-613.

Burke, Arleigh A. , Admiral USN(Ret.) , ' The Art of Command ' , *Naval War College Review* , Vol. 23 , 1972: 10 , 24-28.

Checkland, Olive , ' " Working at Their Profession ": Japanese Engineers in Britain Before 1914' , in Ian Nish(ed.) , *Britain and Japan*: *Biographical Portraits* (Folkestone, Kent: The Japan Library, 1994) , 45-53.

Colonel, The Master of Sempill , ' The British Aviation Mission in Japan ' , *Transactions and Proceedings of the Japan Society-London* , Vol. 22 , 1925 , 3rd-4th Sessions, 37-50.

Conte-Helm, Marie, ' Armstrong's, Vickers and Japan ', in Ian Nish(ed.), *Britain and Japan: Biographical Portraits* (Folkestone, Kent: The Japan Library, 1994), 92-105.

Coox, Alvin D., ' The Effectiveness of the Japanese Military Establishment in the Second World War ', in Allan R. Millet and Williamson Murray(eds), *Military Effectiveness, Volume III: The Second World War* (Boston, MA: Allen and Unwin, 1988), 1-40.

Corbett, Julian S., ' The teaching of Naval and Military History ', *History*, 1916: April, 12-24.

David, Arase, ' A Militarised Japan? ', *The Journal of Strategic Studies*, Vol. 18, 1995: 3, 84-103.

Dean, Ralph J., Lieutenant USN, ' Etajima: Hallowed Halls ', *US Naval Institute Proceedings*, Vol. 109, 1983: 3, 110-116.

Dockrill, Saki, ' Hirohito, the Emperor's Army and Pearl Harbor ', *Review of International Studies*, Vol. 18, 1992, 319-333.

Edstrom, Bert, ' Yoshida Shigeru and the Yoshida Doctrine ', *The Stockholm Journal of East Asian Studies*, 1993: 4, 85-140.

Erickson, Andrew S., ' Can China become a Maritime Power? ', in Toshi Yoshihara and James R. Holmes(eds), *Asia Looks Seaward: Power and Maritime Strategy* (Praeger Security International, 2008), 70-110.

Evans, David C., ' Japanese Naval Construction, 1878-1918 ', in Philips P. O'Brien(ed.), *Technology and Naval Combat in the Twentieth Century and Beyond* (London: Frank Cass, 2001), 22-35.

Evans, David C., ' The recruitment of Japanese Navy Officers in the Meiji Period ', in Robert W. Love Jr. (ed.), *Changing Interpretations and New Sources in Naval History: Papers form the Third United States Naval Academy History Symposium* (New York: Garland Publishing, 1980), 229-245.

Farrell, Theo, ' The Dynamics of British Military Transformation ', *Internation-*

al Affairs, Vol.84, 2008: 4, 777-807.

Feaver, Peter D., Takako Hikotani, and Narine Shaun, 'Civilian Control and Civil-Military Gaps in the United Sates, Japan, and China', *Asian Perspective*, Vol. 29, 2005: 1, 233-271.

Ferris, John, 'A British "Unofficial" Aviation Mission and Japanese Naval Developments, 1919-1929', *The Journal of Strategic Studies*, Vol.5, 1982: 3, 416-439.

Ferris, John, 'Double-Edged Estimates: Japan in the Eyes of the British Army and the Royal Air Force, 1900-1939', in Ian Gow, Yōichi Hirama, and John Chapman (eds), *The History of Anglo-Japanese Relations*, 1600-2000. *Volume III: The Military Dimension* (Basingstoke, Hampshire: Palgrave Macmillan, 2003), 91-108.

Friday, Karl F., 'Bushidō or Bull? A Medieval Historian's Perspective on the Imperial Army and the Japanese Warrior Tradition', *The History Teacher*, Vol.27, 1994: 3, 339-349.

Fruhstuck, Sabine and Eyal Ben-Ari, ' "Now We Show It All!" Normalisation and the Management of Violence in Japan's Armed Forces', *Journal of Japanese Studies*, Vol.28, 2002: 1, 1-39.

Fukuda, Haruko, 'The Peaceful Overture: Admiral Yamanashi Katsutoshin (1877-1967)', in Hugh Cortazzi and Gordon Daniels (eds), *Britain and Japan*, 1859-1991: *Themes and Personalities* (Abingdon, OX: Routledge, 1991), 198-213.

Futamura, Madoka, 'Individual and Collective Guilt: Post-war Japan and the Tokyo War Crimes Tribunal', *European Review*, Vol.14, 2006: 4, 471-483.

Gluck, Carol, 'The Past in the Present', in Andrew Gordon (ed.), *Postwar Japan as History* (Berkeley, Los Angeles, Oxford: University of California Press, 1993), 64-95.

Gow, Ian, 'Civilian Control of the Military in Post-war Japan', in Ron Matthews and Keisuke Matthews (eds), *Japan's Military Renaissance*? (New York: St. Martin Press, 1993), 50-68.

Gow, Ian, 'The Douglas Mission(1873-1879) and Meiji Naval Education', in J.E. Hoare(ed.), *Britain and Japan: Biographical Portraits*, *Volume III* (Richmond, Surrey: The Japan Library, 1999), 144-157.

Green, Michael J., 'Japan is Back: Why Tokyo's New Assertiveness is Good for Washington', *Foreign Affairs*, Vol.86, 2007: 2, 142-147.

Grisson, Adam, 'The Future of Military Innovation Studies', *The Journal of Strategic Studies*, Vol.29, 2006: 5, 905-934.

Grove, Eric, 'Sea Power in the Asia-Pacific Region', in Prabhakar, Ho, and Sam Bateman(eds), *The Evolving Maritime Balance of Power in the Asia-Pacific*, 17-33.

Grove, Eric, 'The Discovery of Doctrine. British Naval Thinking at the Close of the Twentieth Century', in Geoffrey Till (ed.), *The Development of British Naval Thinking: Essays in Memory of Brian Ranft* (Abingdon, OX: Routledge, 2006), 184-185.

Guillam, Robert, 'The Resurgence of Military Elements in Japan', *Pacific Affairs*, Vol.25, 1952: 3, 211-225.

Halloram, Richard, 'Is Japan a Military Threat to Asia?', *Arms Control Today*, Vol.24, 1994, 12-17.

Hata, Ikuhiko, 'Admiral Yamamoto's Surprise Attack and the Japanese Navy's War Strategy', in Saki Dockrill(ed.), *From Pearl Harbour to Hiroshima: The Second World War in Asia and the Pacific*, 1941-45 (New York: St. Martin Press, 1994), 55-71.

Hattendorf, John B., 'The Conundrum of Military Education in Historical Perspective', in Kennedy and Neilson (eds), *Military Education: Past, Present, and Future*, 1-12.

Heginbotham, Eric, 'The Fall and Rise of Navies in East Asia: Military Organisations, Domestic Politics, and Grand Strategy', *International Security*, Vol.27, 2002: 2, 86-125.

Heginbotham, Eric and Richard J. Samuels, 'Japan's Dual Hedge', *Foreign Affairs*, Vol.81, 2002:5, 110-121.

Heginbotham, Eric and Richard J. Samuels, 'Mercantile Realism and Japanese Foreign Policy', *International Security*, Vol.22, 1998:4, 171-203.

Herwig, Holger H., 'The Battlefleet Revolution, 1885 - 1914', in Knox Macgregor and Williamson Murray (eds), *The Dynamics of Military Revolution*, 1300-2050 (Cambridge: Cambridge University Press, 2001), 114-131.

Hirama, Yōichi, Rear Admiral JMSDF (Ret.), 'Japan's Value in the Korean War: Issues Surrounding the Dispatch of Minesweepers', *The Third Korean-Japan Security Shuttle Paper* (Seoul: The Okazaki Institute, 1997), http://www. bea. hi-ho.ne.jp/hirama/yh_e_top.html, accessed on 20 July 2006.

Hirama, Yōichi, Rear Admiral JMSDF (Ret.), 'Japanese Naval Preparations for World War II', *Naval War College Review*, Vol.94, 1991:2, 63-81.

Holmes, James R. and T. Toshi Yoshihara, 'China's Naval Ambitions in the Indian Ocean', *The Journal of Strategic Studies*, Vol.31, 2008:3, 367-394.

Holmes, James R. and T. Toshi Yoshihara, 'Japan's Post-Mahanian Maritime Strategy', Paper presented at the annual meeting of the *International Studies Association*, SanDiego, CA, March 2006, available at http://www. allacademic. com / meta/p99656_index.html.

Howard, Michael, 'The Forgotten Dimension of Strategy', *Foreign Affairs*, Vol.57, 1979:5, 975-986.

Hughes, Christopher W., 'Not Quite the "Great Britain of the Far East": Japan's Security, the US-Japan Alliance and the "War on Terror" in East Asia', *Cambridge Review of International Affairs*, Vol.20, 2007:2, 325-338.

Hughes, Christopher W. and Ellis S. Krauss, 'Japan's New Security Agenda', *Survival*, Vol.49, 2007:2, 157-176.

Humphreys, Leonard A., 'The Japanese Military Tradition', in James H. Buck (ed.), *The Modern Japanese Military System* (Beverly Hills, CA: Sage, 1975),

21-40.

Ikeda, Kiyoshi, 'The Silent Admiral: Tōgō Heihachirō(1848-1934) and Britain', in Ian Nish(ed.), *Britain and Japan: Biographical Portraits*(Folkestone, Kent: The Japan Library, 1994), 106-120.

Inagaki, Osamu, 'The Jieitai: Military Values in a Pacifist Society', *The Japan Interpreter*, Vol.10, 1975:1, 1-15.

Ion, Hamish, 'Towards a Naval Alliance. Some naval Antecedents to the Anglo-Japanese Alliance, 1854-1902', in Phillips Payson O'Brien(ed.), *The Anglo-Japanese Alliance*, 1902-1922(London: Routledge, 2004), 26-47.

Ishikawa, Tōru, Admiral JMSDF, 'Japan maritime Self-Defence Force's Enduring Relationship with the U.S.Navy', *Seapower*, 2002: December, 31-33.

Jeans, Roger B., 'Victims or Victimisers? Museums, Textbooks, and the War Debate in Contemporary Japan', *The Journal of Military History*, Vol.69, 2005: January, 149-195.

Jonhston, Alastair Iain, 'Thinking about Strategic Culture', *International Security*, Vol.19, 1995:4, 32-64.

Kaneda, Hideaki, Vice Admiral, JMSDF(Ret.), 'Japan's national Maritime Doctrines and Capabilities', in Lawrence W.Prabhakar, Joshua H.Ho, and Sam Bateman(eds), *The Evolving Maritime Balance of Power in the Asia-Pacific. Maritime Doctrines and Nuclear Weapons at Sea*(Singapore: Institute of Defence and Strategic Studies, 2006), 117-132.

Kaneda, Hideaki, Vice Admiral JMSDF(Ret.), 'The Rise of Chinese Sea Power', http://www.project-syndicate.org/commentary/kaneda7, accessed on 20 September 2006.

Katsutoshi, Kawano, Captain JMSDF, 'Japan's Military Role: Allied Recommendations for the Twenty-First Century', *Naval War College Review*, Vol.51, 1998: Autumn, 9-21.

Katzenstein, Peter J. and Nobuo Okawara, 'Japan's National Security: Structures, Norms and Policies', *International Security*, Vol.17, 1993:4, 84-118.

Kier, Elizabeth, 'Culture and Military Doctrine', *International Security*, Vol. 19, 1995:4, 65-93.

Kinoshita, Hanji, 'Echoes of Militarism in Japan', *Pacific Affairs*, Vol. 26, 1953:3, 244-251.

Kiralfy, Alexander, 'Japan's Strategic Problem', *Far Eastern Survey*, Vol.10, 1941:2, 15-20.

Kiralfy, Alexander, 'Why Japan's Fleet Avoids Action', *Foreign Affairs*, Vol. 22, 1943:1, 45-58.

Kitamura, Kenichi, Vice Admiral JMSDF(Ret.), 'The Dawn of the New Japanese Navy: The Story of a Japanese Officer's Attendance at the US Naval War College', *Naval War College Review*, Vol.37, 1984: September–October, 108-116.

Koda, Yoji, Captain JMSDF, 'A Commander's Dilemma: Admiral Yamamoto and the "Gradual Attrition" Strategy', *Naval War College Review*, Vol.46, 1993: Autumn, 63-74.

Koda, Yoji, Vice Admiral JMSDF, 'The Russo–Japanese war. Primary Causes of Japanese Success', *Naval War College Review*, Vol.58, 2005:2, 12-14; 10-44.

Kosaka, Masataka, 'Japan's Major Interests and Policies in Asia and the Pacific', *Orbis*, Vol.24, 1975:3, 793-808.

Kotani, Tetsuo, 'Presence and Credibility: Homeporting the USS Midway at Yokosuka', *The Journal of American–East Asian Relations*, Vol.15, 2008, 51-82.

Lambert, Andrew D., 'Naval History for Strategists: Sir Julian Corbett and the Development of Strategic Education in the Royal Navy, 1900-1914', *Osservatoriodell' Istituto di Studi Marittimi Militari*, 2007: 139, 35-43.

Laughton, John K., 'The Scientific Study of Naval History', *RUSI Journal*, Vol.18, 1875, 508-527.

Lind, Jennifer M., 'Pacifism or Passing the Buck?', *International Security*, Vol.29, 2004:1, 92-121.

Louis, Allen, 'Notes on Japanese Historiography: Wolrd War II', *Military Affairs*, Vol.35, 1971:4, 133−138.

McNelly, Theodore, 'The renunciation of war in the Japanese Constitution', *Armed Forces and Society*, Vol.13, 1986:1, 81−106.

Matsumura, Jerry K., 'Takaki Kanehiro, 1849−1920: British-trained Medical Pioneer who Became Surgeon General to the Imperial Japanese Navy', in Hugh Cortazzi(ed.), *Britain and Japan. Biographical Portraits*, *Volume V* (Folkestone, Kent: Global Oriental, 2005), 209−222.

Midford, Paul, 'Japan's Leadership role in East Asian Security Multilateralism: The Nakayama Proposal and the Logic of Reassurance', *Pacific Review*, Vol. 13, 2000:3, 367−397.

Morris, Ivan I., 'Significance of the Military in Post-war Japan', *Pacific Affairs*, Vol.31, 1958:1, 3−21.

Nakao, Hidehiro, 'The Legacy of Shiba Ryotaro', in Roy Starrs(ed.), *Japanese Cultural Nationalism at Home and in the Asia Pacific*(Folkestone, Kent: Global Oriental, 2004), 99−115.

Nish, Ian, 'Britain and Japan: Long-Range Images, 1900−1952', *Diplomacy and Statecraft*, Vol.15, 2004:1, 149−161.

Nish, Ian, 'Japan, 1914−1918', in Allan R. Millet and Williamson Murray(eds), *Military Effectiveness*, *Volume I: The First World War* (Boston, MA: Allen and Unwin, 1988), 229−248.

Nish, Ian, 'The Historical Significance of the Anglo-Japanese Alliance', *Studies in the Anglo-Japanese Alliance*, 1902−1923 (Discussion Paper No. IS/03/443, London: London School of Economics, 2003), 40−47.

Nishihara, Masashi, 'Maritime Japan Should Reinforce Maritime Defence Capability', *The Association of Japanese Institutes of Strategic Studies(AJISS)-Commentary*, No.37, 17 July 2008, http://www. jiia. or. jp/en_commentary/200807/17−1.html, accessed on 20 October 2008.

Nylander, John, Lieutenant Commander USN (Ret.), ‘ Etajima Educated the Instructor ’ , *JANAFA Bullettin*, 2005：28，9−15.

Osaki, Eriko and Michael Penn (trans.) , ‘ Japan’s New Blue Water Navy：A Four−year Indian Ocean mission recasts the Constitution and the US−Japan alliance ’ , *Japan Focus*, November 2005, http：//japanfocus.org/products/topdf/1812, accessed on 20 April 2007.

Ōta, Fumio, Vice Admiral JMSDF, ‘ Jointness in the Japanese Self−Defence Forces ’ , *Joint Forces Quarterly*, 2000−2001：Winter, 57−60.

Parillo, Mark P., ‘ The Imperial Navy in World War II ’ , in James J. Sadkowich (ed.) , *Reevaluating Major Naval Combatants of World War II* (Westport, CO：Greenwood Press, 1990) , 61−78.

Patalano, Alessio, ‘ “ If You Can’t Beat Them, Join Them ” ：US−Japan Military Exchangesand the Development of the Japanese Post−war Submarine Force, 1995−2005 ’ , paper presented at the Naval History Symposium, Annapolis, MD, 20−22 September 2007.

Patalano, Alessio, ‘ Shielding the “ Hot Gates ” ：Submarine Warfare and Japanese Naval Strategy in the Cold War and Beyond (1976−2006) ’ , *The Journal of Strategic Studies*, Vol.31, 2008：6, 859−895.

Peattie, Mark R., ‘ Akiyama Saneyuki and the Emergence of Modern Japanese Naval Doctrine ’ , *US Naval Institute Proceedings*, Vol.103, 1977：1, 60−69.

Peattie, Mark R., ‘ Japanese Naval Construction, 1919−1941 ’ , in Philips P. O’Brien (ed.) , *Technology and Naval Combat in the Twentieth Century and Beyond* (London：Frank Cass, 2001) , 93−108.

Perry, John Curtis, ‘ Great Britain and the Emergence of Japan as Naval Power ’ , *Monumenta Nipponica*, Vol.21, 1966：3/4, 305−321.

Powers, William M., ‘ Mikasa：Japan’s Memorial Battleship ’ , *US Naval Institute Proceedings*, Vol.102, 1976：4, 69−77.

Reeve, John, ‘ The Development of Naval Strategy in the Asia−Pacific Region,1500-2000', in Till(ed.), *Seapower at the Millennium*,134-144.

Reiter,Dan,'Nationalism and Military Effectiveness:Post-Meiji Japan', in Elizabeth A.Stanley-Mitchell and Risa Brooks(eds), *Creating Military Power:The Sources of Military Effectiveness*(Stanford,CA:Stanford University Press,2007), 27-54.

Roskill,Stephen W.,Captain RN(Ret.),'The End of the Imperial Japanese Navy by Itō Masanori,Roger Pineau,Andrew Y.Kuroda', *International Affairs*,Vol. 39,1963:4,643-644.

Saeki,Kiichi,'The Rebuilding of Japan's Self-Defence Force', *Japan Quarterly*,Vol.IV,1957,101-110.

Sakai,Robert K.,'The Satsuma-Ryukyu Trade and the Tokugawa Seclusion Policy', *The Journal of Asian Studies*,Vol.23,1964:3,391-403.

Schencking,Charles J.,'Navalism,Naval Expansion and War:The Anglo-Japanese Alliance and the Japanese Navy', in Phillips Payson O'Brien(ed.), *The Anglo-Japanese Alliance*,1902-1922(London:Routledge,2004),122-139.

Sekino,Hideo,Commander Imperial Japanese Navy(Ret.),'Japan and her Maritime Defence', *US Naval Institute Proceedings*,Vol.97,1971:5,98-121.

Senō,Sadao,Commander JMSDF,'A Chess Game with no Checkmate:Admiral Inoue and the Pacific War', *Naval War College Review*, Vol. 26, 1974: January-February,26-39.

Shimazu,Naoko,'Popular Representations of the Past:The Case of Post-war Japan', *Journal of Contemporary History*,Vol.38,2003:1,101-116.

Shimazu,Naoko,'The Making of a Heroic War Myth in the Russo-Japanese War', *Waseda Journal of Asian Studies*,Vol.25,2004,83-96.

Soeters,Joseph L.,Donna J.Winslow,and Alise Weibull,'Military Culture', in Giuseppe Caforio(ed.), *Handbook of the Sociology of the Military*(New York: Springer,2006),237-254.

Soeya, Yoshihide, 'Japan:Normative Constraints versus Structural Imperatives', in Muthiah Alagappa(ed.), *Asian Security Practice: Material and Ideational Influences* (Stanford, CA: Stanford University Press, 1998), 198–233.

Speller, Ian, 'Delayed Reaction: UK Maritime Expeditionary Capabilities and the Lessons of the Falklands Conflict', *Defence & Security Analysis*, Vol. 18, 2002: 4, 363–378.

Speller, Ian, 'Naval Warfare', in David Jordan, James D. Kiras, David J. Lonsdale, Ian Speller, Christopher Tuck, and C. Dale Walton(eds), *Understanding Modern Warfare* (Cambridge: Cambridge University Press, 2008), 122–177.

Summers, Harry, 'Reluctant samurai', *Defence & Diplomacy*, Vol. 9, 1991: 1–2, 7–11.

Takai, Sususmu and Kazumine Akimoto, 'Ocean – Peace Keeping and New Roles for Maritime Force', *NIDS Security Reports*, 2000: 1, March, 57–79.

Tanter, Richard, 'Japan's Indian Ocean Naval Deployment: Blue water militarization in a "normal country"', *Japan Focus*, May 2006, http://japanfocus. org/products/topdf/1700, accessed on 20 April 2007.

Tanter, Richard, 'Japanese Militarization and the Bush Doctrine', *Japan Focus*, February 2005, http://www.japanfocus.org /products/details/1989, accessed on 21 November 2007.

Tanter, Richard and Masaru Honda, 'Does Japan Have a National Strategy?', *Japan Focus*, May 2006, http://www.japanfocus.org /products/details/1938, accessed on 18 November 2007.

Tow, William T., 'Regional Constraints on the Role of Navies', in Hugh Smith and Anthony Bergin(eds), *Naval Power in the Pacific: Toward the Year* 2000 (Boulder, CO: LynneRienner, 1993), 43–64.

Towle, Philip, 'British Naval and Military Observers of the Russo – Japanese War', in J. E. Hoare (ed.), *Britain and Japan: Biographical Portraits*, *Volume III* (Richmond, Surrey: The Japan Library, 1999), 158–169.

Toyama, Saburo, 'Lessons from the Past', *US naval Institute Proceedings*, Vol.

108,1982:9,62-69.

Tsunoda,Jun and Kazutomi Uchida,Admiral JMSDF(Ret.),'The Pearl Harbor Attack:Admiral Yamamoto's Fundamental Concept with Reference to Paul S. Dull's *A Battle History of the Imperial Japanese Navy*(1941-1945)', *Naval War College Review*,Vol.31,1978:Fall,83-88.

Turner,Stansfield,'Missions of the U.S.Navy', *Naval War College Review*, Vol.51,1998:1,87-103(first published in 1974).

Uchida,Kazutomi,Admiral JMSDF(Ret.),'The Rearmament if the Japanese Maritime Forces', *Naval War College Review*,Vol.26,1973:3,41-48.

Watanabe,Akio,'Has Japan Crossed the Rubicon? Defence Policy since the Higuchi Report', *Japan Review of International Affairs*,2003:Winter Issue, 238-254.

Weste,John L.,'Staging a Comeback:Rearmament Planning and Kyūgunjin in Occupied Japan,1945-1952', *Japan Forum*,Vol.11,1999:2,165-178.

Wilson,W.R.,Captain USN(Ret.),'The Sea Battle of Dannoura', *American Neptune*,Vol.28,1968,206-222.

Wimbush,S.Enders,'Maritime Security in a Future Asia-Pacific', *Headmark:Journal of the Australian Naval Institute*,2006:119,7-12.

Woolley,Peter J.,'Japan's 1991 Minesweeping Decision:An organizational Response', *Asian Survey*,Vol.36,1996:8,804-817.

Woolley,Peter J.,'Japan's Sea Lane Defence Re-visited', *Strategic Review*, Vol.XXIV,1996,49-58.

Woolley,Peter J.,'The Kata of Japan's Naval Forces', *Naval War College Review*,Vol.49,1996:Spring,59-69.

Yamagiwa,Joseph K.,'Literature and Politics in the Japanese Magazine Sekai', *Pacific Affairs*,Vol.28,1955:3,254-268.

Yamaguchi,Noboru,Major General,JGSDF,'Japan:Completing Military Professionalism' in Muthiah Alagappa(ed.), *Military Professionalism in Asia:Concep-*

tual and Empirical Perspectives (Honolulu, HI : East-West Centre, 2001) , 35-46.

Yokoi, Toshiyuki, Rear Admiral IJN (Ret.) , ' Thoughts on Japan's Naval Defeat ' , *US Naval Institute Proceedings* , Vol.86 , 1960 : 10 , 68-75.

Yoshihara, Toshi and James R. Holmes , ' Command of the Sea with Chinese-Characteristics ' , *Orbis* , Vol.49 , 2005 : 4 , 685-687.

Yoshihara, Toshi and James R. Holmes , ' Japanese Maritime Thought : If not Mahan, Who? ' , *Naval War College Review* , Vol.59 , 2006 : 3 , 23-51.

图片和引用材料视频

DVD : *Bōkoku no Aegis* (亡国のイージス-The country-less Aegis, Geneon Video, 2005).

DVD : *Otokotachi no Yamato* (男たちの大和-The Men of the Yamato, Tōei Video, 2006).

Japan Maritime Self-Defence Force , *Kaijō jieitai Kankan Shiki* 2003 (海上自衛隊観艦式 2003-JMSDF's Fleet Review 2003, DVD, Tokyo : WAC, 2004).

Japan Maritime Self-Defence Force , *Kanbu Kōhosei : Etajima no Seishun* (幹部候補生 : 江田島の青春-The Offier Candidate Student : The Youth of Etajima, DVD, Tokyo : WAC, 2004).

Japan Maritime Self-Defence Force , *Kokusai Kankan Shiki* 2002 (国際観艦式 2002-International Fleet Review 2002, DVD, Tokyo : WAC, 2003).

Mikasa Preservation Society website : http://www.kinenkan-mikasa.or.jp/index.htm.

Mikasa Preservation Society , *Memorial Ship Mikasa* (Photographic Booklet, Yokosuka : Mikasa Preservation Society, 2007).

Mitsuo Shibata , *Arabia no Umi* (アラビアの海-The Arabian Sea, Photographic Book, Tokyo : NESCO, 2004).

Museum of the Meiji Restoration : http://www.ishinfurusatokan.info/index.html (Japanese only).

致　　谢

　　本书的出版为我的一次学术之旅画上了一个圆满的句号,该学术之旅始于 2004 年 11 月的一个秋夜。当时,为开启本研究项目的实地考察工作,我来到了东京。刚刚踏上东京的土地,就有一位日本自卫队的高级官员前来迎接我,并在席间与我讨论我的考察计划。这位官员曾于前一年在英国皇家国防研究学院进修过。那一夜,我心潮难平:既兴奋又迷惘,既好奇又难以抵御强烈的时差反应。这种别样的心绪使我意识到,即将开启的学术之旅与上一次将会全然不同。之所以感到迷惘和好奇,是因为对此次学术之旅的结果很难预知;之所以感到兴奋,是因为我已经开始迈出了第一步。

　　与其他同类学术之旅一样,本次学术之旅的圆满结束得益于很多人的贡献。在过去的十年里,我有幸遇见了难以计数帮助过我的人。他们或启发了我的灵感,或拓展了我的视野,或考验了我的才能,或对我的研究成果表达了不同看法。这一切都以不同方式为拙作的完成做出了贡献。他们中的有些人已经成为一直激励我砥砺前行的精神导师,有些人成为了我非常尊重的同事,还有很多人成为了我的挚友。在此处寥寥数页里,我无法进行一一鸣谢,但对他们的感激之情是我永不枯竭的力量源泉,它使我期待不久能再次以十年前 11 月的那个夜晚同样的兴奋之情继续下一站旅程。

　　我要特别感谢那些在本书撰写的各个阶段为我提供宝贵建议和及时反馈意见的人们。我项目前期的两位导师——伦敦国王学院的安德鲁·兰伯特(Andrew Lambert)和萨基·大郭克力耳(Saki Dockrill)为项目的定型付出了很多辛劳。他们对我的研究及实地考察活动给予了持续不断的鼓励和坚定不移的支持。安德鲁最终成为了我在战争研究系的同事，而且我们的办公室还紧挨着。虽然我们今天的闲聊很少涉及日本海军史，但他仍然是我学术研究上的一座"灯塔"。尽管萨基过早地离开了深爱他的家人、朋友及同事，但每次我在审视帝国海军史时，都会想起与他讨论太平洋战争期间日本战略短板的情形。赖因哈德·德里福特（Reinhard Drifte）和艾瑞克·葛罗夫（Eric Grove）利用他们各自不同的专业知识加深了我对日本防卫政策及海军事务的认识，为本项目打下扎实基础发挥了重要的作用。同样重要的是，下面所有人也非常慷慨地对一些具体章节提出了十分有益的评论和建议：卡洛尔·格拉克（Carol Gluck）、伊丽莎白·埃尔朗（Elizabeth Guran）、约翰·库恩（John T. Kuehn）、顾若鹏（Barak Kushner）、彼得·莫奇（Peter Mauch）、拉娜·米特尔（Rana Mitter）、安德鲁·欧若斯（Andrew Oros）、彼得·罗伯茨（Peter Roberts）、理查德·塞缪尔斯（Richard Samuels）、杰佛瑞·提尔（Geoffrey Till）。在我对美日海军联盟及日本政治知之甚少的时候，詹姆斯·奥尔（James E. Auer）利用他在上述领域渊博的学识经常为我排忧解难。我也想感谢约翰·布莱德福（John Bradford），作为一名驻扎在日本群岛的海军军官，他无私地与我分享了对日本的看法。

伦敦国王学院战争研究系的很多同事都为本项目作出了自己的贡献。历年来，马库斯·福克纳（Marcus Faulkner）和阿兰·詹姆斯（Alan James）非常耐心地与我一起就日本、海军史以及非区域研究背景下的东亚教学进行过无数次的讨论。乔伊·玛约罗（Joe Maiolo）在第一次鼓励我成为一名学者时就向我展示了他自己作为学者的各种美德。今天，他们使我深知，友谊在人生中是何等珍贵。在我刚刚成为系里一名年轻的讲师时，默文·弗罗斯特（Mervyn Frost）对我的日本研究给予了极大的支持。他和妻子罗拉（Lola）一起为我这位年轻学者创造了最理想、最愉快的工作环境。最近，我的新同事托马斯·里德（Thomas Rid）开始不断为我提供支持和灵感；尽管身为系主任的西奥·法瑞尔（Theo Farrell）公务非常繁忙，但他却拨冗就本书撰写的原始方案提出了自己深刻的见解。我的学术及专业发展在过去和现在都受到了以上同事们的深刻影响。在过去的五年中，我很荣幸能和我的学生们一起讨论有关东亚安全及日本在其中的角色定位问题,这些讨论非常令人鼓舞。在我成长为一名教师及在上述领域的专家的过程中,我的学生们做出了巨大的贡献。

我还要感谢很多在日本给予我帮助的朋友。在 1999 年首次访问日本期间,我受到了柱本一家的热情接待,他们使我不仅了解了优秀的关西文化传统,且渐渐爱上了日本这个国家。在学术领域,我要感谢政策研究大学院大学及青山学院大学的"导师"及热情的接待者们:渡边明夫(Watanabe Akio),岩仓洋子(Iwama Yoko),青井千由纪(Aoi Chiyuki)以及高木诚一郎(Takagi Sei-ichiro)。他们帮我打开了各自大学学术资源的大门,向我做了不少重要的介绍,这些对我日后能在日本防卫政策界广交朋友有很大裨益。罗伯特·杜加里克(Robert Dujarric)、道下德成(Michishita Narushige)、等松春夫(Tohmatsu Haruo)、山口登(Yamaguchi Noboru)、田所昌幸(Tadokoro Masayuki)、阿川尚之(Agawa Naoyuki)和颜谷贵子(Hikotani Takako)经常拨冗与我一起讨论日本防卫政治和军事史,与他们的讨论使我深受启发。日本国家国防研究所(NIDS)的金子让(Kaneko Yuzuru)为我进入该所主图书馆大开绿灯,石津朋之(Ishizu Tomoyuki)为我安排了很多在国家国防研究所举行的研讨会上阐述本书部分研究成果的机会。我想向国家国防研究所的众多同仁及朋友们表达深深的谢意。多年来,他们不仅给予我的工作很大支持,还帮助我不断拓宽自己的知识面。对于像我这样的试图理解日本军事史及国防政策的那些外国学者来说,国家国防研究所提供了宝贵的资源。在国家国防研究所所有的研究人员中,我很荣幸认识了小谷肯(Kotani Ken)及森山亚由美(Moriyama Ayumi),他们不仅是具有真知灼见的学者和同事,也是我非常珍视的朋友。

本书的成功撰写与日本海上自卫队给予我的配合也是密不可分的。许多军官奉献了自己大量的时间,不仅耐心地向我解释日本海军传统所蕴含的宝贵价值,还向我阐述了每天这些传统是如何得到践行的。特别感谢池﨑太郎(Ike Taro)和大塚海夫(Otsuka Umio)两位海将补,他们给予了我特殊的机会,使我能将年轻学者的知识及激情与饱经世变的专业人士的智慧及友情有机结合起来。香田洋二(Koda Yoji)海将利用海军的专业思维为我提供了很多指导,在舰队总部举行的一些有关日本帝国海军史的讨论会上,尽管香田海军为他的初级助理们出了无数难题，但这些讨论却非常发人深思。福本伊姿尔（Fukumoto Izuru）海将不仅为我打开了海事职工学院的大门，使我有幸亲身体验该校教员及研究员们中所形成的浓郁的学术气息，还与我分享了他在2011年日本东部大地震中的个人经历。这些军官们每天展现出的敬业精神是对日本帝国历史最珍贵的传承。

自2004年至2012年，由日本国际交流基金及人文艺术研究会奖励项目、科尔斯基金会、大不列颠笹川基金会小额资助项目和伦敦国王学院战争研究系提供的资助使我能定期去日本开展实地考察工作。显而易见，没有上述资助，我不可能完成本书的写作。

我非常感谢布鲁姆斯伯里出版社的克莱尔·利普斯科姆。在其他出版商们皆认为，有关东亚海军主题的写作几乎就等同于有关中国海军现代化的写作的时候，她给予了本项目极大的热情和支持。艾玛·古德也展示出了同样的支持和耐心，她在我撰写书稿的整个过程中给予了很多指导。从头至尾，他们使我感受到撰写本书是一种真正的快乐。

最后，我还要深深感谢我的家人。无论我身在何处，都能感觉到家人近在眼前。如果我今天取得了一些成就，它们都应归于我的家人多年来给予我坚定的支持。自2012年起，我开始拥有岳父、岳母及他们父母亲的支持。他们对生活的热爱极大地激发了我的生活热情，每次去看他们的时候，我都会欣赏到尼斯的美景，包括晶莹剔透的蓝色海水。

帕·塔拉诺

2014年10月7日于伦敦

策　　划：刘敬文
责任编辑：李源正
封面设计：胡欣欣
版式设计：王　婷

图书在版编目（CIP）数据

战后日本的海权：帝国遗产、战时经验与海军发展/（英）帕·塔拉诺 著；
刘旭东 译. —北京：人民出版社，2021.4
书名原文：Post-war Japan as a Sea Power：Imperial Legacy，Wartime Experience
and the Making of a Navy
ISBN 978 - 7 - 01 - 024382 - 5

Ⅰ.①战…　Ⅱ.①帕…②刘…　Ⅲ.①制海权-研究-日本　Ⅳ.①E815

中国版本图书馆 CIP 数据核字（2021）第 277099 号

战后日本的海权：帝国遗产、战时经验与海军发展
ZHANHOU RIBEN DE HAIQUAN DIGUO YICHAN ZHANSHI JINGYAN YU HAIJUN FAZHAN

[英]帕·塔拉诺　著　刘旭东　译

人民出版社 出版发行
（100706　北京市东城区隆福寺街 99 号）

中煤（北京）印务有限公司印刷　新华书店经销

2021 年 4 月第 1 版　2021 年 4 月北京第 1 次印刷
开本：710 毫米×1000 毫米 1/16　印张：19
字数：281 千字

ISBN 978 - 7 - 01 - 024382 - 5　定价：58.00 元

邮购地址 100706　北京市东城区隆福寺街 99 号
人民东方图书销售中心　电话（010）65250042　65289539